El cacique

Colección Autores Españoles
e Hispanoamericanos

Luis Romero
El cacique

Novela

Premio Editorial Planeta
1963

Planeta

Editorial Planeta, S. A., Córcega, 273-277, Barcelona-8 (España)

1.ª edición: diciembre de 1963
2.ª edición: diciembre de 1963
3.ª edición: diciembre de 1963
4.ª edición: diciembre de 1963
5.ª edición: enero de 1964
6.ª edición: enero de 1964
7.ª edición: abril de 1964
8.ª edición: abril de 1967
9.ª edición: enero de 1969
10.ª edición: octubre de 1969
11.ª edición: mayo de 1970
12.ª edición: setiembre de 1971
13.ª edición: noviembre de 1972 (edición especial para Club Planeta)
14.ª edición: diciembre de 1972
15.ª edición: setiembre de 1973
16.ª edición: marzo de 1974 (edición especial para Club Planeta)
17.ª edición: noviembre de 1974
18.ª edición: marzo de 1976 (edición especial para Club Planeta)
19.ª edición: mayo de 1976 (edición especial para Club Planeta)
20.ª edición: setiembre de 1976 (edición especial para Club Planeta)
21.ª edición: enero de 1977 (edición especial para Club Planeta)
22.ª edición: enero de 1978 (edición especial para Interbooks)
23.ª edición: diciembre de 1979 (edición especial para Club Planeta)
24.ª edición: noviembre de 1980

Depósito legal: B. 35346 - 1980

ISBN 84-320-0032-9 colección completa
ISBN 84-320-0012-4
ISBN 84-320-5212-4 primera publicación

Printed in Spain - Impreso en España

«Duplex, S. A.», Ciudad de la Asunción, 26-D, Barcelona-30

I

DESPUÉS DE LA ÚLTIMA CURVA comienza a divisarse el campanario. En seguida van apareciendo los tejados pardos, las casas, los corrales, el ejido con las eras, el pueblo entero.

Bajar la cuesta da gusto; la bicicleta se desliza sola, basta con prestar atención a los baches y sortear algunas piedras que nadie se preocupa de retirar de la calzada.

Lleva amarrada la saca en el soporte que hay tras el sillín, y en el zurrón van las medicinas que el doctor mandó a pedir a la ciudad y que acaba de entregarle el jefe de estación. Cuando se trata de algún rico, todos se desviven para que no falte nada. Bien le darán a él alguna propina por el trabajo, aunque pudiera suceder que, el uno por el otro, ni se lo paguen ni se lo agradezcan. En la Casa, con la alarma de la gravedad, nadie da pie con bola, y don Gabriel es distraído cuando le conviene. Don Gabriel pretextará que las medicinas son para el enfermo, y que a él como médico no le corresponde repartir propinas. Pero presentará su factura, y no será pequeña ciertamente.

Hoy el tren correo se ha retrasado solamente dos horas. Lo peor es cuando llega al mediodía porque la subida, a pleno sol, no hay quien la resista de un tirón;

se echan los bofes. Y él advierte que la fatiga le va ganando cada vez más.

Dirige la vista hacia el Cabezo, que está en la llanada cerca del río. A juzgar por el tamaño y la posición de la sombra, todavía no deben de ser las once. Ha recorrido el trayecto en dos horas. Diez años atrás, cuando, después de la desgracia de la pobre Elvira, el señor le regaló la bicicleta, tardaba hora y media desde la estación a la oficina de correos. Entonces tenía mayores bríos.

Al llegar a los últimos pinos, cumpliendo con una costumbre cotidiana, se detiene, apoya la bicicleta en un tronco que está junto al camino, y se pone a orinar. Desde aquí se ve el llano, los campos, los caminos, el río, las huertas, la fábrica de electricidad, el puente junto al cementerio, las ruinas de la Claustra, y la carretera que se pierde de vista en dirección a Santa Marta. Las casas del pueblo, del color de la tierra, se arraciman alrededor de la iglesia, cuyo campanario, según dicen, es el más elevado de los contornos. Hacia las afueras, en la falda de los alcores, junto al camino de San Antón, se alza la Casa, rodeada de un frondoso bosque.

Soplan rafaguillas de Poniente; el polvo de la carretera se levanta y corre entre los pinos blanqueándoles las copas. Cuando alcanza la espesura del pinar, el viento se pierde, y la pinocha seca apaga su murmullo.

Mientras se abotona el pantalón empieza a tañer la campana mayor, la que llaman la Reina. Su limpio y melancólico sonido debe de oírse por lo menos en una legua a la redonda.

No monta en la bicicleta; avanza más allá de los pinos, hasta el borde mismo del talud. La Reina, oscura y panzuda, vibra en lo alto de la torre de piedra doblando solemne y obstinada. Cuando el viento se encalma, el polvo se posa sobre los brezos, sobre las madroñeras, sobre el sillín de la bicicleta y la saca de la correspondencia.

En unos campos que hay antes del Cabezo, Celso y su hijo, que están arando, detienen las yuntas al oír que la campana toca a muerto. Celso se quita la gorra y se santigua.

La Casa queda muy lejos; en su amplia fachada nada anormal se advierte. Los balcones del piso principal permanecen cerrados igual que las demás ventanas.

Después de cubrirse, Celso ha reemprendido el trabajo tras la yunta; la Reina sigue doblando.

Cuando monta en la bicicleta se acuerda de las medicinas que le ha entregado el jefe de la estación de Pedernales. Ya no han de aprovecharle al enfermo, y probablemente nadie cuidará de darle a él la propina que bien se ha ganado.

De detrás del Cabezo surge el carro del Ceniciento, que va de vacío hacia el bosque. El Ceniciento camina a la zaga con la cabeza gacha y la tralla colgada del cuello.

Celso acaba de cambiar la reja al llegar al límite del campo que está arando, que pertenece a un labrador a quien llaman el Soldado. La campana continúa doblando y el viento se ha sosegado.

Echa pie a tierra; el día de hoy debe ser considerado extraordinario. Repartirá el correo con retraso, pero la saca no viene demasiado llena y nadie esta tarde se ocupará de las cartas.

—¿Qué, Celso, ya palmó ése?

—No hables con despego de los difuntos; la muerte es trago duro. Que Dios le haya absuelto.

—Allá Él, si perdona tan fácilmente.

—Marcelino, Dios no es como nosotros.

El hijo de Celso detiene las mulas, deja el arado y se acerca a ellos.

—Hablaron de que iban a traer un médico de la ciudad, pero cuando vienen mal dadas...

—El refrán lo dice mejor: «A mal de muerte, no hay médico que acierte».

—Esta mañana —comenta Marcelino el Peatón— serían cosa de las cinco cuando salí. En la plaza me crucé con don Gabriel, que corría apresurado hacia la Casa. Delante marchaba el Lebrel, que debió de ir a avisarle de urgencia. Don Gabriel ni siquiera me vio, y eso que pasó tan cerca, que por poco le atropello con la bicicleta.

—El carcamal ya estaría dando las boqueadas.

—Hijo, cuando un hombre muere, se le debe más respeto...

—A los hombres vivos, padre, hay que respetar; y él no lo hacía.

—Escucha, Celso, hay quienes ni muertos merecen demasiados miramientos.

—Pues a ti, Peatón, te regaló la bicicleta.

—Mejor no hablar de eso...

El Ceniciento, en cuatro trancos, ha adelantado al carro. Cuando está cerca le oyen canturrear. Entre los labios lleva una ramita de romero.

Al pasar junto a ellos les sonríe. Alarga el brazo en dirección al campanario, y haciéndoles un gesto burlesco, les grita:

—Parece que se respira mejor esta mañana.

El Ceniciento se aleja balanceando la cabeza sin esperar respuesta. Coge la tralla con la mano derecha y la hace restallar. La mula da un respingo y arranca al trote, pero un poco más arriba sigue marchando al paso.

—Tiene razón el Ceniciento.

—Un difunto siempre es un difunto, Marcelino. Dios le tomará cuenta de sus acciones; nosotros acá no sabemos nada.

Endereza la bicicleta, alza el pie del suelo y aprieta el pedal. La rueda trasera levanta un tenue polvo que un vientecillo flojo, que sopla a ras de los campos, va disolviendo. La Reina sigue tocando a muerto cuando el cartero llega a las primeras casas del pueblo.

II

LAS MUJERES SE ASOMAN para mirarle. Lo hacen con disimulo y, cuando está cerca, desaparecen ocultándose en el interior de los zaguanes. El tío Vivo estaba a la puerta de la abacería; al llegar ante la tienda, el tío Vivo se había disipado. Sólo Simón, el ciego, con la palma de la mano tendida como si en su hueco recogiera sol, permanece apoyado en el muro de piedra del Ayuntamiento.

—Buenos días, don Gabriel.

Al recibir la moneda ha cerrado la mano, flaca y nudosa, y se la lleva al bolsillo de la astrosa zamarra.

Mientras se aleja hacia la calle de las Ánimas, oye la salmodia del pordiosero.

—¡Qué desgracia, don Gabriel! ¡Qué malaventura para todos los nacidos!

A pesar del sol, que brilla sobre los pulimentados cantos del pavimento, nota frío; más bien escalofríos. Lleva el sombrero echado sobre la nuca, y en la mano izquierda sostiene el maletín profesional de piel negra y rozada.

En una placa grande se lee en severas letras azules: «Gabriel Escorihuela. Médico-Cirujano». Cruza el zaguán y sube por la escalera de piedra, apoyándose en la barandilla de hierro con pasamanos de latón.

Adelaida le ha oído llegar, porque la puerta rechina cuando el tiempo está seco. Por el pasillo avanza a su encuentro; le quita suavemente el sombrero y lo cuelga de la percha. Sigue tras los pasos de su marido para cogerle también el maletín. Está desasosegada, nerviosa. A través de las ventanas, cerradas, se oye doblar la campana; los cristales vibran, todo parece vibrar aquí dentro. Hace una hora que la Reina no para de tañer y el pueblo está sobrecogido.

Rechaza a Adelaida con un ademán y retiene el maletín. Empuja la puerta y entra en su despacho; la mujer le sigue.

—¡Estás rendido! Toma algo caliente, acuéstate en seguida y prueba a dormir. ¡Qué horribles días estás pasando!

—Y el profesor Barbudo no ha venido. Ojalá que no se presente en el tren de la tarde. ¡Sólo me faltaría eso! Menos mal que si no le mandan el coche, en la estación no encontrará quien le traiga.

—Si hubiese llegado ayer...

—Anteanoche mandamos un criado a telegrafiar. Yo mismo redacté el telegrama en forma apremiante. Estaba convencido de que no tenía remedio, pero la presencia de Barbudo me hubiera aliviado al descargarme de responsabilidad. Ya sabes cómo es aquí la gente. Y don Pablito... ¡Qué desagradable ha estado conmigo! ¡Como si yo tuviese la culpa!

—¿Quieres que te prepare café, o mejor una infusión de tila?

—No quiero nada.

Se ha dejado caer en la butaca y ha apoyado el mentón sobre la mano. Adelaida permanece en pie, frente a él, escuchándole.

—En cuanto se presentó la septicemia comprendí que era hombre acabado. ¡Figúrate, un diabético! Pero ni Barbudo ni nadie puede reprocharme error o negligencia. El diagnóstico es terminante: septicemia aguda. Soy perro viejo; de nadie he de recibir lecciones. Los síntomas eran claros y no resultaba aventurado suponer que había llegado el fin. Por eso mandé el telegrama a Barbudo, todos le consideran una eminencia, y yo estaba convencido de que tampoco iba a remediar nada. Los mecanismos defensivos no han respondido. ¡Que venga ahora Barbudo a discutirme! Me oirá; hasta me gustaría que ese pedante pretendiera darme lecciones.

Mientras habla se ha puesto en pie y se ha desabrochado la americana y el chaleco. Adelaida le escucha en silencio. Cuando el médico calla y se sienta abatido, ella le habla con tono reposado.

—Estás muy fatigado, Gabriel. Nadie discute ni discutirá contigo. El profesor Barbudo no debía de hallarse en la ciudad; ya no vendrá, y de venir no va a ponerse a examinar el cadáver ni a someterte a un examen. Por lo demás, ya sabes que te aprecia, y que en caso de que hubiera acudido a la consulta, habría cobrado un dineral a la familia; ése no es de los que se desplazan por diez duros. Y te lo debería a ti... Tú has hecho lo que has podido.

—Lo que he podido y lo que se debía hacer. Ni Bar budo ni nadie le hubiera salvado. Se le ha aplicado el suero antiestreptocócico de Marmoreck, dosis de quinina de cincuenta centigramos; he combatido la albuminuria con ventosas lumbares; cafeína y digitalina para estimular el corazón. Dime: ¿qué más hubiera recetado Barbudo? ¿Inyecciones de suero bicarbonatado? ¿Acaso no se las he puesto yo mismo?

—No te excites, descansa... Llevas tres días sin dormir.

—Y aparte, el ácido fénico, y acónito por añadidura, aunque sabía que era ineficaz y algo convencido de ello, pero lo receté para que nadie pueda objetar el menor descuido. Me gustaría que viniera Barbudo y me gustaría aún más que se atreviera a discutirme el tratamiento. A pesar de que haya sido mi profesor, no lo consentiría; no toleraré que aquí, en el pueblo, me carguen con la culpa.

Se despoja de la chaqueta y se queda en chaleco. Da unas vueltas por la habitación, se detiene ante la mesa, abre el maletín y contempla el interior con expresión de impotencia.

—¡Qué desgracia, Señor, qué desventura para todos! Pero que nadie me culpe a mí...

—¿Por qué habían de culparte, Gabriel? Al pueblo, y a sus hijos mejor aún, les consta lo mucho que le estimabas y cuánto le debíamos. Fue él quien te dio la plaza. ¿No ibas a poner tus cinco sentidos en salvarle? Y todo el mundo sabe, y Barbudo es el primero en reconocerlo públicamente, que eres uno de los médicos más competentes de la provincia.

—Desde el anochecer estaba en coma; a las seis de la madrugada ha dejado de respirar. He tomado algunas medidas porque el cadáver se descompondrá rápidamente. Prepárame una solución de sublimado; voy a lavarme las manos. Luego me acostaré: tienes razón, estoy fatigado.

—¿Cuándo es el entierro? ¿Has oído comentar algo en la Casa?

—Mañana por la tarde. Vendrán las autoridades provinciales, los alcaldes de Peciña, Palomares, Santa Marta, Tobajuela... Vendrá mucha gente al entierro. Iremos todos; nadie se atreverá a quedarse en casa.

—¿Tú crees? Ahora que se ha muerto...

—Aquí está ya su hijo Pablo. Llegó ayer de Madrid. Es un majadero y un inepto, pero es su hijo, y eso cuenta.

—Todo el mundo dice que no se quedará a vivir en el pueblo, y si no se queda aquí...

—Todavía no se sabe lo que semejante inútil piensa hacer... Y escucha esto otro que te digo; hasta don Froilán vendrá al entierro.

—¡Valiente granuja! ¡El muy hipócrita!

—Calla, Adelaida; estamos en un momento delicado. No sabemos lo que aquí pueda ocurrir. Entretanto no conviene que hables mal de nadie. Es ocasión de mostrarse complaciente con todos y ver venir los acontecimientos.

El doctor Escorihuela se lava cuidadosamente las manos en una palangana puesta encima de un trípode de hierro esmaltado de blanco, colocado en un rincón junto a la vitrina del instrumental. Adelaida le tiende una toalla limpia. Mientras se lavaba se le ha deslizado una de las mangas de la camisa; la mujer se la vuelve a remangar.

—¿Ha llegado ese desagradecido?

—¿A quién te refieres?

—A Marcelino el Peatón.

—No. ¿Tiene que traerle algo?

—Lo que traiga ya no servirá, pero recoges el paquete y lo dejas sobre la mesa. No me fío un pelo de Barbudo; es capaz de plantarse aquí en el tren de la tarde y desacreditarme para hacer méritos y así justificar la factura por una consulta inútil. He pedido a la ciudad algunos específicos nuevos que no tienen en la botica y un aparato de inyección de suero artificial. Lo llevaré todo a la Casa y destaparé los frascos como si le hubiesen administrado los medicamentos. Y el aparato también quedará allí. Toda la farmacia la he retirado al tocador que está junto a la alcoba, y he dado orden de que la conserven tal como la he dejado por si se le ocurriera presentarse a Barbudo.

Cuando termina de enjugarse las manos, se desabrocha el cuello postizo y se lo quita; está arrugado y sucio. Con la americana al brazo, abre la puerta vidriera y entra en la alcoba.

—Que no me despierten bajo ningún pretexto. A menos, claro, que me llamaran de la Casa; aunque no creo que allá me necesiten por ahora. Sea quien sea, no me despertéis; te lo advierto, Adelaida, porque tú eres demasiado complaciente con los de fuera.

—Descansa, Gabriel, descansa. Después te sentirás mejor. Yo, a media tarde, acudiré al velatorio; doña Florita me acompañará; acaba de mandarme recado.

III

—A VER SI ACABA de una vez esta jodida campana. Estoy molida y no me deja pegar ojo.

La mujer ha sacado la cabeza de entre las mantas. Levanta airadamente el brazo izquierdo, y las pulseras de relumbrón tintinean.

—Algún difunto hay aquí. Mala puñalada le den. Ya podemos darnos el piro.

Han tendido una lona sujetándola por un extremo a la cubierta del carromato y sosteniéndola en el centro con una pértiga; el extremo opuesto está fijado al suelo por medio de estacas. Al reparo de la lona, tumbados sobre unos jergones, están la mujer de las pulseras, Maciste y la pequeña Perla. Aquilino, domador y flautista, con la Bella Emperadora y Colibrí, se alojan en el interior de la galera. Dos caballejos pastan por los alrededores, y algo más lejos, atada a un árbol con un cabo largo, la cabra *Angelina* come las hierbas del ribazo. Unos perros de aguas, con las melenas teñidas de colores chillones, descansan apelotonados en un montón.

Maciste cubre su corpachón con una camiseta rosa en la cual han cosido multitud de lentejuelas. Está sentado en el camastro, con las piernas cubiertas por la deshilachada manta, y fuma una tagarnina que acaba de encender.

—Tengo aquí en el costado un dolor que me tumba, y ahora esa maldita campana de todos los diablos...

La mujer se rasca la cabeza con ambas manos y el sonido de las pulseras es como un eco convulsivo y chillón del tañido de la campana.

—Pues no hace poco que le dan a la soga; debe de ser alguien principal el que espichó. Lo mejor es pirárselas cuanto antes.

—Convendría averiguar quién es el muerto.

—Los entierros, para el gato.

—Mujer, bien se nos dio en Cintruénigo...

—Aquella es otra tierra.

—Pero buena tajada le sacamos al difunto.

—Era hombre de iglesia aquél...

—Se juntó gente de toda la Ribera, y eso siempre anima.

—Hasta cinco duros se ganó la Perla, si es que dijo verdad y no nos escatimó alguno.

—Donde se reúne gente forastera, ya se sabe, por la noche, jolgorio.

La muchacha, que está acurrucada junto a la mujer, se asoma entre las mantas y se incorpora apoyándose sobre el codo.

—Vamos luego, los difuntos traen mala suerte...

—Menos el de Cintruénigo...

—Traen mala suerte; yo sé lo que me digo.

—¿Y la cera que recogimos no valía nada?

Maciste se pone en pie junto a la pértiga. Se estira concienzudamente, emite unos gruñidos, vacía el vientre de aires superfluos, y luego, bizcando, aspira el humo de la tagarnina, que se le estaba apagando.

—Tú, acércame los pantalones.

Antes de ponérselos se baja cuidadosamente las perneras de los calzoncillos que se le habían arremangado.

—Voy a mandar a Aquilino que se vista a lo dandi y que se llegue al pueblo. Según quién la haya diñado, se acabó la fiesta.

Al salir, le deslumbra la claridad del sol. Han acampado no lejos del puente, junto a la chopera, retirados de las huertas para no levantar sospechas.

A la orilla opuesta del río se ven las paredes blanqueadas del cementerio; sobre las tapias asoman algunos cipreses, unas cuantas cruces y la cúpula de cemento de un panteón. A la derecha del camposanto, pero más distante, hay una fábrica cuya cerca está defendida por cristales de botella que relucen al sol.

Da unas chupadas a la tagarnina y se vuelve en dirección contraria para mirar hacia el pueblo. Llegaron ayer después de anochecido; es la primera vez que recorren esta ruta. El pueblo no disfruta de mucha fama: ni en Santa Marta ni en Tobajuela les han dado buena razón de sus gentes.

La campana sigue doblando y en los campos apenas se ve nadie. El caserío, hacia la parte norte, está defendido por unos montes no muy elevados, parcialmente cubiertos de pinares. El río los atraviesa por una garganta angosta. En las orillas se descubren bien cuidados huertos y a lo lejos unos olivares verdean sobre las lomas que limitan el horizonte. Hay muchos sembrados, y bordeando los caminos y en algunos trechos, siguiendo las márgenes de la corriente, se alzan gallardos chopos. Donde comienza la ladera de los montes, destaca un edificio, de construcción sólida y aspecto importante, rodeado de espeso arbolado.

—¡Eh, Aquilino!

Sócrates y *Carracuca,* los dos monos sabios, están

balanceándose en un minúsculo trapecio que cuelga del techo de la galera. Al salir, Aquilino, se golpea en la cabeza con uno de los extremos del trapecio, y los dos monos parece que se rieran.

—¿Qué hay, Maciste?

—Que te vistas y te llegues al pueblo. Hay que averiguar quién es el finado. Lávate y ve afeitado. Y fárdate bien.

—No habrá función; mejor que ahuequemos el ala.

—Tú calla. Si es hombre de mérito, haces correr la voz de que en señal de respeto suspendemos el espectáculo, y cuídate de exagerar los perjuicios que nos causa.

—Mañana será el entierro; tampoco habrá función.

—Entérate de todo. En Cintruénigo no hubo espectáculo, pero buena tajada se nos quedó entre los colmillos.

La Bella Emperadora llega con un balde de ropa recién lavada apoyado en la cadera. Cuando se agacha para dejarlo en el suelo, Maciste le da una palmada en las nalgas.

—¡Estáte quieto, cochino!

Desde lo alto del carromato, Aquilino le grita indignado:

—¡Te tengo advertido que la dejes tranquila...!

—Callaros, tontos. ¿No veis que era una broma?

Maciste se aleja sonriendo. Unos metros más allá se detiene.

—¿Dónde se ha metido ese chalado de Colibrí?

—Marchó al pueblo. Dijo que compondría unas coplas en honor del difunto, a ver si le aflojaban algo.

—Que no emprenda nada sin que vayamos de acuerdo. Ya que no habrá espectáculo, algo tenemos que sacarle al muerto ese.

La Bella Emperadora, que ha tendido una cuerda desde la ventana del carromato a la rama de un chopo, va escurriendo las prendas y colgándolas.

Maciste coge a los dos caballejos por el ronzal y se los lleva a abrevar a la orilla del río.

IV

El establo es una pieza grande y oscura, de techo bajo y abovedado. No recibe otra luz que la que entra por un portillo que da a la calle.

—¡So...! *¡Blanquita!*

Le está acomodando la collera a la mula, pero *Blanquita* anda muy resabiada. A la *Pelada* ya le tienen puestos los atalajes y presta para sacarla a enganchar.

Zacarías estaba regando en la huerta; había terminado de almorzar cuando oyó que la Reina tocaba a muerto. Abandonó allá mismo la azada, y se vino corriendo a casa.

Gregoria está apoyada en el quicio de la puerta que comunica el establo con la cocina.

—No vendré a comer, no me esperes. Hay que meterle bien la reja al haza de la Higuera; lleva cinco años de barbecho.

—Pero no corre tanta prisa, Zacarías...

—¿Que no corre prisa? Ya ha reventado ese bribón, y la tierra no espera un día más. Los cardos le chupan la sangre; cinco años aguardando desde que nos puso pleito el muy hijo de perra.

—¿Y si el Tartajoso te descubre la faena?

—¿El ruin de Tartajoso? ¡Que se atreva ahora!

—Alerta, Zacarías, que no es hombre de fiar, es de

los traidores. No le faltan añagazas, y tanto aquí como en la capital, le protegen los jueces y todo bicho viviente.

—¡Que me lo eche a la cara! Si se acerca por el haza, por mucha escopeta que lleve, le rompo el alma. ¡El piojoso!

—No piojoso: asesino.

—¡Sooo! *¡Blanquita!*

Al ir a colocarle la retranca, *Blanquita* ha soltado al aire una coz. Se produce un forcejeo y el puño de Zacarías se estrella por dos veces, produciendo un ruido húmedo, contra el hocico de la mula.

—¡Satanás te lleve, condenada!

—¿Vas en el carro, Zacarías?

—Sí, en el carro, que me vean bien; que se enteren de que Zacarías está labrando el haza de la Higuera. Que se convenzan de que es mía y muy mía, y que a ese hijo de perra no le han aprovechado sus trampas, sus influencias, sus cómplices. ¡Que vengan! Sabrán quién es Zacarías.

—Así me gusta, marido; pero más me hubiera contentado oírte hablar de esta manera hace cuatro años, no ahora. Os tenía acobardados a todos.

—No se podía contra él. ¿Qué iba a hacer yo? Cuando vino el Tartajoso por la noche, y me amenazó con matarme, jactándose de que a él no había de pasarle nada porque era el guarda jurado...

—No hablo por ti; hablo en general, por los hombres del pueblo.

—Bien sabes que ese bandido lo tenía todo amañado, y que los del juzgado son unos cagones...

—Si mi padre viviera... él sí que fue un hombre de

cuerpo entero; siempre le plantó cara. Nadie le achicaba a mi padre.

—El pueblo está enterado de que a Poncio le mató el Tartajoso. ¿Y qué? ¿Alguien se atrevió a levantar la voz? Vino el juez del partido... ¿Y qué? Al Tartajoso ni le tomaron declaración; dijeron que estaba enfermo. Y le habían visto el mismo día que mataron a Poncio.

—Si mi padre hubiera vivido, el haza no deja de labrarse.

—Las mujeres todo lo veis fácil. Tenemos un pleito puesto, no lo olvides.

—Si lo perdemos, ¿de qué nos servirá dejar la tierra arada?

—No lo perderemos. Ahora que a ése le han mandado a los Infiernos, todo ha de arreglarse. La semana que viene iré al mercado y aprovecharé para hablarle a don Ceferino el procurador. Me confesó que el difunto lo envenenaba todo; desde el momento que ha reventado, ganaremos el pleito.

—Don Ceferino es una sanguijuela; lindamente nos ha sacado los cuartos. Y más nos estrujará ahora.

—Déjalo, mujer; el caso es que ganemos en el Juzgado. Sabe mucho don Ceferino, lo que ocurre es que don Eloy estaba protegido por ese camandulero y no se podía pleitear contra él. Y don Ceferino, sólo a cambio de ir repartiendo dinero a diestro y siniestro, conseguía aguantarnos. «En cuanto Dios se lo lleve —me dijo la última vez que le pregunté—, ganaremos el pleito.» «¿Y si quien se lo lleva es el diablo?», le dije, porque con don Ceferino siempre hablamos en guasa. «Pues tanto mejor, la justicia se cumplirá en esta tierra y en la otra», me repuso.

—¿Qué querrías para cenar?

—Hemos de celebrarlo, Gregoria. Mata un conejo. Y compra dos cuartillos de vino. Hemos tenido suerte, no hay mal que cien años dure.

—Sí, lo festejaremos y con ruido, para que los vecinos se enteren. Pero guárdate del Tartajoso, no te juegue una mala pasada; es muy atravesado.

—Pues se le ha acabado el gallear. Le van a ajustar las cuentas ahora que el otro ha estirado el zancajo.

—No te hagas demasiadas ilusiones; ayer llegó de Madrid su hijo don Pablo.

—¡Qué importa el hijo! Vive en la capital, aquí no tiene arraigo.

—Verdad que carece de arraigo, pero tiene el pueblo en la mano.

—Eso lo veremos. Yo voy a labrar mi tierra a plena luz del día. Por el camino, viniendo de la huerta, he topado con el Ceniciento. «Se respira mejor esta mañana», iba diciendo en son de chanza a cuantos se cruzaban con él.

—¿Sabes a cuánto le pagaba la leña? A nueve reales la carga; me lo contó la propia hija.

—Y Julián el de la Dominga se metía en la taberna con un forastero esmirriado, y como Saturio acertaba a pasar por allí, le ha gritado: «¡Saturio, entra a celebrarlo, te convido!»

—¿Y qué ha hecho el Sacristán?

—¿Qué ha hecho? Pues zafarse como si no lo oyera; ya le conoces a Saturio.

Saca las mulas a la calle y las amarra a una anilla fijada junto a la puerta. Vuelve a entrar en el establo a recoger un azadón y un saco. Gregoria, que continúa reclinada en el quicio de la puerta, se le queda mirando.

—Así me gustas, marido; tenía ganas de verte arar

ese campo. No le temas al Tartajoso; aunque te descubra, no se atreverá a decir ni pío.

Zacarías se arrima a la mujer y le apoya la mano que le queda libre sobre la curva de la cadera. La voz se le enroquece cuando le habla al oído.

—Si no tuviera tanta prisa por arar lo de la Higuera...

—Anda, marcha ya... No dos cuartillos, un azumbre de vino voy a traer. Y no te fatigues demasiado tras el arado, que te espero...

V

Cándido, el aprendiz del tío Raposo, ha venido a despertarle. Anoche veló, y se proponía dormir hasta la hora de comer. Pero al tío Raposo le pagará un buen jornal; además, es aficionado a los manjares, y generoso por añadidura cuando está contento. Y hoy no le faltan motivos para estarlo.

Se calza las alpargatas, se pone los pantalones y el chaleco, y sale a la calle.

Al pasar por la plaza ve a Simón, que está al sol, muy tieso, y con la mano extendida, canturreando.

—¡Qué desgracia, hermanos! ¡Fue un padre para todos nosotros!

Las vendedoras que establecen su mercadillo matutino bajo los soportales, se retiran ya con los cuévanos vacíos. Un coche de caballos, con las cortinillas tiradas, que seguramente viene con forasteros llegados en el tren, desaparece por la subida de San Antón.

Cuando pasa junto a Simón, se detiene. Le habla en voz queda:

—Simón, soy el Voluntario; el tío Raposo me ha mandado llamar. Vamos a hacer una labor de postín. Da gusto preparar un baúl elegante. La gente rica tiene que hacer los viajes cómodos.

—Hijo, has tenido suerte. Un trabajo curioso honra

a quien lo hace. Espero que el Raposo les cobrará caro; dile de mi parte que se acuerde de los pobres.

El Voluntario baja todavía más el tono.

—Simón, vete a donde el tío Vivo, y que te fíe un par de vasos. Yo pasaré a pagárselos. Hemos de celebrarlo. ¿Verdad, Simón?

—Y que lo digas, hijo... Más justicias hemos de agradecerle al diablo que al propio Dios.

El Voluntario camina a lo largo del muro de la iglesia; la cantinela del mendigo le persigue.

—¡Qué desventura, hermanos, qué castigo nos ha enviado el Señor! Fue un padre para todos nosotros, un padre para los ricos y para los pobres. Proteged a este ciego, que se ha quedado desamparado...

Cuando el tío Raposo le ve entrar, le sonríe complacido, frotándose las manos, gordezuelas pero enérgicas.

—Voluntario, has de saber que hoy es un gran día para mí. Hacia las nueve se ha presentado Zenón; venía ya vestido de luto. Ayer aún recelaba que encargaran el ataúd en la ciudad; no puedes fiarte de los ricachos, son capaces de creerse que aquí no tenemos buenas manos. Y Zenón me dice: «Tío Raposo, ya estarás enterado de la desgracia que nos aflige; vengo de avisar al señor cura para que toque a muerto». Y yo, que no sabía por dónde se iba a arrancar, respondo: «Requiescatimpace, amén». Y me quito la boina. Y Zenón añade: «El señorito me manda para que te encargues del ataúd. Te comunica que lo hagas de lo mejor, sin escatimar; que al mediodía irá el automóvil a la ciudad a buscar a unos familiares; que si necesitas adornos o lo que sea, que los encargues; que no repares en el precio...» Felicítame, Voluntario; hoy es un gran día para mí. Y para ti quiero que también lo sea. Pero vamos a darnos aire.

La carpintería huele a cola y a serrín. El tío Raposo, que está en mangas de camisa, ya ha seleccionado las mejores tablas; sobre la madera ha marcado con lápiz unas líneas firmes. Con precisos golpes de serrucho está cortando a la medida unas molduras de adorno.

—También yo temí que lo encargaran en la ciudad; por eso dormía aún cuando se presentó Cándido. Anoche estuve a llevar unos sacos de harina a la estación y regresé tarde... ¿Qué hago? ¿Me pongo a la sierra?

—Esmérate, Voluntario; trabajaremos con la mejor madera, la más seca, la más cara. Estaba dispuesta para un armario que me encargó el señor cura, pero mejor empleo que el que vamos a darle, no lo hay.

Cándido está sentado en un rincón junto a un bote de barniz. Con el pincel se aplica a retocar unas patas torneadas que el tiempo había deslucido. Una pequeña greca, hecha recientemente a golpes de gubia, exige varias manos de barniz.

—¿Qué te parecen esas patas? No las va a reconocer ni su padre. Media hora he perdido decorándolas...

—Oye, Raposo, con el calor que hace, un trago nos sentaría bien.

—Tienes razón... Anda, chico, coge el jarro y llégate a donde el tío Vivo. Del tinto, y que sea bueno le dices de mi parte. Has tenido una excelente idea, Voluntario. Las cosas como son.

Cándido sopla sobre una tabla para despojarla de serrín, y deja encima la pata que estaba barnizando. Agarra un jarro que hay en un vasar, y aprieta a correr calle abajo.

—Les he llevado una larga lista a los de la Casa. El féretro no ha de carecer de nada. En dejándome mano libre, he de hacerles algo superior a lo que hubiesen hecho en la ciudad. Mejor aún que el de don Moisés. La hija, que estaba junto al difunto, me ha prometido un crucifijo de plata legítima para que lo clave sobre la tapa.

—Oye, ¿le tomaste la medida?

—¿La medida? ¿Para qué? Le vamos a hacer un traje que le venga grande; cuanto más holgado, mejor. Las prendas ajustadas no lucen, no están a la moda. Por dentro irá forrado de raso, almohadillado de lana de primera calidad.

El Voluntario, que está serrando con sumo cuidado unas tablas, se interrumpe para liar un cigarrillo.

—No tardes demasiado. Al anochecer ha de quedar listo, y cuenta que vendrá la Rosita para encargarse del forrado.

—¿La Rosita? ¡Qué me cuentas!

—Sí, señor. Primero se negaba, buscaba pretextos; que si ella es modista y forrar ataúdes no es faena de modistas... Yo la he amenazado: «Acabo de estar con la señorita Isabel, y me ha encargado que te ocuparas tú del forramiento. Conque si no quieres, voy y se lo digo...» Palabras mágicas; en seguida ha prometido venir. ¡No faltaba más! Para una ocasión que tiene uno de lucirse, no me agrada que me lo dificulten.

—Esa Rosita es muy remilgada, pero si me la dejaran, ya le daría yo un buen revolcón.

—¡Anda éste! Yo también. Y si la hubieses conocido de más joven...

—Lo que le salva es que anda surtida de carnes, y con ese apaño se disimula la edad.

El fondo del ataúd ha quedado compuesto. El tío Raposo lo coge con ambas manos y lo examina complacido. Lo apoya en la pared y se aleja para comprobar, entornando los ojos, la regularidad de sus líneas.

—Voy a cepillarlo por debajo; quiero que las manos que lo carguen, aprecien que no hay chapuzas, que todo el trabajo es fino. Dicen que viene hasta el gobernador.

—Oye, Raposo. ¿Cómo está el tío?

—¿Qué tío?

—¿Qué tío va a ser?

—Todo el vientre hinchado, y manchas verdosas por la cara. Y el resto, salvo el vientre, muy sumido. La señorita Isabel estaba arrodillada en un reclinatorio, enlutada de la punta de la cabeza a la de los pies. El hijo mayor, según me han dicho, se había encerrado con el notario. También vi danzando al doctor Escorihuela. Y el truchimán de don Eloy creo que andaba reunido en el despacho con los otros dos. ¡Famosa trinca!

—Cándido no viene con la jarra...

—Como cuervos se irán juntando todos. Por lo menos había doce personas, y aún no han empezado a recibir a las visitas.

—¿Sabes qué me pasa? Que como estaba durmiendo cuando Cándido se presentó en casa, pues que todavía no he almorzado. Estoy ayuno.

—Lo que tú estás hecho es un mangarrán, que te veo venir. Hoy no se come en esta casa, no podemos abandonar la faena ni un minuto. Hay que acomodar a ese señor dignamente, como se merece; y hasta que el tío no quede encajado en su cofre, aquí se ayuna, que con el estómago vacío se trabaja mejor. Luego... Bueno, de luego no hablemos. Te preparo una sorpresa; ya le di órdenes a la Sixta para disponer la cena. Nos desquitaremos el estómago. Hay que festejar un encargo de tanto brillo, de los que sólo caen una vez en la vida.

—Pero algo para acompañar el vino...

—¡Hombre, eso ni se pregunta!

—¡Ah, bueno!

—Que la Sixta nos saque un poco de chorizo, pan y queso, y unas nueces. Lo de ayunar era broma.

—Me habías asustado.

—Te advierto, que nada de sentarse. Menea las mandíbulas cuanto desees, pero pegado al banco, sin parar de darle al cepillo. Hemos de apresurarnos para que cuando se presente la Rosita se pueda despabilar en su tarea.

—Raposo, no es por decirlo, pero contigo da gusto trabajar.

—Hoy es mi día, muchacho. ¡Cuando pienso que pudieron encomendarlo a la ciudad, me da el soponcio!

Cándido entra sujetando el jarro con ambas manos; el vino, de un negro violáceo, agita rítmicamente su redondez espumosa.

—Cándido, dale de beber al Voluntario, que se nos muere de sed. Y en otro viaje que hagas a donde el tío Vivo, a ver si te das más aire.

—Estaba llena la abacería, todos hablaban. El tío Vivo discutía con un forastero estrafalario, que pronunciaba frases de mucho seso y malicia que nos tenían boquiabiertos.

—Cándido, no te disculpes, ni aunque hablara el propio Salomón sería motivo para que te entretuvieras. Pero hoy es día en que cualquier falta se excusa. Entra ahí, y avisa a la Sixta que asome la nariz. Y aplícate en seguida a esas patas torneadas.

De la calle entra un ruido desacostumbrado; ante la puerta pasa un automóvil pintado de verde. Los vecinos se asoman, y el tío Raposo y el Voluntario también salen a la calle. El automóvil sube, roncando, por la cuesta.

Una vecina que se estaba peinando, se ha asomado a la ventana con un trapo blanco dispuesto a manera de toquilla. Al hablar, la cabellera suelta se le menea y la cubre parte del rostro.

—Raposo, ¿viste? Otro automóvil de la ciudad. Y van dos, más un coche de caballos que vino del correo.

Otra mujer que está a la puerta de su casa, secándose las manos en el delantal, exclama:

—¡Pobrecillo, señor! ¡Quién lo iba a pensar! ¡Qué desgracia, qué desgracia!

Penetran otra vez en el taller; el tío Raposo remeda riendo a la mujer.

—Sí... sí... desgracia...

VI

Julián, el de la Dominga, está apoyado en el mostrador de la abacería; junto a él, un hombrecillo vestido de oscuro, con una chalina de lunares, despliega una ampulosa verborrea. El tío Vivo no le quita el ojo de encima y en cuanto eleva la voz, le hace un ademán para que la modere. Los acompaña Marcelino el Peatón, que acaba de invitar a una ronda.

—Hay hombres ilustres y otros que no lo son. Los primeros no deberían fallecer nunca; y en los pueblos donde se ama el progreso se les erige una estatua en mitad de la plaza. Una estatua de bronce, mármol o piedra, según los casos...

De la puerta que hay al fondo de la tienda, ha salido una mujer alta y cumplida de formas, con un delantal azul abotonado hasta media espalda. Se dirige, sin decir palabra, hacia un saco de habichuelas semivacío, coge un librador de latón y se sirve en un puchero que trae en la mano. Al agacharse, le resbalan ambos faldones del delantal, descubriendo las caderas, ceñidas por un vestido de color salmón.

El hombrecillo de la chalina ha enmudecido. Se muerde el labio inferior, extravía los ojos y dibuja con ambas manos, a prudencial distancia, el arranque de las caderas de la mujer. Los compañeros se ríen maliciosamente, y la mujer, o no advierte lo ocurrido o lo disimula, y vuelve a entrar en la vivienda. Cuando el hombrecillo alarga la mano para recuperar su vaso, que ha dejado en el mostrador, tropieza con la mirada aviesa del tío Vivo, que además ha enrojecido de ira.

—¿Se trata de su esposa? Pues le felicito, tiene usted mucha suerte...

Aguantándose la risa, el Peatón le rectifica:

—No es su mujer, es sólo su cuñada...

—¿Su cuñada? Pues mayor suerte todavía... Vaya, que le doy mi enhorabuena, y no se lo tome a mal. Aunque es mi deber, en un día como hoy, prevenirle de que no estamos autorizados para ocuparnos de las mujeres; lo tenemos prohibido por la Santa Madre Iglesia. En esto se muestra muy exigente, puedo asegurárselo, amigos míos. Ni durante la Cuaresma, ni cuando hay alguien de cuerpo presente, nos está permitido usar de las hembras, ni siquiera a quien esté unido a alguna de ellas por los santos vínculos del matrimonio. Si alguno de los aquí presentes fuese casado, o tuviese ocasión de pecar con mujer ajena, se lo advierto para que lo tenga en cuenta. Incluso nos está vedado acercarnos a las mujeres públicas bajo pena de excomunión fulminante.

—¡Eso no es cierto! —protesta el tío Vivo.

—¿El qué? ¿Quién osa desmentirme? Estuve en un tris de cantar misa, y hablo con conocimiento de causa.

—No es verdad que durante la Cuaresma uno tenga prohibido... acostarse con la mujer propia. Lo sabríamos aquí también...

—La Iglesia es muy sutil, y emplea un lenguaje únicamente inteligible para los iniciados. ¡Abstinencia de carne! ¿No es acaso diáfana la alusión? Ustedes, los comerciantes de abadejo, son quienes han tergiversado el sentido de las Decretales. ¿Por qué el cristiano va a privarse de comer carne si tiene dinero para comprarla? Y si no lo tiene, ¿qué más abstinencia ni más ayuno van a imponerle?

—Usted bromea...

—No bromeo, es la pura verdad. Peatón, paga tu ronda y vámonos de aquí, que el tiempo no tiene espera. Y dime ahora una cosa: ¿por qué te llaman Peatón si ruedas en bicicleta?

—¡Toma! —dice Julián el de la Dominga—. Porque es de oficio peatón, cartero que les llaman en las ciudades.

—¡Ah, siendo así, me callo! Y usted señor tendero, proceda según le dice su conciencia, pero queda advertido: mientras en un pueblo hay alguien de cuerpo presente, peca quien peca. La Iglesia, en este extremo, resulta puntillosa. Y, sin embargo... amigo, yo, en su caso, si como es de suponer su consorte se parece a la cuñada, ¡qué caray!, pecaría a ojos cerrados. Y ahora, perdóneme si le he ofendido.

Después de cubrirse con su sombrero mugriento, el hombrecillo sale de la tienda seguido de Marcelino y de Julián el de Dominga. En la puerta, casi se tropiezan con Simón.

—Buenos días nos dé Dios, hermanos, en medio de tanto desvalimiento como nos aqueja.

Cuando se da cuenta de que los otros se han ausentado, en tono más firme y menos musical, prosigue:

—Ponme un par de vasos de blanco; me invita el

Voluntario. Tan pronto como termine la faena con el Raposo, vendrá a pagártelos.

Los tres hombres se encaminan hacia los soportales. Una vez protegidos por la sombra, el hombrecillo se detiene y les apoya las manos sobre los hombros.

—Y ahora, decidme, amigos, ¿hay en este pueblo alguna taberna que merezca el nombre de tal?

—Sí, la de Sancho...

—Pues vamos allá, que yo los invito a ustedes para corresponder. Este circunciso no me cae simpático. Con su cuñada, digo yo, haría mejores migas, y si es cierto que se le parece, hasta con su mujer...

Tuercen por la calle de las Eras; del ejido llegan pequeñas nubes de polvo. Al pasar ante la fragua, se oye el batir del martillo contra el yunque.

—Muy rico debía de ser el difunto...

—Ni se sabe; más de medio pueblo es suyo.

—Y tiene mucho poder —añade Julián el de la Dominga.

—Amigos, les aconsejo emplear los verbos con propiedad. Digan: más de medio pueblo *era* suyo; y no *tiene poder,* sino *tuvo,* o *tenía* si así lo prefieren.

—En eso lleva usted toda la razón.

—Hay que dedicar un poema al finado; hay que ensalzar sus buenas obras. Porque... hizo buenas obras, ¿no es así? ¿Era de natural inclinado a la caridad?

—A éste le regaló una bicicleta...

—Calla, Julián, de eso no hablemos...

—¿Repartía limosnas entre los pobres? Cinco céntimos los domingos, por ejemplo...

—A todos los vagabundos que llamaban a su puerta, el Lebrel les entregaba una moneda de dos céntimos. Ninguno, por muchos que acudieran, quedaba sin socorro.

—Sí —aclara Marcelino—, y al que se quedaba más de un día, el Tartajoso le breaba a palos...

—Fue un hombre bondadoso, sin duda. Decidme si me equivoco. ¿A que prestaba dinero a quien se hallaba en apuros por malas cosechas, enfermedades y demás calamitosas circunstancias?

—Sí lo hacía... él o alguno de sus testaferros.

—Con garantía de tierras, de animales, de herramientas —prosigue el hombrecillo.

—Nadie presta a quien no tiene.

—Y usted, ¿cómo lo sabe? —preguntó el Peatón.

El de la chalina se encoge de hombros y sonríe. En dirección contraria viene doña Florita, vestida de oscuro y con una mantilla que le cubre el cabello. Julián y el Peatón se apartan para cederle el paso. El hombrecillo se retira también, y levantando el sombrero cuanto el brazo se lo permite, le hace una reverencia. Doña Florita le corresponde con una seca inclinación de cabeza.

—¿La conoce usted? Es la de la fábrica de electricidad...

—Saludo a las damas en cualquier ocasión; la galantería me trae suerte.

—De esta señora se habló lo suyo en otro tiempo...

—¿Qué les parecería a ustedes, amigos míos, un poema que comenzara de esta guisa?

¡Oh, muerte! Cuán inclemente
con tu guadaña segaste
la ilustre vida que hallaste
en el vergel floreciente...

—No, no. No me complace; habrá que pensar en otro metro. ¿Conocen ustedes a alguien que me pudiera introducir en la familia? A muchos les halaga que se compongan poemas en memoria y loor de sus deudos. Es una costumbre que por desgracia se está perdiendo, pero que entre romanos, godos y otros pueblos de la antigüedad, estuvo muy difundida.

—Yo... conocer... algunos criados sí que son amigos. Zenón, que es viejo y le tienen considerado... Tú, Julián, eres algo pariente, por parte de madre, de la Venancia.

La taberna tiene blanqueada la fachada. En el exterior hay una mesa de madera, alargada, y un banco adosado a la pared. Por la puerta sale un hombre vestido de oscuro, con gorra de cuadros y unas botas puntiagudas muy ajadas.

—Señores, ahí tenemos al ilustre señor Aquilino. Van ustedes a conocerle. Nadie le gana con el flautín, es domador diplomado y persona de múltiples y desconcertantes habilidades.

El hombre de la gorra se ha detenido un poco confuso ante lo inesperado del encuentro.

—Aquilino, acabo de sorprenderte saliendo de refrescar. Aquí, estos amigos nos invitan a tomar el último vaso; no vas a hacerles un desprecio...

—A ti te buscaba, Colibrí. Maciste quiere hablar contigo.

—Beberemos antes la última copa, que la jornada es larga y fatigosa, y la de hoy se presenta más bien melancólica. Pasen, pasen ustedes primero, señores...

VII

—Madre, plánchеme usted la camisa, que no me la planche esa zarrapastrosa de Faustina. Esmérese en los puños y en el cuello.

—Ya voy, hijo, ya voy...

—Y sáqueme del armario el traje negro. Repase los pantalones por si se han arrugado. Hace un siglo que no me los pongo; que queden marcadas las rayas.

Ha descorrido el visillo y está mirando por la ventana. La Casa, en lo alto, parece encaramada sobre los tejados del pueblo. Ventanas y balcones permanecen cerrados, pero la verja del parque está abierta de par en par. Durante la mañana han llegado dos automóviles y un coche de caballos. El auto de la familia también ha salido hace más de una hora. Faustina, que estaba en la tienda, se ha enterado de que iba a la ciudad para traer algunos encargos y recoger a los parientes, que llegarán en el tren de Madrid.

—¿Estás decidido a presentarte en la Casa?

—Sí, madre, nadie puede impedírmelo.

—¿Y crees que Pablito te recibirá bien?

—No me importa; tan hija es Isabel como pueda serlo Pablito. Mientras no se abra el testamento, la Casa pertenece a los hijos, no a Pablito en particular.

Se oye trabajar la sierra en la carpintería del tío

Raposo. El aprendiz sale corriendo con una jarra en la mano; es el segundo viaje que hace a comprar vino en menos de hora y media.

—¿Qué crees tú que habrá dispuesto en el testamento?

—Cualquier canallada podemos esperar, madre.

—Con el notario y el sinvergonzón de don Eloy de su parte, Pablo ha podido urdir cuantas trampas se le hayan pasado por la cabeza. ¡Menudos lobos!

—Sí, madre, pero Pablito estaba en Madrid; cuando llegó daba las últimas boqueadas. Isabelita, en cambio, le ha cuidado durante la enfermedad.

—Pero la tenía entre ojos; por culpa de lo tuyo. Amenazó con desheredarla, y capaz era de hacerlo el muy ruin.

—Isabelita le supo camelar; le hizo creer que no nos tratábamos. La verdad es que en estos meses nos hemos visto poco, a escondidas.

—No te fíes. Todo el pueblo le iba con chismes; estaba informado de cuanto sucedía.

La madre se acerca a la claridad de la ventana; lleva un traje negro suspendido de un colgador en forma de cruz.

—Podrías entretenerte quitándole estas manchas con gasolina. Por ahí hay un frasco.

Se asoma también entre los visillos para mirar a la calle. Por la cuesta sube un hombre vestido de oscuro, con una gorra a grandes cuadros, y calzado con botas puntiagudas abotonadas a un lado.

—¿Quién es ése? ¿Le conoces tú?

—No sé, algún forastero.

—Pues no tiene buena traza. ¿Tú crees que irá hacia la Casa? Por el camino que lleva se diría que sí...

Frota enérgicamente las manchas con un cepillo empapado en gasolina. De uno de los bolsillos de la chaqueta saca unos gemelos negros montados en plata, y los deja sobre la mesa.

La madre vuelve de la cocina con la plancha que acaba de retirar de la lumbre. Se humedece los dedos con la punta de la lengua y roza la superficie pulimentada y caliente; pequeñas burbujas de saliva se evaporan crepitando.

—Don Gabriel me dijo un día que los campos de la Cañada serían para Isabel, y que además le dejaría en propiedad por lo menos diez casas. Y cuarenta mil duros en papel para la dote.

—Habladurías; nadie conoce el testamento. Ha podido cambiar las cláusulas veinte veces.

—Y, se me olvidaba, los rebaños que le llevan el Rufino y su hijo.

—Con eso ya me conformaba, pero no hay que hacerse ilusiones; algo tiene que dejarle también a Cristóbal, aunque no le podía ver ni en pintura.

—Otros creen, en cambio, que era su preferido. Don Gabriel, que aquella tarde estaba dicharachero —yo creo que había bebido, y Dios me perdone si pienso mal—, afirmó que para Cristóbal serían todas las huertas del otro lado del río, y la mitad de la fábrica de la electricidad, y los pinares de San Antón; y otros cuarenta mil duros en papel. Todo lo demás quedaba para Pablito.

—Se suponía que iba a dejar muchas mandas. Para la iglesia el altar de las Ánimas que le tenía prometido a don Humberto, y a Zenón algo ha de legarle aunque sea poco. Y se rumoreaba también que le cede unos miles de duros a Rosita, y a otros...

—Como decir, se dicen muchas cosas; ya veremos a la hora de la verdad. Que no confíen en el festín; todos acechan como cuervos, y a lo mejor se quedan con dos palmos de narices. Un hombre honrado deja herederos a sus hijos. ¿Sabes lo que contaban la otra tarde al salir del Rosario? Que a don Indalecio le cede en el testamento la otra mitad de la fábrica de la electricidad.

—¡Claro! Como que todos sabemos por qué le hizo director...

—Esa doña Florita no tiene vergüenza. Me gustaría verla esta tarde qué cara pone en el velatorio.

—¿Tú irás, madre?

—Naturalmente que sí. Iremos todos. Debemos mostrarnos misericordiosos con los muertos. ¡Ojalá le aprovechen nuestras oraciones, que buena falta le harán!

—Las mías no van a aprovecharle, desde luego. ¡Prohibirme la entrada en la casa! ¡Cochino avaro!

—Hijo, no es piadoso hablar así de los difuntos... Ya tienes planchada la camisa. Ahora llegarás a la Casa, y entrarás por la puerta grande.

—Es cierto; pero he tenido que esperar a que el viejo estuviese más tieso que un palo. Y en estos meses, sólo tres veces he podido hablar a solas con Isabelita.

—Pero cartas no me negarás que recibías...

—Las cartas son para los ancianos, y para los soldados que están lejos.

Los visillos filtran una luz viva que se derrama por la habitación y se posa tímidamente en los vetustos muebles de color oscuro.

—Ten, vas a ir hecho un sol.

Alarga la mano para recoger la camisa, el cuello y

los puños recién planchados, que le entrega la madre. Abajo, en el zaguán, resuena la cantarina voz de Simón.

—Hermanos, dad una limosna al pobre ciego; socorredme ahora que me he quedado sin amparo. ¡Qué tribulación, hermanos, para todos!

Devuelve las prendas a la madre y baja los escalones de dos en dos. El ciego está plantado en mitad del zaguán; se ha quitado el sombrero, y con la mano libre se peina la cabellera, gris y enmarañada.

—¿Es usted, señorito Daniel?

—¿Qué hay, Simón? ¿Me traes algún recado?

—Sí, señorito Daniel, una noticia que a todos los bien nacidos nos alegra. Han venido a avisarme de la Casa que la señorita Isabel le espera, que vaya usted en seguida.

—¿Quién te trajo el recado? ¿Lo oyó alguien?

—Nadie pudo oírlo, señorito; el viejo Simón tiene sus mensajeros secretos.

—Gracias; pasa a la cocina y que te sirvan algo de comer de mi parte.

—Señorito Daniel, por el amor de Dios. ¿No puede usted socorrerme con algún dinero, ahora que me he quedado sin tutela? Querría ir a la cantina del arrabal a comer unas uñas de vaca. Los duelos con pan son menos, y hoy es un día triste para todos; usted lo sabe bien, señorito Daniel.

Desciende al zaguán desde la mitad de la escalera, en donde se encontraba. Saca del bolsillo del chaleco un duro de plata, y se lo entrega al ciego.

—¿Triste para todos, dices? ¡Truhán!

El ciego sonríe con malicia y sale a la calle salmodiando:

—¡Qué desgracia, hermanos, era un padre para los

pobres y para los ricos! Socorred a este ciego, que se ha quedado sin amparo.

La madre le tiene preparada la corbata nueva y unos calcetines negros. Mientras asciende por la escalera siguiendo al hijo, que sube a zancadas hacia las habitaciones del piso alto, grita por el hueco en dirección a la cocina:

—¡Faustina! ¿Están ya limpias las botas del señorito? A ver si te das aire, que las está esperando.

VIII

A LAS DOCE EN PUNTO el maestro se ha puesto en pie. Los alumnos le imitan provocando estruendo con los pies y con las tapas de los pupitres. Uno de los chicos se apresura a borrar con un trapo el problema que estaba escrito en la pizarra. Es flaco y desgarbado; una nube de polvo de yeso le envuelve y le obliga a toser. Sus aspavientos hacen reír a los compañeros.

—Recemos un padrenuestro por el alma del difunto: Padre nuestro, que estás en los cielos, santificado...

Un murmullo confuso formado por voces chillonas y otras graves, todas ellas desacordes e indiferentes, atruena el aula durante algo más de medio minuto. Terminada la oración, se oyen varios «amén» escalonados, pues todos los alumnos pugnan por ser el último en pronunciarlo. El maestro los mira gravemente, se despoja de los lentes y los limpia con un pañuelo que saca del bolsillo.

—Hoy, como ustedes saben y la campana nos ha anunciado, es un día de duelo para el pueblo. No hace falta que les recuerde que hemos perdido a un benemérito protector de la escuela. Por tanto, esta tarde y mañana, durante todo el día, permanecerá cerrada en señal de luto. Ustedes, pues, tienen fiesta. Es decir, fiesta no es la palabra apropiada: asueto. Los pequeños me harán una página de palotes. Los medianos estudiarán la próxima lección de geografía, y los mayores me presentarán una redacción sobre el tema: «Reflexiones de un alumno en la muerte del bienhechor de la escuela». Nada más, salgan en orden y sin escandalizar. Les advierto que esta tarde no quiero encontrarlos jugando por las calles del pueblo, y menos aún en la plaza. Es un día de luto, y el deber de todos ustedes consiste en respetar el dolor de la familia. Quien tenga deseos de jugar que se vaya al ejido, o hacia la chopera. Si descubro a alguno de ustedes que no cumple mis órdenes, será oportunamente castigado. Y ahora: En el nombre del Padre, del Hijo...

De nuevo, aunque más brevemente, se produce la confusa algarabía. Y luego: amén, amén, amén... y un instante después, se oye un destemplado vozarrón :

—¡Ameeeén!

Los alumnos, regocijados y burlones, desfilan hacia la puerta. El maestro se ha vuelto a colocar los lentes, y con los brazos cruzados vigila el orden de la salida. Cuando pasa a su alcance el hijo del Ceniciento, con una rapidez que inutiliza el esfuerzo que hace el chico por esquivarlo, descarga un enérgico golpe con los nudillos sobre la cabeza rapada.

—Amén, digo yo ahora.

Salen delante los párvulos, los mayores los últimos; salvo los más pobres, visten delantalones listados de azul y blanco con amplios cuellos azules.

—Lorente, espere un momento.

A Lorente, que es patilargo, el delantal se le ha quedado pequeño. Bajo el brazo lleva los cuadernos y un libro muy usado, y en la mano sostiene un lápiz despuntado y el mango, de madera teñida de violeta, con su plumilla.

—Siéntese ahí. Tenga este papel y tome nota en borrador de lo que voy a dictarle. Antes de regresar a su casa comprará un folio de papel de barba y un sobre de tamaño grande. También adquirirá un sello en el estanco. Ahí van dos reales; han de sobrarle diez céntimos; puede usted quedarse con ellos.

El muchacho se ha sentado en un pupitre de la primera fila. Coge el papel que le tiende el maestro, moja la pluma en el tintero, y se le queda mirando mientras la lengua le cuelga entre los labios.

—El sobre irá así dirigido: Señor Director del periódico *Las Noticias Provinciales*.

—Sí, señor maestro; de esto me acuerdo, no necesito apuntarlo.

—Bien, muchacho.

El Maestro pasea gravemente entre la tarima y la primera fila de pupitres. Se quita los lentes y, sujetándolos entre el pulgar y el índice, avanza la mano en dirección al amanuense.

—Escriba el título: «Fallecimiento muy sentido».

Vuelve a colocarse los lentes y reanuda el paseo.

—«Esta mañana, antes del alba, ha entregado su alma el ilustre caballero, vecino de esta villa, don etcétera etcétera...»

—No corra tanto, señor maestro.

—¿Ya está?

—Sí, señor maestro.

—Bien, prosigo: «Tan distinguido caballero...»

—Señor maestro, caballero ya lo hemos puesto...

—Después me dejará el borrador para introducir en él las debidas correcciones. Ponga ahora: «Tan distinguido prócer había hecho de la caridad un ejercicio». Coma. «Y de la virtud... un... un oficio.» No, espere; ejercicio y oficio, riman. «Un... Un...»

—Un sacramento quedaría bien.

—Provisionalmente, escríbalo: «un sacramento». Después, si conviene, lo enmendaré. «Distinguido político, escritor preclaro, ejemplar promotor de las más nobles empresas, sus obras quedarán imperecederamente grabadas en la mente de todos.»

Sube a la tarima y se sienta detrás de la mesa. Un mapa de Europa despliega sus rosas, verdes, amarillos y azules sobre su cabeza.

—...en la mente de todos.

—«Las letras patrias pierden al... ilus...» No, no. «Al conocido autor de aquel famoso opúsculo que tanto se comentó en su tiempo, y cuyo título, que todos recordamos, era *Las leyes, la propiedad y la religión, como sustento de las naciones*, que, si corto en páginas, fue pródigo en enseñanzas.»

Desciende de la tarima y se aproxima al pupitre donde Lorente escribe.

—Tache este párrafo, y tache también más arriba lo de escritor preclaro. Haríamos la nota demasiado larga, y son capaces de sustituirla por otra más breve redactada por los paniaguados del director. «Entre sus obras, encauzadas todas ellas hacia el Progreso y el bien común, merecen destacarse la feliz construcción del pantano de las Piedras y la puesta en servicio de la fábrica de electricidad, gracias a la cual el pueblo entero, y aun los municipios vecinos, se benefician de la fuerza... de...» Espere, no ponga, la fuerza... «De uno de los más relevantes adelantos que la Humanidad ha conocido.»

—Señor maestro, no dicte tan aprisa.

—«...relevantes adelantos que la Humanidad ha conocido.» Punto y aparte.

—Punto y aparte.

—«El pueblo en masa acudió al entierro en imponente manifestación de... desconsuelo. Presidieron el duelo oficial el Gobernador Civil y otras autoridades provinciales, eclesiásticas y militares. En el duelo familiar figuraban los hijos del extinto y otros familiares.»

—En el duelo... ¿Qué más?

—«En el duelo familiar figuraban los hijos del extinto y otros deudos. De toda la provincia, de toda la nación, y hasta del extranjero, llegan nuemerosos testimonios de pésame. Como muy bien ha dicho el señor Gobernador al borde de la tumba, nosotros repetimos: «Ha muerto un hombre cabal, uno de esos próceres cuyo nombre los siglos repiten con respeto».» Punto final.

—¿Y si no lo dijera, señor maestro?

—Lo mismo dará. Pero me consta que en ocasiones semejantes lo ha dicho. Lorente, ya sabe usted, firme: Corresponsal. Aplíquese en la letra y haga perfiles y gruesos. Antes de echar la carta al correo, me la trae para darle un último repaso. El borrador me lo deja a mí; hay que cuidar cualquier redacción destinada a ser publicada en letras de molde. ¿Recuerda hace dos años cuando la riada? Los tipógrafos cometieron una falta garrafal: «Puerta desencadenada», en lugar de «Fuerzas desencadenadas». El texto carecía de sentido.

—¿Espero más, señor maestro?

—Mientras hago las debidas correcciones, lléguese a su casa y pregunte a su padre si quiere que esta tarde vayamos juntos al velatorio. En caso afirmativo, que me preste una corbata negra si la tiene; conviene presentarse de luto. Y corra, no se demore.

Se sienta en lo alto de la tarima, ante su pupitre, y coge la pluma. Mientras lee atentamente el borrador, introduce la plumilla entre sus labios. De pronto interrumpe la lectura y tacha, garrapatea una palabra, vuelve a tachar, aleja el papel de los ojos, saca el pañuelo, se suena, suprime una frase, se quita los lentes y los limpia con el pañuelo, escribe una nueva frase; añade una preposición, coloca una coma.

Desciende de la tarima y cierra la puerta que, a la salida de Lorente, había quedado únicamente entornada. Agarra el papel con ambas manos, y paseando ante los pupitres, va leyendo pausadamente con voz campanuda:

—«Fallecimiento muy sentido. Ayer por la mañana, al despuntar el alba, rindió su alma el muy ilustre y preclaro vecino de esta insigne y heroica...»

Ha creído oír ruido de pasos tras la puerta. La abre y observa a derecha e izquierda. Cuando comprueba que nadie puede oírle, alza más el tono y ahueca la voz:

—«...de esta insigne y heroica villa, don...»

IX

EL DEPACHO ESTÁ INSTALADO en una sala amplia de elevado techo. De una de las vigas pintadas de negro cuelga una pesada lámpara de bronce sobredorado. En las estanterías se amontonan libros y legados, y una colección completa, encuadernada en rojo, de *La Ilustración Española y Americana.* De las paredes penden cuadros que han ido oscureciéndose con el tiempo. Don Pablito está sentado en el sillón, con los codos apoyados sobre la mesa. Frente a él, con las piernas cruzadas y el cuerpo echado hacia atrás a causa de su voluminoso vientre, don Eloy fuma un veguero. Don Fernando, notario de la familia residente en la villa cabeza de partido y que hace tres días fue requerido por el moribundo, tiene ante sí una humeante taza de café.

—No puedo darle más detalles, don Pablo, y menos si se pone usted en ese plan. Aquí, cada cual ha cumplido con su deber...

Interviene don Eloy en tono conciliador.

—Pero, don Fernando, hágase cargo... lo que Pablito quería decir no se lo puede usted tomar a mal.

Busca un cenicero sobre la mesa; no hay ninguno porque el difunto no fumaba ni toleraba que nadie fumase en su presencia. Sacude la ceniza sobre la alfombra y continúa fumando.

Don Pablito levanta las dos manos, arquea las cejas, y golpea con energía sobre la mesa.

—Era un putero, y lo ha continuado siendo hasta el último estertor. ¡Y esa zorrona se me lleva por lo menos mil duros cada año!

—Lo que renten los molinos. Yo, en cantidades, ni entro ni salgo.

—Puede que no ascienda a tanto, Pablito, mil duros son muchos duros.

—No sé... Pero si eso lo dispuso anteayer, es evidente que chocheaba.

—Su señor padre estaba en sus perfectos cabales; tuve un cambio de impresiones con don Gabriel.

—¿No me dicen que fue después de haberse confesado? ¿Cómo podía dejarle a esa mujerzuela una renta anual de mil duros, quitándoselos a sus hijos?

—Pablito: el hecho puede interpretarse como una reparación. Tú padre era un caballero. La pobre Rosita no se casó a su tiempo, y tu difunto padre, en vida, no se mostró con ella muy generoso que digamos.

—Me las pagará esa desvengonzada: la haré la vida imposible.

—Temo, don Pablito, que me he excedido por condescendencia; he sido indiscreto revelándole este pequeño secreto. Quiero advertirle que hay otros legados, prefiero que la noticia no le coja de sorpresa...

—¡Estamos aviados!

—Pablito, creo que debes calmarte y descansar un rato; dormir te hará bien. Toma la píldora que te ha dado don Gabriel. Hacia media tarde comenzará a presentarse aquí todo el punto; te conviene estar sosegado. Don Fernando y yo nos iremos ahora a comer a la fonda... Lo siento, pero ayer no cenamos y tenemos desfallecimiento, apetito, vamos.

—¿Por qué no se quedan a comer en casa?

—Pablito, no puede ser, no sería correcto...

—Es cierto, se me había olvidado... Voy a llamar a don Onofre para preguntarle cuánto rentan exactamente los molinos. Cada vez que lo recuerdo se me llevan los diablos. ¡El viejo putero!

—Descanse ahora. ¡Qué más da! No es grano de anís lo que le queda a usted, se lo puedo garantizar.

—Voy a descansar un rato. ¡Qué lata se me prepara! Y dice usted, don Eloy, que vendrá el Gobernador...

—Sí, llegará mañana en el último momento y se marchará pronto. Más es de temer el Magistral, que traerá la representación del señor Obispo. Ése sí que no perdona la cena, y exige ser tratado a cuerpo de rey...

—¡Qué horror! Además de la desgracia, encima, eso; aguantarlos a todos, las mismas palabras, los mismos gestos...

—Y prepárese, ¿sabe quién vendrá al entierro, y seguramente se presentará a darle el pésame? ¡Don Froilán!

—¿Está seguro, Eloy? Me deja patidifuso.

—Claro que sí, don Fernando. Lo sé de buena tinta.

El notario tamborea sobre la mesa, baja los ojos, se ajusta el alfiler de la corbata, y dice con voz solemne:

—Las enemistades terminan al borde de la tumba. Ante la muerte, los enemigos deben reconciliarse.

Don Pablito les mira con expresión de desvalimiento.

—Y yo ¿qué cara le pongo?

—La misma que a los demás. Te compones una actitud grave, y déjales hablar.

—Don Froilán es un Judas.

—Escuche, don Pablito, no hay que exagerar hasta ese extremo. Y bien sabe Dios que don Froilán no es santo de mi devoción. Es decir, apenas le tengo tratado; él ha recurrido siempre a mi ilustre colega de la capital.

—Yo le sacudí un buen palo cuando el pleito de las aguas. No a él, aunque fue él quien pagó las consecuencias del fracaso de «mi ilustre colega de la capital», como usted dice. Me refiero al papamoscas de Ceferino, que se cree más avispado que los demás.

El humo del cigarro flota sobre la mesa con un ligero vaivén. Las ventanas permanecen cerradas y hace calor. Don Pablito se ha quedado pensativo. Se pasa la mano por la cabeza y se alisa los bigotes acariciándoselos con los dedos índices.

—¿Y «Los Corrales», con sus garañones, sus yeguas, sus muletos y sus prados? ¿No me quiere decir a quién van a parar?

—Ten paciencia; todo lo sabrás en seguida. Tú eres el primogénito. Aunque no coincidíais en el carácter, y perdona que recuerde que te ha fallado la mano izquierda, has sido siempre el preferido. Te aconsejé repetidamente que buscaras mujer; si llegas a estar casado, si le hubieses dado nietos, seguro que todo queda para ti.

—Yo no hablo, prefiero guardar silencio. A su hora se sabrá todo. Me he excedido por complacerle, y el resultado ha sido contraproducente.

Don Pablito se quita el cuello y la corbata. El pasador salta, y como cae sobre la alfombra no hace ruido. Se agacha a buscarlo, tantea entre sus pies y la pata de la mesa, y no encuentra. Cuando se incorpora tiene el rostro congestionado.

—¿Y qué me dicen de la mosquita muerta de mi hermana? ¿Estaba usted enterado, don Fernando, de que Isabel no me avisó hasta el último momento? Claro, ella quería hacerse la abnegada, cuidar a su papaíto, y entretanto arramblar con lo que pudiera.

—No hable así; su padre no se dejaba mangonear por nadie. Y por mi parte no hubiera tolerado...

—Entonces, ¿por qué no me avisaron a tiempo?

—Calla, Pablito, no te pases de suspicaz. He hablado con don Gabriel. Hasta que se presentó la septicemia, la enfermedad no podía calificarse de grave. Anteayer se telegrafió al doctor Barbudo; al mismo tiempo se cursaba tu telegrama. Yo vine a todo correr en automóvil porque tenía interés en que tu padre obligara a declarar al Mamporrero... un asunto que nos traemos con ese Zacarías, el que está casado con la Gregoria. Pero tu padre ya estaba acabado; creo que ni me llegó a entender. Y el pleito del haza de la Higuera se nos va a escapar de entre las manos, todo por culpa del dichoso Mamporrero. He ido a verle y se ha cerrado de banda. «Que no, don Eloy, que yo no sé nada, y que no declaro más que la verdad.»

—Al Mamporrero ya le arreglaré yo las cuentas.

—Mal se nos ha puesto ese asunto, Pablito; yo lo he ido aguantando cinco años con muchos esfuerzos. Tu padre lo había convertido en cuestión de amor propio. Me temo que ahora, por poco que apriete Ceferino, se nos vaya sin remedio. ¡Y figúrate si apretará el muy bicho! Cinco años llevan los campos en barbecho. «¡Que se chinchen!», decía tu padre, que en este asunto se mostró terne que terne. ¡Menos mal que el pobre no ha de leer la sentencia! Si acaso... desde la otra vida...

—Eloy, desde la otra vida, las cosas deben de verse con ojos distintos, más benévolos, supongo.

—Mejor que así sea, porque este asunto del Zacarías y la Gregoria lo tomó muy a pecho.

Don Fernando se pone en pie y se manosea las barbas. Don Eloy insiste en buscar con la vista un cenicero. Antes de salir, arroja la colilla del puro en un extremo de la habitación donde la alfombra no alcanza.

—Don Pablito, nosotros nos retiramos; si nos necesita, en la fonda nos encontrará. Hacia media tarde estaremos de regreso.

—Anda, vete a descansar, estás hecho polvo. Las desgracias familiares afectan hasta a los más animosos. Y padre, por desgracia, sólo tenemos uno, y cuando se pierde... ¡en fin...!

Los despide con un ademán y no se pone en pie. Cuando se queda solo, arroja el cuello postizo sobre la mesa. El cuello rebota, rueda y cae en la alfombra.

—¡Maldita sea su estampa, la renta de los molinos!

X

—Vaya, vaya; esto va tomando forma...

El tío Raposo retrocede unos pasos para contemplar mejor el efecto. Ha clavado las tablas, y ahora, después de encoladas, están sujetas por unas clavijas.

—Sólo le falta la tapa; ahí tenemos que echar el resto. Cuando llegue la Rosita no tendrá que esperar ni un minuto. Raso de la mejor calidad, de ese color tan fino que parece marfil, festoneado con esta preciosidad que me han mandado de la Casa. Acabará por dar gusto meterse dentro.

—Si usted quiere yo lo estreno; no tengo aprensiones.

El Voluntario se aplica a pulimentar los extremos de unas molduras que hay que adaptar a la medida de la tapa.

—Tú, Zenón, ¿sabes a qué hora regresará de la ciudad el auto de la Casa? Hasta que llegue no podemos rematar el prodigio. Nos trae los detalles; y cuatro asas plateadas con sus correspondientes adornos.

Zenón está sentado en un escalón cubierto de serrín, de virutas y de pequeños tacos de madera. Fuma en una pipa quemada por los bordes, que se le apaga con frecuencia y le hace toser.

—Vosotros parecéis muy alegres, pero ¿qué va a ser

ahora de mí? Cincuenta años llevo sirviendo en la Casa; desde que me licenciaron. Y ahora ¿quién sabe si me deja o no algún legado? Nadie me hace caso; he interrogado al señor notario, que es quien lo sabrá mejor, he ido preguntando a don Pablito, a don Eloy, a la señorita Isabel. Ni me contestan. «Quita de ahí, Zenón», o me envían al otro extremo del pueblo con algún encargo. Desde que ha amanecido, no he hecho otra cosa que ir y venir como un cuitado. Y menos mal que por traer aquí este crucifijo y los entredoses, puedo quedarme a descansar con vosotros, que por lo menos sois personas.

—Un trago ya echarás, Zenón, que aunque haya muerto el amo, un trago de vino no será irreverencia.

—Trae acá, que esta pipa me deja el gaznate más seco que no sé para qué fumo tanto a mis años...

Agarra con ambas manos la embocadura de la jarra y echa hacia atrás la cabeza entornando los ojos. El vino forma pequeños regueros cárdenos sobre el mentón cubierto de barba gris mal afeitada y luego resbala por el cuello abajo.

—Zenón, Zenón... El Raposo te dijo un trago, y lo que le estás atizando a la jarra es trago y medio por lo menos.

—Así es, pero desde la mañana no lo había catado, salvo un vasito que bebí yendo al cementerio, al pasar por delante de Sancho.

—Éste es del tío Vivo.

—No me lo digas, que bien se le conoce.

—¿Será cierto —pregunta el Voluntario— que a Rosita le ha dejado en el testamento la renta de los molinos? ¿Has oído comentar algo en la Casa?

—Oír, oír, oigo muchas cosas; no se discute más

que de la herencia. Yo no puedo hablar de la señorita Rosita; lo tengo jurado, y no me arrancaréis palabra.

—Cuando regresé al pueblo, se murmuraba que no era verdad que la casilla de la entrada del parque la hubieran arreglado para ti, Zenón, sino para que el viejo se refocilara con la Rosita. Eso lo decían todos.

—¡Voluntario! Lo que pretendes es tirarme de la lengua... ¡os conozco, pillastrones! Yo no sé nada; lo que pasó, pasó. Pero sí querría que a la hora de testar, se hubiese acordado de este pobre viejo que le sirvió cincuenta años de su vida.

—Aunque te quedaras sin legado, bien seguirás en la Casa.

—¿Lo sabes tú, Raposo? Pues yo tampoco. Ni nadie. Allá todo es barullo y desconcierto. De don Pablito ¿qué os tengo que decir que ignoréis? El otro, don Cristóbal, es un badulaque; vendrá por los cuartos, asistirá al gorigori, y si te he visto no me acuerdo. En cuanto a la señorita Isabel, que es la única que me parecía tener seso... no hago bien en contarlo, pero sospecho que va a casarse...

—No me lo digas, como si lo viera; con el hijo de la Viuda...

—Que conste que yo no he soltado prenda...

—Pero todos sabemos que tonteó con ella. Ése va a dar el braguetazo. No se decidirá en firme hasta después de leído el testamento. ¡Buen pájaro está hecho ese señorito de pan pringado!

—Voluntario, cualquiera diría que le tienes mala ley...

—No me es simpático; era de mi quinta.

Un ataque de tos provocado por el humo del tabaco, impide a Zenón comenzar la frase. Se congestiona, escupe dos veces, y cuando se repone, carraspea y se pone a hablar.

—Si todos se marchan de aquí, si todos abandonan la Casa, quedarán en ella el Lebrel y Martina, y si acaso el hortelano; es decir, la gente joven. A Zenón ya no le necesitan, ya le exprimieron los jugos. Cincuenta años de trabajar sin descanso, además de otros servicios que por decencia me callo. A Zenón le hicieron bailar al son de todas las músicas.

—No entiendo lo que quieres significar...

—De sobra lo entiendes, Raposo, que tú eres muy largo; lo que te propones es tirarme de la lengua. Yo no digo nada; sólo que no me casé porque, de haber tenido mujer, ya sabía lo que me tocaba. El difunto no respetaba ley ni moral. Pero Zenón, que no tenía madera de cornudo, se quedó soltero... Y ahora, a la vez, no hay nadie que me cuide. ¡Ya veis si soy desgraciado! Hace años me prometió que iba a regalarme la casa del Manco y su viña. Con eso y con una docena de ovejas, ya me consideraba rico. Como no se haya acordado en el testamento de este pobre viejo, no sé qué voy a hacer. En cierta ocasión en que le recordé su promesa, me replicó, y aún dudo si fue en serio o en broma: «Mira, Zenón, no me des más la lata. En la capital hay un asilo muy acomodado; yo soy uno de sus protectores, les he hecho generosas limosnas. Allí no ha de faltarte nada; con una carta mía a la madre superiora, seguro que te admiten». Y hoy, ni una mala carta a la madre superiora es capaz de escribir, que así es la vida.

—Así es la muerte, querrás decir.

El Raposo se ríe de su propia gracia y bebe un trago de la jarra.

Cándido llega de la calle con un paquete en la mano, El tío Raposo lo abre; son puntas finas, de cabeza invisible.

—Vaya, Cándido, se ve que hoy no tenemos prisa. Ni que la ferretería estuviera más lejos que la estación del ferrocarril.

—Es que todos me preguntan. Quieren venir a ver el féretro; les he explicado que es el mejor que jamás se hizo en este pueblo. Creo que ni había nacido cuando murió don Moisés, pero voy diciendo que éste será superior y que le pondremos un crucifijo de plata de moneda.

—¿Y qué se cuenta por ahí, Cándido?

—Que el hijo de la Viuda, todo él enlutado y hecho un brazo de mar, ha entrado por fin en la Casa.

—De eso, rapaz —interrumpe el viejo—, podría hablar con más autoridad que cualquiera. El recado de la señorita Isabel yo mismo lo pasé a Simón...

—Y dicen que les han sorprendido morreándose; lo ha contado la criada aquella que cojea, no Martina, la otra más fea.

—Venancia, la prima de Julián de la Dominga es a quien tú te refieres. Pero no es coja del todo, rapaz, ya querrías tú un par de piernas como las suyas.

El Voluntario, que se saca de la boca los clavos uno a uno, a medida que los va necesitando, se queda un instante con el martillo suspendido en el aire. Menea la cabeza desaprobadoramente, y se saca todas las puntas de golpe para poder hablar mejor.

—Morrearse, con el padre allí, de cuerpo presente. ¡Nunca oí cosa igual!

—Voluntario, que proteste yo, que no puedo aguantarme los pedos, pase. Pero tú tendrías que estar de parte del mocerío. Fue malo con ellos el condenado difunto. A la señorita Isabel la amenazó con desheredarla y con meterla en un convento.

—Eso era antiguamente —dice el Raposo—. Ahora, si una mujer no quiere, no la mete monja ni Dios...

—Silencio, que de eso sé yo más que vosotros. Tenía mucho poder mi señor, más del que os imagináis. Si me decidiera a hablar, se os pondría la carne de gallina...

—Para morrearse podrían por lo menos esperar a que estuviera bajo tierra. Si han esperado tanto tiempo, por un día más no les ardería la ropa.

—La juventud tiene prisa, lo atropella todo. Ahora que ha muerto, ya puedo contarlo sin temor; yo llevaba las cartas de la señorita a Simón, y el ciego las entregaba al señorito Daniel.

—Lo que me parece es que tú te has pasado la vida en alcahueterías.

—Escúchame, Raposo, no me hables así, y menos delante de un rapaz como Cándido, que podría perder el respeto a las canas. He de haceros presente que la señorita mucho me rogó antes que yo consintiera, porque al amo le he tenido siempre miedo, pero a la señorita la vi nacer y le guardo cariño. Todo se cumplía con recato y sigilo. Cada carta me la recompensaba con una peseta, y desgraciadamente no fueron muchas, que yo bien hubiera querido una correspondencia más seguida.

—Muchacho, dale otra mano con la muñequilla, aún no brillan bastante esas tablas. ¿Qué me dices, Zenón? Tu amo va a hacer un cómodo viaje, en vagón de primera, ¿eh?

—Siempre le atrajo el regalo; es justo que ahora

no se lo regateen. Y oye, Raposo, ¿de quién fue la idea de que viniera la señorita Rosita a acomodarle los forros?

—La señorita Isabel lo dijo: ella lo mandó...

—¡Tiene gracia la vida!

—La muerte, Zenón, la muerte...

—Bien, lo mismo dará. Me voy para la Casa; trataré de que en la cocina me echen algo para masticar, que hoy anda todo patas arriba. Si a esta hora no meto algo en la barriga, desfallezco. Cuanto más viejo es uno, más la gazuza le aqueja.

Antes de llegar a la puerta se detiene a encender la pipa. Mientras la enciende, se vuelve a mirar el ataúd.

—Decidle de mi parte a la señorita Rosita, que lo prepare cómodo, y que le ponga un cabezal blando; para algo es modista. ¡La muy zorra! ¡Si yo me decidiera a hablar!

XI

La hija del Soldado les ha dispuesto la mesa junto a la ventana. Entre un sol alegre que se refleja en los cubiertos, en los vasos y en las vinagreras. Don Eloy despliega la servilleta, e introduce una de las puntas entre dos botones del chaleco, para sujetarla.

—Me parece que aquí vamos a comer a gusto. No es que en la Casa le traten a uno mal, pero yo, siempre que puedo, me escapo. He mandado recado a media mañana a la mujer del Soldado, que es una excelente cocinera como usted mismo va a comprobar.

La muchacha, que lleva un delantal blanco, viene hacia la mesa con una sopera humeante colocada sobre una bandeja.

Don Fernando se retira ligeramente hacia atrás y examina a la muchacha sin disimulo.

—¿Sopa? No, hija, no. Prefiero empezar con las perdices; vayamos al grano sin rodeos.

—Es muy buena, de cocido... —dice tímidamente la hija del Soldado.

—Bien, pequeña; a mí me sirves medio plato. Y tráete en seguida las perdices, si es que están hechas; no le hagas esperar al señor notario.

El vino, atravesado por la luz, presenta un color rojo encendido. Vacían las copas. Don Eloy chasca la lengua.

—Buen vino, ¿eh, don Fernando?

—No está mal...

Don Eloy se mantiene muy tieso; con disimulo se suelta la pretina. Vuelve a llenar las copas, y levemente inclinado sobre el plato despacha la sopa con rápidas cucharadas.

—Con franqueza, ¿qué le parece a usted don Pablito?

—Un majadero, o si lo prefiere, un chirivía.

—Esto no tiene remedio; el castillo de naipes se derrumba.

—Óigame, Eloy; aunque ese botarate se quedara a vivir en el pueblo, nadie le acataría. Además, entre nosotros, la hacienda queda más repartida de lo que por ahí suponen.

—Pues yo le diré algo peor. Muchos tinglados van a venirse abajo. Por de pronto, el pleito ese del haza de la Higuera. ¿Ha oído lo que decía el memo de Pablito? «Al Mamporrero ya le arreglaré yo las cuentas.» Nada arreglará. Y conmigo que no cuente demasiado. Tan pronto como tropiece con Ceferino, le diré que tire por donde quiera, que yo no me opongo más. Don Fernando, créame, el navío hace agua, y hay que salvarse.

—Sospecho que Onofre es de los que se han aprovechado. El viejo le tenía confianza, y él, a la chita callando, ha ido haciendo su pacotilla. Ayer, don Pablito quería poner las cuentas en claro... Sí, cuentas. Onofre las presenta de tal manera embarulladas, que ni cinco tenedores de libros las descifrarán. En resumen, el dinero en metálico no se ha encontrado. Onofre asegura que hace quince días, tres antes de que cayera enfermo, le entregó al viejo cinco mil duros. Le propuso a Pablito que se lo fuesen a preguntar si dudaba; pero Onofre sabía que era como si le preguntasen a una pared.

—Esto se derrumba...

—Mire, Eloy, don Gabriel vendrá a tomar café con nosotros. Le voy a explicar a usted para qué le he invitado. No hace falta que le advierta que no le llega la camisa al cuerpo; Escorihuela consiguió la plaza gracias al difunto. Y luego se vio envuelto en el lío del hombre aquel que encontraron atado a un árbol, y que se rumoreó...

—Un tal Poncio; la causa fue sobreseída...

—Sea como sea, don Gabriel está temblando de miedo. El hijo del alcalde ha terminado la carrera, y el padre está empeñado en traérselo; mientras el viejo estuvo vivo, se opuso, pero mañana mismo, a la hora del entierro, empezarán las intrigas...

Las hija del Soldado pone delante de cada uno de ellos un plato con una perdiz acompañada de cebollas, patatas y pimientos.

—¡Qué bien huele esto! Siga, siga, don Fernando, que le escucho.

—Ayer, por casualidad, averigüé que Escorihuela está en bastante buenas relaciones con don Froilán. Cuando le sobrevino la desgracia a la hija, hicieron las paces; la pequeña salvó la pierna gracias a la intervención de don Gabriel. Me he enterado de que no se tratan mucho, ni se visitan ni nada; pero desde entonces, cuando hay un enfermo en la familia de don Froilán, ya no mandan a buscar un médico forastero.

—¿Un poco más de vino? Está muy bueno esto...

—Excelentes perdices...

—Para después nos han preparado una pierna de carnero.

—¿Qué le parece, Eloy, si fuéramos, como quien no quiere la cosa, a hacer una visita a don Froilán? Acompañados de don Gabriel, naturalmente.

—¿Y si se enteran en la Casa?

—Nosotros somos libres de visitar a quien nos plazca.

—¿Y usted cree que nos recibirá bien?

—Naturalmente. Yo tengo aquí buenos clientes; casi todos los labradores acomodados solicitan mi consejo. Usted es persona influyente en la provincia y conoce bien los problemas del pueblo, y sus triquiñuelas inclusive. A usted le apoyan los comerciantes, está en buena relación con don Indalecio, el de la fábrica de electricidad, con el de la serrería... Y con Daniel el de la Viuda, ¿qué tal anda usted?

—Me parece un mamarracho, pero he sido yo mismo quien esta mañana ha convencido a Isabel para que le hiciera llamar a la Casa. No puede usted figurarse; se ha presentado hecho un gallito, imponiéndose; y hasta hoy ni de lejos osaba acercarse, ni ver a la chica.

—Pues convendrá contar con él de ahora en adelante, porque el braguetazo ya es seguro. Además de lo que usted sabe, les ha dejado Los Corrales, con toda la yeguada y los garañones...

—¡Ah! ¡Caray! A última hora ha sabido maniobrar con provecho.

—Aquí el que no corre, vuela.

—¿Qué, don Fernando, le atacamos a la pata de carnero?

—Muchacha, con una cocinera como tu madre, y una camarera tan linda como tú, era capaz de quedarme a vivir aquí para siempre.

—No bromee, señor notario...

La mirada que le ha lanzado don Fernando y el tono con que la frase ha sido pronunciada, han hecho ruborizarse a la hija del Soldado, que se retira con los platos repletos de salsa coagulada y de huesos mondos.

—Un poco arisca parece. ¿No, Eloy?

—Pero buena moza, ¿eh? No sé cómo andará de novio. Es de las que uno conoce desde que nacieron, nos creemos que siempre van a quedarse en niñas, y de pronto, un día, te fijas en el cuerpo que han echado y te caes de espaldas.

—Habría que proponer al Soldado que sirviera comidas con derecho a siesta... Aunque tuviera que cobrar un poco caro, ¡diablo! Se haría millonario.

—Le advierto a usted, don Fernando, que si fuera por él, con tal de ganar unos duros...

—Casi todas las tierras que están por la parte del Cabezo ya le pertenecen. Compra y compra el muy ladino.

—Las lleva en arriendo uno a quien llaman Celso, un bendito de Dios, trabajador como él solo.

—No está nada mal la pierna ésta; en su punto, ni dura, ni tampoco demasiado blanda.

—Como usted observará, aquí comemos bien...

—Pero usted, Eloy, no es de aquí.

—En cierta medida. Mis padres nacieron en este pueblo. Por eso, aunque me esté mal el decirlo, gozo de tanto prestigio.

—Usted, si maniobra con habilidad, puede convertirse en un puntal imprescindible para don Froilán. Hay dos cosas evidentes; este pueblo no puede quedar abandonado a la buena de Dios. Los de la capital, incluso los de Madrid, querrán contar aquí con una mano firme. Otra cosa evidente: don Pablito no sirve, y menos si nosotros le damos de lado. Y aún añadiría una tercera evidencia: el Alcalde, que parece que tiene aspiraciones, es demasiado codicioso, asoma la oreja. Y no es bastante inteligente.

—No hará nada, no conseguirá apoyos; carece de tacto. Esta mañana, antes de que la noticia fuese oficial, ha salido a caballo con un criado por las trochas para alcanzar el tren. Verá como se nos presenta acompañando al Gobernador; es un pelotillero.

—Muchacha, ¿puedes traernos otra botellita? Se deja beber este caldo...

—¿Y sabe el motivo de tanta prisa? Usted debe de conocer a Nicasio Zabala, un forastero que se encarga de las obras de la carretera... es decir, de todas las contratas, sean provinciales o municipales, no sólo en el término, sino en Tobajuela, Peciña, donde convenga. Entre nosotros: es un testaferro del difunto, pero sumamente hábil.

—Pues ahora, así de pronto, no caigo en quién se trata...

—Viste a lo labrador; es alto él, moreno... Aquel que tuvo el lío cuando el suministro de traviesas para la vía. Sin ánimo de alabarme fui yo quien le saqué del atolladero con un poco de mano izquierda y manejando algunas influencias, claro.

—Ya caigo ahora; parece un patán...

—Pues ocurre que, apoyado por el difunto, acababan de encomendarle las obras de la carretera general, entre el puente y el apeadero. Más de veinte kilómetros, y la contrata asciende a bastantes miles de duros. Parece que concurrieron otros presupuestos más económicos que el suyo, pero el difunto cortó por lo sano; los hizo romper, y a otra cosa. Hubo una reclamación, y quedó detenida antes de llegar al Ministerio. El que más interés demostraba es un sobrino del Alcalde, pero no se arriesgaba a obrar de frente. De aquí que en cuanto se ha informado de que el viejo había rendido el alma, salió al tronco por los atajos sin perder un minuto.

—¿Y esas contratas son remuneradoras?

—Contando con que hay que aflojar la mosca a todo quisque, y ahí está lo peor, de cada mil duros, con suerte y habilidad, quedan limpios unos trescientos y de ahí para arriba. Hay demasiada granujería por medio, demasiadas manos que untar...

—Pues si usted le conoce a ese Zabala, háblele. A él le conviene más que a nadie ponerse a bien con don Froilán; si no, se le acaba el momio. Y el Alcalde ha de cometer alguna equivocación que le indisponga con don Froilán. Yo apostaría a favor de ese Zabala. Aunque bien mirado, y no es que pretenda dármelas de puritano, me parece un abuso lo que me cuenta usted de las obras públicas. Porque ¿cuánto calcula que del dinero que desembolsa el Estado, es decir, los contribuyentes, va a parar de verdad a la carretera?

—Pongamos, cuatrocientos duros de cada mil...

—¿Y no podríamos reunirnos unas cuantas personas influyentes de la provincia, y procurar poner coto a esas demasías? Porque uno ya se hace cargo de que el Mundo es como es, pero tendrían que conformarse con algo menos. Luego ocurre que no hay quien transite por las carreteras.

—Me agrada oírle hablar así, don Fernando, me resulta halagüeño que seamos de idéntica opinión. Sólo que, por el momento, hasta que sepamos hacia dónde apunta don Froilán, ni a usted ni a mí nos conviene ponerle el cascabel al gato.

—Pequeña, trae un poco de fruta variada, y queso si tenéis alguno curadito.

—Y sírvenos arrope del que prepara tu madre, que el señor notario se va a chupar los dedos. Y luego los cafés y unas copitas de aguardiente de guindas, es decir, nos dejas acá la botella por si nos tienta repetir.

—Amigo Eloy, el aguardiente ni lo pruebo; ante todo la sobriedad. Pero usted no se prive, si lo bebe de costumbre.

—Fume este cigarro; tiene un aroma inconfundible, es de Vuelta Abajo.

—Ve usted, un cigarro con el café, un buen cigarro, se entiende, eso sí que me cae a gusto. Gracias.

—Se me había olvidado... ¿No esperamos al doctor Escorihuela?

—Cuando terminemos los postres, que nos sirvan los cafés. Si él se retrasa, pues tomamos otro café, que eso sí que no perjudica. Y usted, Eloy, sin compromiso, si le apetece el aguardiente de guindas, se sirve también otra copa. Y aquí paz y después gloria.

XII

El lecho de caoba, inmenso como un navío, tiene esculpidas en la cabecera media docena de golondrinas con las alas desplegadas. Cuatro blandones encendidos señalan los cuatro puntos cardinales de este universo mortuorio. Cuando por las puertas entra un soplo de aire, las llamas se agitan meneando las luces y las sombras; y el bando de golondrinas de caoba se lanza a un vuelo de pocos centímetros.

Están arrodillados en dos reclinatorios colocados a cierta distancia de la cama.

—Date cuenta, Isabelita, en qué vienen a parar las terquedades, las injusticias. Tú y yo estamos juntos, y él no puede decir ni pío. ¿No hubiera sido preferible que, reconociendo nuestro derecho a querernos, hubiese aceptado mi presencia en esta casa? ¡Anda que si pudiera verme a tu lado, en su propia alcoba, cómo rabiaría!

—No hables así, ¡por Dios! No es piadoso. Aún me parece que te pudiera oír.

—¿Oír? Ni aunque dispararan un cañón lo oiría.

—¿No podrías callarte y rezar un padrenuestro?

—Si tú me lo pides, rezo lo que sea.

Los dedos, engarfiados unos sobre otros, se apoyan sobre el embozo bordado de la sábana. Con las cuentas de un rosario le han enlazado ambas manos. El dedo anular izquierdo parece inflamado a causa de un anillo de oro, con un gran solitario, que lo aprieta.

—¿Qué es eso, Isabelita? ¿Un brillante de verdad?

—Siempre lo llevaba puesto; hace años que no podía quitárselo.

—Pero debe valer una fortuna... No iréis a permitir...

—Pablito y el Lebrel han intentado sacárselo con agua jabonosa, y no lo han conseguido. Me parece horrible, pero creo haber oído que mi hermano mandaba al Lebrel a buscar una herramienta para cortar el anillo.

—¿Y qué, también se quedará con él Pablito?

—Sí... probablemente... Pero las joyas de la pobre mamá son todas para mí. Menos algunas que me temo que hayan desaparecido. Ahora las he encerrado en el cofre y lo he guardado bajo llave en mi cómoda. Lo que más me angustia es pensar adónde irán a parar las que no encuentro. Pablito carece de temor de Dios...

—En esta casa faltaba un hombre. Si tu padre no se hubiera opuesto a nuestra boda, todo andaría ahora más derecho. Empezaba a chochear el pobre.

—No lo creas, Daniel.

Isabel hunde la cabeza entre los hombros y se cubre el rostro con las manos. A Daniel se le dilatan las ventanas de la nariz y hace una mueca de repugnancia.

—Aquí apesta, vidita; yo me salgo a la sala. Por complacerte he hecho el paripé...

—¡Por Dios te lo pido, no hables así!

Mientras Isabelita se entrega a la oración, Daniel a grandes pasos recorre la sala. Saca la petaca del bolsillo y lía un cigarrillo. Inspecciona los cuadros, las cortinas, los jarrones, las consolas, la tapicería de las butacas. Arroja la ceniza al suelo y escupe en un rincón; al pasar ante la puerta de la alcoba mira hacia dentro y sus ojos vagabundean un instante.

Oye aproximarse el taconeo de la prima Luisa, que esta mañana ha llegado de la capital. La prisa Luisa huele bien. Al pasar, apenas le dirige una leve inclinación de cabeza; es muy orgullosa. Se ha presentado en al Casa con su madre, la tía Amadora, hermana del difunto. En el pueblo se comenta que cuando Amadora enviudó, se hallaba tan apretada de dinero, que tuvo que venderle al difunto toda su hacienda, sobre la cual pesaban diversas hipotecas. Las distintas propiedades valían unos treinta mil duros, pero no consiguió que le pagara más de diez mil. Ahora han venido confiando que en el testamento habrá reparado el expolio. ¡Que lo esperen sentadas! Según parece, ni siquiera las nombra; cuando asistan a la lectura del testamento van a sustituir los rezos por maldiciones.

Las mujeres de la capital saben vestirse y huelen bien. Isabel es una pueblerina; debería perfumarse como su prima. Una vez casados podrían trasladarse a la ciudad, o a Madrid; si se quedan en el pueblo van a pudrirse. Con lo que Isabel va a heredar, a menos que no haya exagerado, pueden vivir a lo grande. Sólo la renta de Los Corrales, con lo que dan cada año las yuntas que llevan a las ferias, no bajará de los dos mil duros..

Isabelita cuchichea con la prima Luisa. Luego se santigua, se levanta, hace una genuflexión y sale de la alcoba a reunirse con él.

—¡Qué bien huele tu prima!

—Es una falta de educación; la mujer de luto no debe perfumarse.

—¡Arrea! De eso sí que no estaba enterado...

De pronto, Isabelita rompe a llorar y se apoya en su hombro. Daniel la abraza y le acaricia el cabello.

—Serénate; estás nerviosa, te va a dar un mareo. ¿Quieres que entre en la alcoba y abra un poco el balcón? También abriré el de la sala. Esto hiede, y una rendija de aire despejaría la atmósfera.

—Ya nos lo advirtió Escorihuela. ¡Qué horrible enfermedad la septicemia! Hemos hecho cuanto hemos podido. Escorihuela supone que el doctor Barbudo estaría ausente de la ciudad; de otra manera se hubiera apresurado a acudir a la llamada.

—Quizá el doctor Barbudo, que en opinión de todos es una eminencia, le hubiese salvado... A mi madre, cuando era joven, la arrancó de las mismas garras de la muerte. La daban por desahuciada, y se avisó al doctor Barbudo...

—Escorihuela me ha dicho que las septicemias como ésta no tienen remedio. El pobre papá era además un poco diabético.

—¡Ah! Si era diabético, me callo. Mi madre, gracias a Dios, disfrutaba entonces de muy buena salud.

—En el tocador hemos dejado retirados los específicos, las medicinas, las inyecciones. No se ahorró lo más mínimo. Escorihuela, que es de mucho fundamento, ha prohibido que se toquen los frascos, las pastillas, ni nada de lo que recetó. Está muy afectado.

—Mientras no nos lo cambien ahora..., porque, como buen médico, hay que reconocer que lo es.

—Y con nosotros se ha portado como un santo. Desde que empezó la gravedad no se ha movido de la cabecera. Dio orden a su mujer de que no le molestaran, fuera para lo que fuera. Y nos advirtió que nosotros no dejáramos pasar de la puerta a quinquiera que preguntara por él. Me ha contado el hortelano que se presentaron varios: «Mire usted que mi hijo se nos va...», «Por Dios, avise al doctor, que mi madre está muy débil...», «Dígale que en un cuarto de hora habrá terminado, que sólo le llamamos para nuestra tranquilidad». El hortelano les contestaba: «Les han informado mal. Don Gabriel está en la ciudad; ha ido a buscar remedios para el señor, y no regresará hasta la noche». Llegaron a ofrecerle dinero por pasar el recado, y el hortelano se negó a aceptarlo. Por lo menos así nos lo ha contado él mismo. Escorihuela se ha portado con nosotros como un verdadero ángel.

Andando de puntillas y avanzando la mandíbula inferior, el Lebrel, que viste un traje negro que perteneció a su señor, se acerca a ellos.

—El señorito Cristóbal acaba de llegar.

—¡Pobrecillo, tantos meses sin ver a papá, y encontrárselo de cuerpo presente!

—El señorito Cristóbal está en el despacho, encerrado con don Onofre. Se ha presentado acompañado de don Cerefino, el procurador.

—¡No quiero a ese hombre en mi casa! Es un insulto a la memoria de papá; peor enemigo no lo tuvo...

—¡Cálmate, Isabelita! Por tu bien; has de procurar ser fuerte. Esta tarde hasta don Froilán vendrá al velorio. No vayas a dar un espectáculo.

—Mientras estuvo vivo, temblaban ante él; ahora acuden aquí como los cuervos.

—Resignación, vidita, no olvides que eres mujer. Yo me encargaré de pararles los pies. En este pueblo creen que se va a perder el respeto a la autoridad, pero te digo que andan muy equivocados. Yo mismo me voy a encargar de hacerlos entrar en vereda.

—¡Y mi propio hermano llega, y antes de subir a rezar un padrenuestro ante su padre, de cuerpo presente, se encierra a discutir y a tramar enredos con esos intrigantes...!

—Tú lo has dicho; son como cuervos sobrevolando la carroña. ¿Qué como cuervos? ¡Como buitres!

El Lebrel inicia la retirada caminando de nuevo de puntillas. Al oír la llamada imperiosa de Daniel, se detiene.

—¡Tú, Lebrel! ¿Adónde vas? ¡A ver si en esta casa, cada cual se cree que le está permitido hacer su real gana! Entra en la alcoba y abre un poco el balcón; que corra el aire. Y cubres la rendija con las cortinas, que no se vea abierto del exterior. Y aquí, en la sala, haces lo mismo. Estas habitaciones, de estar tan cerradas, apestan.

XIII

—¿Me autoriza usted a que apee el tratamiento y le llame Saturio a secas?

—Así me llaman todos, empezando por el señor cura, que no desaprovecha la ocasión para humillarme. La verdad es que sólo los jornaleros y alguna beata me llaman señor Saturio.

—Pues si yo le llamo Saturio a secas, no es por falta de respeto, sino por sobra de amistad, porque nada anuda tan firmemente las amistades como unos vasos bebidos en común.

Aquilino se quita la gorra y la deja sobre la mesa de pino sin pintar. Levanta la mano y hace una seña a Sancho.

—¡Eh, amigo! Traiga dos vasos más.

—Con mucho sentimiento, pero tendré que dejarle. En la iglesia estamos de limpieza; quedará como una ascua de oro. Mañana vendrá el señor Magistral, que es el ojo derecho de su Ilustrísima. También vendrán los párrocos de los alrededores y conviene ponerse a cubierto de sus críticas. Por la noche habrá una cena por todo lo alto; ésos saben vivir.

—¿Y usted irá al entierro vestido así, de paisano?

—¿A una ceremonia de tanta solemnidad? Ni lo piense. Me pongo sotana y sobrepelliz hasta cuando llevan al camposanto a un don nadie... La parroquia, que antaño fue muy rica, posee una capa pluvial para las ocasiones. Le diré que está bordada por los antiguos, idéntica a la que usan los tonsurados. Y debajo llevo mi roquete almidonado. ¡Ah, no crea! Este entierro será solemne. A mí me corresponde abrir marcha con la cruz alzada. No es por respeto a un servidor, sino al símbolo; pero, sea por lo que sea, a mi paso todo Cristo ha de descubrirse.

—No querría exagerar, pero pienso, porque me gusta cavilar, como se habrá ido dando cuenta, que, salvo el difunto, al cual hay que dejarlo aparte, usted es la figura principal en los entierros.

—Usted me halaga; mañana vendrá gente demasiado importante. El Magistral, en primer lugar, y por si fuera poco el Gobernador de la provincia...

—No es por desmerecer a nadie, pero las funciones que usted desempeña las considero capitales. Primero, lleva la cruz, que es enseña y estandarte de la Cristiandad, y segundo, custodia las llaves del panteón. Y si dice que no, pues no hay entierro que valga.

—Es cierto; no había caído en eso. Claro que ¿por qué iba a decir que no, si me pagan, aunque sea poco, por cuidarme de todo lo referente al cementerio?

—Era un decir, Saturio; era un decir, por resaltar la importancia de sus funciones.

—Lo que no me permiten es cantar en los entierros. Una historia antigua, cuestión de celos. A don Moisés ya le ocurriría otro tanto. Saben que si cantara, les empequeñezco a todos. Modestia aparte, tengo una hermosa voz de barítono...

Ante la puerta de cristales de la taberna pasa un carro cargado de ladrillos que sobresalen de los adrales. El carretero va sentado encima de la carga; sólo se le ven las piernas y los pies, calzados con abarcas.

—Saturio, como ya le tengo dicho, acampamos a extramuros, junto al río. Mañana, una vez terminada su faena, se viene usted con nosotros. Mi compañero Colibrí, ese charlatán que usted ha conocido, es hábil preparando trampas. Tenemos dos conejos de monte que, por respeto, no despacharemos hasta que el difunto yazga en tierra. De nuestra compañía de espectáculos forman parte tres mujeres, tres señoras me permitiría decir, si una de ellas no fuera soltera y sin compromiso. Ignoro si el alternar con faldas es adecuado para un hombre de iglesia como usted, pero nosotros le invitamos con la mejor voluntad.

—Soy hombre de iglesia y no lo soy; según se vea. Un servidor no ha recibido ninguna clase de órdenes. Si mantengo el celibato es debido a que don Moisés no admitía hembras ni en su casa ni en sus alrededores. Era un santo varón don Moisés, aunque si se queda aquí mucho tiempo, podría oír todo lo contrario. Habladurías, a las que, entre nosotros, no es ajeno don Humberto, su sucesor.

—Saturio, si este vino le cae bien, y observo que lo bebe con agrado, mandaré a comprar un par de azumbres, y nos metemos vino y conejo entre pecho y espalda.

—Le advierto, señor Aquilino, que me resultará imposible acudir temprano a su invitación. Terminado el sepelio tendré que ir a despojarme, por respeto, de la ropa talar. Pero en cuestión de media hora pueden contar conmigo; acepto gustoso.

—Venga cuando pueda. Prisa no tenemos, que la noche es larga, y también será mejor que oscurezca para que nadie se escandalice viéndole en un festín campestre, con señoras por añadidura.

—Sí... aquí son maliciosos y criticones de suyo; como no tienen otro trabajo... Y a mí, señor Aquilino, aunque sea soltero, o precisamente a causa de ello, me alegra la compañía de las damas.

—Aunque me esté mal el decirlo, por tratarse de la esposa de un camarada, cenará con nosotros una hembra de rechupete. La Bella Emperadora tiene por nombre de tablas; usted habrá oído sin duda hablar de ella.

—Si no se lo toman a desprecio, yo desearía invitarlos al vino, y he pensado que si esas señoras beben, mejor será que venga cargado con tres o cuatro azumbres.

—Usted es muy libre. Saturio, y el vino no ofende a nadie; conque traiga usted el que le plazca, que poco ha de quedar en el fondo de la damajuana. Los entierros me dan sed. No sé si a usted, que tiene más experiencia, le ocurrirá lo mismo.

—Lo peor es lo mucho que pesa la capa pluvial; es verdad comprobada que los antiguos eran hombres de más bríos que nosotros. Con el calor que bien se echa de ver que hará mañana, uno se cuece dentro y pierde todas las aguas de la naturaleza. Y yo me digo que, no siendo aconsejables los baños en esta estación, lo mejor es reponer los líquidos con vino.

—Da gusto hablar con usted, se le advierte agudo e instruido. Si llega a nacer en casa rica, hoy sería Magistral. ¡Cuánta injusticia en este pícaro mundo!

—Magistral no me atrevería a decir tanto, pero sochantre, desde luego que lo sería.

A la puerta de la taberna se estrechan las manos

para despedirse. Mientras Saturio, a pasitos cortos y rápidos, se marcha por la calle de las Eras, Aquilino se encasqueta la gorra de cuadros y se arrima al mostrador.

—Póngame la espuela, y cuénteme lo que debo en conjunto.

El tabernero le vierte de la frasca un vaso de tinto que, al colmarse, se derrama sobre la madera dejando un círculo violáceo. Aquilino acerca los labios al borde del vaso y sorbe; luego lo coge, lo eleva a la altura de los ojos, y lo contempla al trasluz.

—Las dos primeras rondas las pagó el señor Saturio; usted debe dos reales redondos.

Aquilino apoya los codos sobre el mostrador y se echa hacia atrás la gorra para rascarse la frente. Sancho, el tabernero, comenta:

—Poca suerte tuvieron ustedes; llegaron en mala oportunidad.

—En efecto. No sabíamos de quién se trataba y me he llegado al pueblo a informarme sobre el difunto. Por respeto a una personalidad tan insigne, hemos decidido suspender las representaciones, aunque esto nos perjudica lo suyo.

—Ha de causarles quebranto no poder dar la función...

—Tenga los dos reales, y estos cinco céntimos para usted. Pero contésteme a una pregunta. ¿No le parece un poco caro? En Tobajuela, sin ir más lejos, aunque le confiese que no reparé en el tamaño de los vasos, los vendían a cinco céntimos. Y el vino era aceptable y hemos de suponer que les quedaría su margen de beneficio.

—Los vasos míos son mayores, pero además, lo

que en este pueblo sucede va a comprenderlo en seguida. Esa sanguijuela de la plaza, un tendero a quien llaman el tío Vivo, es también almacenista. El difunto no permitía que se estableciera otro, pues todo el vino que se despacha es de su cosecha. Una noche que yo regresaba de Santa Marta, adonde había ido a comprar una cuba y la llevaba cargada en el carro, al pasar por la Cañada, a cosa de media legua de aquí, a bocajarro desde detrás de unas matas, ¡zas, zas!, me sueltan dos disparos. Oí que cargaban de nuevo la escopeta y salí corriendo. Las postas me pasaron rozando esta oreja. Alguien salió del matorral y, bien con la culata, bien con una estaca, le arreó al caballo tan fuerte golpe en los lomos, que le hizo unas mataduras que tardaron tres semanas en curarle. Aunque la noche estaba oscura, vi como el animal salía despavorido, al galope; pero al tío de la escopeta ni puede reconocerle. Dando un rodeo llegué a casa al amanecer. Allí estaba el carro parado ante la puerta; el caballo llevaba más sangre en los lomos que vino le quedaba en la cuba.

—¡Su padre!

—Comprenderá que nunca volví a comprar vino en Santa Marta. Y el tío Vivo nos pone el precio que le da la gana, o que le mandan.

—¿Y usted no sabe quién le disparó?

—De eso mejor no hablar; algún día me las pagará.

—¿Y por qué no presentó una denuncia a la Guardia Civil?

—Aquí no hay Guardia Civil; y aquí no hay denuncias que valgan.

—Luego dirán que hay libertad en nuestro país. ¡Cochinos! Un corazón justiciero como el mío se indigna ante semejante ignominia. Sancho, cuente usted con mi brazo mientras yo permanezca en este pueblo. Aquilino me llamo, y como artista que soy me conocen en toda España; nadie se atreverá a tocarme el pelo de la ropa.

Da un tirón de la visera y la gorra se le ladea. Después de estrechar la mano al tabernero, sale de la taberna, y con las manos metidas en los bolsillos se marcha hacia el campamento.

XIV

La Cañada corre un buen trecho siguiendo, a corta distancia, el curso del río. Pasa por delante de la fábrica de electricidad y por detrás del cementerio. Cerca de donde se bifurcan los caminos que llevan respectivamente a Tobajuela y Santa Marta, la Cañada los cruza formando un triángulo rectángulo.

Por la Cañada viene Telesforo con una carro cargado de serijas repletas de carbón. Suele carbonear en los encinares comunales, que distan legua y media del pueblo. Primero trajina las seras a lomos de la mula por los senderos; después las carga en el carro, y por la Cañada desemboca en el camino que atraviesa el río por el puente que hay junto al cementerio.

Frente al haza de la Higuera se detiene. El haza queda al borde de la carretera de Santa Marta. Los árboles de la Chopera de Abajo saltan sobre la carretera y algunos de ellos crecen dentro del haza; ése fue el origen del pleito entre el difunto y Zacarías.

La mula aprovecha el alto para tomar aliento; el carro viene muy cargado y todo el carbón ha sido transportado a lomos. Falta coronar el repecho del puente y subir hasta la Claustra, donde vive Telesforo.

Toda la parte del campo que corresponde al Norte, presenta un color rojizo oscuro; la tierra vuelta muestra sus entrañas húmedas y fértiles. Apoyado sobre la mancera, presionando con todo el cuerpo, Zacarías se aleja siguiendo los pasos de la *Blanquita* y la *Pelada,* que levantan con sus nerviosos cascos un polvo amarillento.

Telesforo arrima el carro a la tapia del cementerio, cuya sombra se alarga hasta el margen del camino, y traba las riendas en un tronco joven. Se sienta en el lado que da al haza y se pone a liar un cigarrillo esperando a que Zacarías vuelva la reja y venga arando hacia donde él está.

La tarde va cayendo y sobre los campos tiembla una luz dorada. El río corre pardo y rumoroso, y los chopos y las huertas ribereñas ponen sus manchas verdes en el paisaje. El parque de la Casa, la fachada iluminada por el sol, y el camino que sube a San Antón destacan sobre los montes. En lo alto, la ermita con una luz rosa y oro es como una pincelada de contornos vagorosos. El campanario, alzado sobre las casas chatas, presenta un agrio contraste del sol y sombra.

Zacarías, que ya le ha descubierto, le hace señas levantando la mano izquierda, mientras con la derecha presiona más y más sobre el arado. No apresura la yunta, pero se advierte que el deseo de llegar le acucia. Telesforo agita también una mano para saludarle.

—Bien, sobrino —le dice en cuanto llega—; se acabó el pleito.

—Muerta la garrapata...

—Buena tierra es ésta. Era lástima que así se malograra. Demasiado esperaste, sobrino

—Más descansada la encontrará la sementera.

—Por la mañana me enteré de que estiró la pata. Me

lo contó Rufino, que andaba con el ganado; parecía entristecido.

—A saber por qué...

—Cada vez que pasaba por aquí y veía como los cardos y las hierbas medraban, me daba coraje.

—Mañana, cuando lo traigan a enterrar ahí enfrente, quiero que vea el campo bien labrado.

—Fuiste prudente, sobrino, aguardaste a que el lobo se desdentara.

—Ya sé que usted no hubiera esperado tanto.

—No...

—Usted es el único a quien teme el Tartajoso; a ustedes los de la Claustra.

—Nos hemos hecho respetar.

Telesforo se levanta, aspira profundamente el humo del cigarrillo, y arroja la colilla.

—Con Dios, sobrino...

—Hasta luego.

Arrancar a andar despacio; cuando llega junto al carro, suelta las riendas, da un grito y la mula se pone en marcha. En el repecho del puente anima de nuevo a la caballería, que al oírle acelera el paso y clava enérgicamente los cascos en la tierra apisonada.

La carretera sigue entre altos chopos que alternan con sauces cabezudos. A la izquierda quedan las casas del Arrabal, con techumbre de bálago las más pobres y de tejas las nuevas. El carro dobla por un camino que corre entre el Arrabal y el pueblo. Alejados de las casas, se alzan unos muros de piedra con contrafuertes; son las ruinas de un antiguo convento del que sólo quedan en pie las paredes y media docena de maltrechos arcos.

Hacia la parte del río hay acampada una galera de

titiriteros; se ve la ropa tendida y las mujeres que trajinan. Dos jamelgos y una cabra pastan las hierbas de la orilla.

El carro de Telesforo entra en la Claustra por un hueco lateral que se produjo antiguamente por derrumbamiento del muro.

En el interior, adosada al ángulo de Mediodía, está la vivienda, construida toscamente con piedras del edificio arruinado.

Dos perros, pequeños de talla y fieros de aspecto, salen a ladrar agresivamente a la mula. A un grito de Telesforo se acercan a él, retozan y le lamen las manos.

Arrima el carro a una de las gruesas paredes, coloca los tentemozos, y sin descargar las serijas, desunce a la caballería y le da una palmada en los lomos.

De la casa ha salido una mujer vestida de negro, desgreñada, con manos varoniles y voz áspera.

—¿Te enteraste de qué murió?

—Sí...

—Todo el pueblo lo celebra.

—Zacarías ya está labrando el haza.

—¡A buena hora! ¡El pánico que le tenían al difunto! ¡Qué hombres!

—¿Quiénes son esos de la chopera?

—Un circo.

—¿Van mujeres?

—Tres vi.

—Cuídate de la mula, voy a llegarme al pueblo.

—¿Para quién es el carbón que traes?

—Lo encargó Paulino el Indiano; mandará un criado a recogerlo.

—Al entierro vendrán forasteros; gente gorda...

—¿Son gitanos los del circo?

—No los había; puse atención a ese detalle.

—Entonces ¿qué temes, di?

—¿Qué temo? ¡Recontra! ¿Y todas las trampas que la ley puede tender para atraparte? Tardó tres días en espichar, bien pudo hablar con el notario, o con el señor Eloy, que es más malo que la peste, o con don Pablito...

—A estas fechas ya te habrían mandado llamar de la Casa.

—Calla, mujer, que hoy todo son llantos por el difunto.

—Y al señor notario, ¿qué le importa el difunto?

—Calla, calla, pocos negocios más importantes le habrán caído encima, y pocas preocupaciones le aquejarán hoy al notario...

—Tú no abras la boca; espera. Y estáte tranquilo, que nadie sospeche. Si te hablan, empieza por hacerte el tonto, luego veremos.

—Aquella tarde tomaba café en el Casino. Viene el Lebrel y desde la puerta me hace una seña que yo comprendo, y me salgo a la calle. Él me dice entonces: «El amo quiere verle». Y yo me creo que sería para comprarle carbón al Telesforo, porque el difunto no quería tratos con él, pero el carbón de los de la Claustra es el mejor para la cocina.

—¿Y tú qué opinas? ¿El Lebrel sabría...?

—¡Qué preguntas, mujer! El Lebrel unas veces sabía y otras pues no sabía. Llegamos a la Casa y me hizo pasar al punto. Estaba muy desmejorado el pobre, tumbado en la cama, y con el semblante blanco que parecía de leche agria.

—¿No andaría por allí el señor notario?

—No llegó hasta que le llamaron, dos o tres días

después, cuando se presentó esa enfermedad tan mala. Y no me interrumpas con necedades. Si el difunto me mandaba a la ciudad a casa del señor notario, mal podía estar allí presente éste.

El hombre saca del bolsillo interior de la chaqueta un papel de barba doblado en cuatro, y lo abre.

—¿Qué dice ese papel?

—Aquí viene todo apuntado tal como tenía que hacerse. Primero en la ciudad visitaría al hermano del Soldado, que es dueño de una guarnicionería. A ése tenía que decirle: «Vengo a comprar la casa y la huerta del Pozo, que me he enterado que está en venta». Y luego: «Me han dicho que pides tres mil duros, con una yunta, los aperos, y todo lo demás». Cuando el guarnicionero se mostrara conforme, tenía que ir y decirle: «Te doy dos mil quinientos duros, pero ahora mismo; los llevo aquí en el bolso».

—¿Y si el hermano del Soldado no entraba en el juego?

—Yo tenía que hacer como quien se marcha... más tarde me hacía el encontradizo en la taberna... Ya puedes imaginarte lo que es el trato. De sobra sabría el difunto que yo era ducho, y no lo digo por alabarme... Después, una vez cerrado el acuerdo, yo me iba al señor notario y le decía que la compra era a favor de la Basilia del tío Deogracias. ¿A qué no sabes cómo se llama la Basilia? Anda, di tú, que te crees tan lista...

—¡Toma, pues Basilia!

— Ahí ya te equivocas... ¿y qué más, di?

—No sé el apellido...

—Basilisa Freire Pilares. Aquí lo tienes escrito.

—Ese apellido no es de aquí.

—Pues el tío Deogracias yo siempre oí que era nacido en este pueblo.

—También lo era su padre, que le llamaban el Cuervo. Pero su abuelo podía ser de Peciña, de Hontanar, o de mucho más lejos, que ese apellido no corresponde a esta tierra.

—Me entregó metidos en un sobre los dos mil quinientos duros. Y en otro sobre había quinientos duros más por si no aflojaba, pues me mandó que en caso necesario llegara a los tres mil. Añadió doscientos duros más para el notario y doce para mis gastos, y cincuenta que me daba a mí en pago del trabajo.

—Y tú, marrullero, te lo callabas... A mí, a tu mujer. Llevar encima tanto dinero, y ni a tu propia mujer confesárselo. ¿Y si hay un incendio?

—Dormía con la cartera bien trincada...

—¿Y si te da un patatús, y yo, pobre de mí, te entierro con los duros encima, por la ignorancia...?

—Gracias a Dios, el patatús le dio a él.

—Mejor ha sido así para todos. Pero te advierto que el día que te ocurra algo he de registrarte sin respetar ningún recoveco.

—¡Mira que las mujeres llegáis a ser interesadas!

—¿Y la Basilia no tenía que firmar algún documento?

—No sabe de letra; hubiera firmado yo, y otro testigo, que los hay a patadas.

—¿Y el difunto no prevendría al señor notario?

—Mujer, el regalo era para la dote de la Basilia, se echa de ver que no quería que el notario estuviese enterado; por eso me encomendó que me ocupara yo.

—Pero Basilia sí lo sabrá; el viejo se lo anunciaría

para endulzarla en sus amoríos. La Basilia nos va a sacar los ojos.

—La ley ante todo. ¿Puede probar algo?

—¿No le dejaría escrita una carta? Nos perderíamos sin remedio.

—Llevo la cuenta de los días. ¡Fíjate! Primero me dije que la cosa no corría tanta prisa y dejé pasar un par de días. Entretanto me entero de que el enfermo va a mal y se me ocurre que podría morir. Al día siguiente me presento en la Casa; hablo con la señorita Isabel y le comunico que tengo que tratar un negocio con su padre. Ella me contesta que espere, que está grave. Allí me informo de que ha venido el señor notario. Vuelvo anteanoche y me entero por Zenón de que el amo ya no habla, que no conoce a nadie... ¿Comprendes que no soy tonto?

—¿Y el dinero dónde lo tienes escondido?

—Secreto, mujer, secreto.

—Si te ocurriera una desgracia...

—Ya lo encontrarías entonces. Ahora, a esperar. A última hora iremos a la Casa, a la visita de pésame. Tú observa por tu lado, yo, por el mío; a ver qué cara ponen, a ver con qué ojos nos miran el notario y don Eloy...

—Y el Lebrel, que tampoco de ése me fío un pelo.

—No echemos aún las campanas al vuelo, pero creo que nos ha caído la suerte.

—Así lo habrá dispuesto el Señor; más valdría que los duros se queden en una casa honrada, que vayan a parar a manos de una mala hembra como la Basilia, que hacía pecar al carcamal. La putería, creo yo, no es bueno que tenga recompensa.

—Además, mujer, sin desmerecer a la Basilia, te digo que tres mil duros sí que no los vale.

—Oye: ¿nosotros estamos obligados a comprar la casa del Pozo?

El hombre se sienta, estira las piernas, saca el pañuelito del bolsillo y se suena estruendosamente. Luego se lo guarda, y plegando el papel de barba se lo mete hasta el fondo del bolsillo interior de la chaqueta.

—¡Calla, que pareces tonta! Del dinero, una vez que sea nuestro, haremos lo que se nos antoje.

La mujer le mira de reojo. Se agacha, mete la mano en el barreño y agita las patatas peladas para lavarlas.

—Dices que estaba solo, encamado, y que te dio dos sobres, y encima doscientos sesenta y dos duros... ¿Dónde guardaba tanto dinero? ¿No se lo pediría a don Onofre, y ese cuervo estará mejor enterado que nosotros mismos? ¡Ay, demasiado felices nos las prometíamos!

—¡Calla, mujer, que me das rabia de tan tarugo que eres! ¡Ni don Onofre ni don Cuernos! Estábamos solos él y yo. Tenía una cartera gruesa que no quieras saber, repleta de billetes grandes atados con una goma. El difunto no se fiaba ni de su padre. ¡Vaya un tío tacaño! Sacó la cartera de debajo de la almohada; defendía los dineros con su propia cabeza. Ni dormido podían arrancarle un céntimo.

—¿Y tú crees que aún seguirá allá la cartera?

—Calla, calla. ¿Y los hijos no son nadie? Tú sueñas, mujer. Confórmate con lo que tienes.

XVI

A Paco, el alguacil, le han advertido que si viene alguien al Juzgado le conteste que está cerrado y que no se abrirá hasta el día siguiente al entierro. El Secretario y el Oficial han entrado en las oficinas y tras entornar las ventanas han encendido las dos únicas bombillas, protegidas y adornadas con tulipas azules, que iluminan el local.

El oficial, subido en una silla, está seleccionando algunos legajos; los que separa, los deja sobre la mesa después de sacudirlos un par de veces contra el borde del estante. Una diminuta explosión de polvo se produce cada vez que repite la operación. El secretario ha encendido un cigarrillo y fuma con apresuramiento. Ante él tiene abierta una carpeta gris, con cintas rojas, donde se guardan desordenados algunos documentos y escritos.

—¿Está usted seguro, López, de que lo envió a Primera Instancia? ¿Recuerda cuándo, qué día, aunque fuera aproximadamente?

—Verá usted, don Paciano, hará cosa de mes y medio o dos meses... ¿Quién podía pensar entonces? Vino y me dijo —ya sabe usted cómo hablaba, que nadie se atrevía a contradecirle—: «López, redacta esa declaración y se la llevas al Mamporrero para que la firme. Es un cabezota, pero yo le haré entrar en razón». Me propuse a mí mismo contestarle que el Mamporrero se había negado, que se ponía de culo a la pared insistiendo en que él sólo firmaría lo que fuese cierto; pero ni me permitió abrir la boca.

Desciende de la silla, agarra un trapo que colgaba del respaldo y lo pasa por los legajos; tose, y prosigue hablando.

—Usted ya sabe que adivinaba el pensamiento. Va y me dice: «Si se emperra, coges la declaración y la firmas tú. Y listos, no se hable más».

—Y usted, López, firmó ¿no es eso?

—¿Para qué le voy a contar?

—Pero, López, usted no ignoraba que es gravísimo...

—¡Por Dios! No me sermonee... Llevamos quince años lidiando el mismo toro. ¿A quién le debemos el empleo? ¿Quién mandaba, hacía o deshacía? ¿Quién se atrevía, cuando él hablaba, a decirle lo que era legal o no?

—Lo siento, pero se le va caer el pelo...

—Ayer le hablé a don Eloy; intentó convencer al Mamporrero, y el bruto ese erre que erre... Don Eloy ya se las hubiera arreglado en Instrucción para sustituir el documento antiguo por la declaración con la firma auténtica...

—Mal momento ha elegido para diñarla. Porque él visitaba al Juez de Instrucción, y en cuatro palabras lo dejaba solucionado. Pero ya no se puede contar con su influencia. De todos los líos que tenemos planteados, es el que veo más negro...

El humo del cigarrillo se espesa bajo la luz de la bombilla. El Secretario saca de una carpeta un folio escrito y firmado, lo rompe en pedazos menudos y lo arroja a la papelera.

—A éste, que le echen un galgo. Pretextaremos que se ha extraviado, y se redactará de nuevo de acuerdo con lo que más convenga. Y esta declaración también será preferible que desaparezca.

Rasga otro papel. Sigue buscando. Separa un oficio y lo destruye.

—La citación a don Froilán como si no la hubiéramos recibido; ya lo sabe usted, López. Lleva aquí durmiendo mes y medio por orden de don Eloy; no quiero ahora responsabilidades.

El oficial abre algunos legajos y los revisa. Los documentos pasan uno a uno por sus manos; los lee rápidamente y los coloca sobre un montón. Encima de la nariz le cabalgan unos lentes con montura de plata que se le menean cuando habla.

—Don Eloy me ha dicho que, si le es posible, lo hará desaparecer del sumario; él ya lo da por sobreseído.

—No se fía ahora de don Eloy; bastante trabajo tendrá para escapar él. Usted se excedió imitando la firma del Mamporrero; es grave el patinazo. Mejor era echar mano de dos testigos cualesquiera.

—Si ahora les citaban a ratificarse ¿qué?

—Sí, mal asunto. El tinglado se desmorona. Mientras vivía él, no había cuidado; lo arreglaba todo. Pero ahora... ¿Sabe usted que el rata de don Ceferino ya ha llegado al pueblo? Me han asegurado que le han visto.

—¡Dios nos coja confesados!

—Le he advertido a ese acémila de Paco que si se

presenta aquí don Ceferino, no le deje pasar bajo ningún pretexto. Vendrá ahora con las de Caín.

—Usted sabe, don Paciano, que lobos contra lobos no se muerden. Mi temor es que se les ocurra meter la nariz en el asunto de Poncio.

—Y el mío; a pesar de que por ahí, en cierta medida, podemos estar tranquilos. Claro que si tiran de la manta vamos todos a presidio; pero no caeremos solos.

—Así lo espero. Por otra parte, ¿quién se acuerda ya de aquello?

—Conviene, por si se lía, que ni usted ni yo perdamos la serenidad. No olvidemos que todo el papeleo fue legal. Está el certificado de autopsia, las declaraciones de los testigos; todo se tramitó regularmente. Usted y yo nos lavamos las manos.

—Mejor que no tire demasiado de la manta... Se rompe siempre por lo más flojo.

—Nosotros lo tramitamos en regla. Lo demás eran habladurías de casino y de taberna; podríamos ignorarlas. Estuvo aquí el señor Juez de Instrucción en persona. No se formuló ninguna denuncia por escrito. Todo se redujo a simples comentarios de carácter privado.

—También intervino la Guardia Civil, y nada salió a relucir.

—Yo repartí unos duros para tapar algunas bocas; pero estos tipos no van a hablar ahora; están metidos en la trampa. La verdad es que fuimos imprudentes...

—Cada vez que me acuerdo del asunto se me pone la carne de gallina. Mientras él vivía, uno se sentía seguro, amparado. Estaba convencido de que nada malo podía ocurrir. Y ahora, nos hallamos a la intemperie, y muchos son los que tratarán de hincarnos el diente. Demasiadas enemistades nos hemos ido creando.

—Escuche, López, yo soy perro viejo. Revisemos esto; hagámoslo lo mejor que sepamos, rompiendo lo que convenga y enmendado lo que buenamente se pueda. Después, serenidad y mantenerse a la defensiva. Lo propio, hoy por hoy, es tratar de congraciarse con don Froilán.

—¿Y el alcalde?

—Escúcheme a mí; déjele que grite al señor alcalde. Calma, calma y calma. Si podemos hacerle un favor a don Froilán, por ahí nos conviene ir. Tanto es así, que estos documentos que me trajo don Eloy para que les diera entrada con fecha de la semana pasada, por el momento me los guardo en el cajón. Hay uno de los escritos que puede dar mucho juego, si yo me empeño.

—Con don Eloy no querría enemistarme...

—Usted, López, manténgase tranquilo. Ya le he dicho que soy perro viejo. El documento lo guardo yo. Pasado mañana don Eloy correrá al Juzgado de Instrucción para tratar de hacer desaparecer la declaración firmada por el Mamporrero, es decir, por usted; a él también le conviene que desaparezca. Después, ya veremos por dónde vienen los tiros.

—Aquí tenemos lo que buscamos...

—Tráigalo, López.

Los dos hombres abren un legajo sobre la mesa del Secretario, y examinan cuidadosamente los documentos que lo componen.

—No perdamos tiempo ahora. Lo envuelve usted en un papel y se lo lleva a casa; allá lo examina con calma. No destruya nada, consérvelo. Obraremos, llegado el momento, como mejor nos convenga.

—Óigame una cosa, don Paciano. ¿Ha pensado usted en qué va a ser ahora de nosotros? Porque del sueldo ni pensar en vivir...

—Si salimos bien de este atolladero, y conste que no las tengo todas conmigo, alguien nos ayudará. Todos van a necesitarnos. Será don Froilán, o el Alcalde, don Pablito, don Eloy o don Ceferino, pero tarde o temprano todos vendrán a caer aquí. Esté usted tranquilo, López. Nosotros representamos la Justicia, y sin justicia no hay pueblo que pueda vivir.

XVII

La tienda huele a apresto y a pintura fresca. Como el mostrador está recién pintado, tienen que pasar con cuidado para ganar la puerta de la escalera que comunica con las habitaciones del entresuelo.

—Sube, Ceferino, supongo que te apetecerá tomar un chocolate; ya debe de estar preparado. Por favor, adelante; como si estuvieras en tu casa.

Cuando don Ceferino comienza a subir la estrecha escalera, Simeón se vuelve hacia el dependiente, que está tras el mostrador limpiándose las uñas con un pequeño cortaplumas.

—Quiñones, no estoy para nadie. El paño negro me lo aumentas un real por vara. Debimos haberlo hecho desde por la mañana. Llevamos más de veinte varas despachadas. Como si todas las mujeres se fueran a vestir de luto.

—¿Y el viajante, don Simeón?

—Vendrá más tarde. Usted y yo nos quedaremos a echarle un vistazo al muestrario...

La escalera desemboca en un recibidor que comunica con una sala muy baja de techo, adornada con colgaduras de terciopelo y dos arañas de cristal. Ceferino tiene que agacharse para pasar por debajo de la que ocupa el centro de la habitación.

—Me alegra verte por aquí, pero no te esperaba tan pronto. ¿Piensas asistir al entierro?

—¿Por qué no? A enemigo que huye, puente de plata

—¿Y tu madre cómo anda? Hace un siglo que no la veo.

—Pues no está mal... ni bien... Achaques...

—Yo cada vez me muevo menos de aquí, apenas salgo. En invierno, los domingos a misa; por el Casino casi nunca me acerco. Cuando comienza el buen tiempo, y sobre todo en el verano, al atardecer me llego paseando hasta la orilla del río, y si me animo, voy hasta los pinares.

—¿Qué me cuenta usted de lo ocurrido?

—¿Qué quieres que te cuente, hijo? Yo, con mi comercio, he de procurar estar a bien con todos. No me gusta meterme en líos. Algo hay que aguantar siempre, pero conmigo no se portó mal. Compraba en la ciudad, pero también se surtía de aquí. Una casa de mucho gasto; los hijos, la servidumbre. Y los regalitos que él hacía... Pagar, me pagó siempre; cuando le daba la gana, claro, que yo no me hubiera atrevido a presentarle una factura, ni soñarlo.

—¡Valiente pajarraco!

—No sé qué decirte...

—Hizo mucho daño a lo largo de su maldita vida...

—Exageras, Ceferino. Como cualquier otro mortal, hizo bien y también hizo mal. Quien tiene autoridad, riqueza y poder, no puede dejar satisfechos a todos.

—No le defienda, era un malvado.

—A ti lo que te pasa es que estabas al lado opuesto. Y es natural que te quejes y que le juzgues con parcialidad...

—No tenía conciencia; ni pizca.

—Ceferino, sabes que hace muchos años que vine a establecerme a este pueblo. Tu padre te lo contaría; entonces tú apenas levantabas así del suelo. Desde aquellas fechas he visto mucho y he oído más. No ha sido un santo, desde luego, pero ¿qué hubiera hecho otro en su lugar? No estoy entre los que ahora se deshacen en alabanzas; ni ahora ni antes. Yo, a lo mío, antes, ahora y después. Lo mío es vender paños y géneros. Dime una cosa: ¿cuántos pueblos de la provincia tienen electricidad? Y la traída de aguas, ¿quién la hizo? ¿Y el puente del cementerio, que antes era tan estrecho que apenas pasaba un carro, y tan endeble que las riadas lo arrastraban cada año? ¿Quién consiguió la estación de Pedernales, gracias a la cual en menos de dos horas tomamos el tren? ¿Y la carretera? Aún recuerdo la primera vez que vine en aquella diligencia que seguía hasta Santa Marta. Diez horas pusimos desde la ciudad; diez horas. ¡Y qué camino, Dios santo! Llegamos todos masticando polvo. Aquí no había ni médico ni maestro. En la rectoral, el señor cura daba lecciones a algunos chiquillos. Lo que mejor hacía era repartir bonetazos a diestro y siniestro; los pequeños no querían asistir a la escuela. Ni recuerdo cómo se llamaba; murió y trajeron a don Moisés. La escuela ahora está decentemente instalada, ya lo sabes tú...

—Rumoreaban que no era cierto que él la costeara de su bolsillo...

—Ahí ya no me meto. En todo caso, no olvides que otros utilizan las influencias en beneficio propio.

—También él las empleaba. ¡Dígamelo a mí, que le he combatido personal y judicialmente desde que terminé la carrera! ¡Qué de trapisondas podría contarle!

—No lo dudo... También yo te contaría otras. Ha repartido mucho dinero entre la gente necesitada y ha ayudado a buen número de personas. Evidentemente echaba una mano a quienes estaban con él; no voy a intentar hacerte creer que era un santo.

—¡Ni lo creería!

—No hay santos; llevo bastantes años en el mundo y no he conocido a ninguno. Vivimos de lo que les sacamos a los demás; es la ley de la Naturaleza. Los más fuertes, los más espabilados, o los más desaprensivos, se aprovechan. ¡Qué le vamos a hacer!

—Pues a él se le ha terminado; desde esta madrugada exactamente.

—Sí, Ceferino, es cierto.

—He venido con su hijo Cristóbal. Una bala perdida. Le tenemos preparada una linda zancadilla al sinvergüenza de su hermano mayor.

—¿A don Pablo? ¡Bah, ése no vale nada!

—De ahora en adelante aquí se cumplirá la ley...

—¿Qué ley?

—¿Cómo qué ley? Pues la única. Contamos con el apoyo de don Froilán. Las cosas se llevarán a derechas...

—No lo dudo; a derechas para don Froilán.

—¡Ah, naturalmente!

—Que así sea. Estos pueblos están muy atrasados, hay demasiados analfabetos, demasiada incultura. Cerrilismo lo llamaría yo. Se necesita autoridad y mano dura; alguien que disponga de sólidas influencias en la ciudad y más influencias en Madrid. Y todo eso, ya lo sabemos, se paga.

—Vamos a meter en cintura a más de uno y a más de dos.

—Te repito, Ceferino, que a mí ni me va ni me viene.

Yo, a mi comercio, y que me dejen tranquilo con mis ganancias. Ni siquiera compro tierras con lo que buenamente ahorro. Papel del Estado: eso es lo más seguro. Y no te enemistas con nadie ni tienes pleitos... Espera, voy a ver si nos sirven una taza de chocolate.

Se levanta y desaparece tras una cortina. Se le oye cuchichear y poco después vuelve a entrar y se sienta.

—¿Quieres un cigarro?

—Démelo, don Simeón, si no es demasiado fuerte...

—Algo recio es. Yo me fumo tres al día. Hoy, como has venido tú, me fumaré cuatro para celebrarlo.

Descabezan los cigarros con un cortaplumas y los encienden. Tarda un instante en establecerse el tiro. Sale una criada joven y extiende sobre el tapete un pequeño mantel bordado. Regresa con una bandeja de plata donde trae las servilletas, dos jícaras, un plato de picatostes y dos vasos de agua. Una vez dispuesto el servicio, se retira. Mientras se aleja, don Ceferino vuelve el rostro para mirarla de arriba abajo.

—¿Sabes de dónde le viene el dinero a don Froilán? No es ningún secreto; te lo voy a contar. Cuando llegué a este pueblo, su padre estaba aquí de alcalde. Le llamaban el tío Risueño y era bastante autoritario y mal encarado. Como habrás oído explicar, este pueblo en la antigüedad fue mucho más importante que ahora. Lo advertirás por la proporción de la parroquia y por la magnificencia del retablo mayor. ¿Sabes que junto al río hay unas ruinas que llaman la Claustra? Dicen, y a mí no me consta, que hubo un monasterio del Cister. En todo caso, hace tiempo que está abandonado, antes de la Desamortización... Lo que sí debes de saber es que la casa que ocupa el Ayuntamiento, y que a pesar de la dejadez en que la tienen aún conserva su prestancia, fue residencia de unos marqueses, de ahí que la llamen el Palacio.

—¿Qué marqueses?

—No sabría precisarte qué título ostentaban. Seguramente eran descendientes de los señores del castillo en ruinas que está hacia San Antón. Se decía que, cuando la guerra de la Independencia, el marqués se enemistó con el rey y que éste lo desterró. Era hombre muy leído y estudioso y se trajo numerosos libros. Cuando se instaló el Ayuntamiento en el Palacio, agarraron los libracos y los subieron al granero. Estaban allí amontonados, ligados con cuerdas y cubiertos de polvo. De esto que voy a contarte no hará más de cuarenta años. Llegó aquí un periodista de Madrid correligionario del tío Risueño; yo alcancé a conocerle. Andaba algo tocado del pecho, y a causa de la enfermedad vino a reponerse una temporada. Se aburría, y además de perseguir a las mozas, te diré de paso que, sin mucho éxito, descubrió los libros y se pasaba en el granero muchas horas leyéndolos. Se corrió la voz de que estaba medio chiflado. Cuando se marchó, nadie le echó de menos, ni siquiera el tío Risueño, a una de cuyas hijas, hermana de don Froilán, parece que importunaba con insistencia. Hacia el verano siguiente volvió al pueblo acompañado de un tipo alto y estrafalario a quien llamaban el Míster, y que dijeron que era un sabio americano. Todo fueron idas y venidas con el tío Risueño, subidas al granero, limpiezas, trasiegos y conversaciones secretas. Cargaron seis galeras con los libros y se los llevaron del pueblo. De momento nadie malició, pero cuando el tío Risueño empezó a comprar un campo por aquí, unas huertas por allá, después unas casas... comenzaron las críticas.

—¿Y qué eran los libros aquellos?

—¿Lo sabe alguien? Su valor de antigüedad tendrían, puesto que los llevaron a la estación de Orozco, que queda algo separada, y allá el carpintero tenía preparados medio centenar de cajones, según aquí se supo después. Por ferrocarril los transportaron a alguna parte; quién dijo que a embarcar en La Coruña, quién que a Barcelona. Dos o tres años después ya se había armado demasiado bochinche, y llegó de Madrid alguien con autoridad que comenzó a hacer preguntas. Se aseguraba que hasta iba a intervenir el juez de Primera Instancia. De la noche a la mañana el tío Risueño desapareció. Rumoreaban que estaba en Madrid, otros decían que en La Habana, otros que en Méjico. Parece ser que escapó con varios miles de duros, aparte de las propiedades que dejó aquí a la familia, que también valían lo suyo. Esas propiedades no se las tocaron para nada, y al asunto, probablemente por conveniencias políticas, se le echó tierra encima.

—¿Y don Froilón qué papel tuvo en todo esto?

—Era joven entonces. Él se quedó aquí con la madre y las hermanas. Del tío Risueño no se supo más, aunque la familia recibía alguna carta de Pascuas a Ramos. Si les envió también dinero, no lo hizo al pueblo desde luego. También se dijo por aquí que había vuelto a casarse y que por eso no regresaba. Otros afirmaban que si venía le meterían en la cárcel porque se había demostrado que los libros eran de un valor considerable y pertenecían al Municipio, y hasta no sé si no metieron baza los herederos del marqués...

—Aquí siempre se ha hablado más de la cuenta...

—Pero esta vez tenían razón. En este pueblo las cosas toda la vida han ocurrido así.

XVIII

ENCIMA DE LA PUERTA hay un letrero que dice: «Ferretería y Quincalla», y más abajo: «Herramientas de todas clases». De una cuerda fijada en el muro por medio de clavos penden hasta media docena de hoces. Del lado opuesto de la puerta, cuelgan de otra cuerda una serie de cachavas; las hay lisas, y con dibujos hechos al fuego, las hay de madera clara y barzinadas. En la acera se exhibe una estufa de hierro fundido, como las que se usan en la ciudad, tres cántaros de distintos tamaños y un par de cubos puestos boca abajo. En el interior se ven zurrones, cadenas, escopetas de caza, martillos, sierras, flejes, morillos, llaves, picaportes, hierros de distinta sección y tamaño, azadas, palas, hornillos, faroles de hojalata, hachas, diversos modelos de apliques, perchas de fundición, navajas y multitud de objetos, unos herrumbrosos y otros relucientes. Según el tamaño están colocados encima del mostrador, metidos en cajas de madera o cartón, colgados del techo o distribuidos por los rincones. Pegados con cola a la pared, en los espacios libres, hay anuncios de maquinaria agrícola y de abonos de desteñidos colorines, con sus nombres y marcas de fábrica.

Balbino Horcajuelos acaba de venderle al fontanero tres metros de cañería de plomo. El fontanero la lleva enrollada, sobre el hombro, como si se tratara de una cuerda. Balbino se asoma a la puerta y le ve descender por la bajada de San Antón hacia la plaza. La calle está hoy animada; gente que sube a la Casa y gente que regresa, y son varios los automóviles y coches que han llegado con forasteros.

A última hora Balbino se vestirá con el traje de los domingos y subirá a hacer acto de presencia en el velatorio. Los de la Casa son sus mejores parroquianos, y cuando unos desalmados forasteros le desvalijaron de la recaudación de toda una semana, el dinero fue recuperado y los ladrones detenidos gracias a la intervención rápida y eficaz del Tartajoso; y el Tartajoso se movió porque se lo ordenaron de la Casa. Si en este pueblo se ha mantenido el orden y conservado el respeto a la autoridad, que son las garantías que permiten que el comercio honrado prospere, ha sido gracias al difunto, que en todo momento ha demostrado un temple enérgico. Un pueblo de ganapanes y de gente hambrienta y descomedida sólo puede mantenerse en orden y disciplina a base de rigidez. Si don Pablo, el primogénito del difunto, no se decide a quedarse a vivir en el pueblo y a tomar las riendas en la mano, van a producirse desórdenes. Nadie pagará las deudas, nadie respetará a los demás, cualquier forastero se creerá autorizado a establecerse y a competir deslealmente con los naturales del país.

En la parte baja de la calle se oyen risas y unas voces alegres. El tío Raposo y el Voluntario se acercan llevando sobre unas andas, cubiertas con un trapo negro y deshilachado, un magnífico féretro que reluce de puro barnizado. Junto a ellos marcha Cándido, el aprendiz, dos o tres chiquillos de la calle, el viejo Zenón, que camina torpemente fumando en pipa, y un tipo estrafalario, con una gran corbata y un sombrero deslucido, que va charlando y haciendo aspavientos. Dos hombres más se han añadido a la improvisada comitiva: el Mamporrero, que parece algo achispado, y Braulio, un peón amigo de la cháchara.

El forastero de la chalina acciona con el sombrero en la mano. Usa cuello y puños como los señores, pero los lleva sucios y raídos. Con voz afectada y teatral, va diciendo sin gritar:

—Paso, abran paso, admiren, señores, este féretro digno de los Borgias, mis paisanos, un féretro hecho a la medida del más ilustre de los hijos de este pueblo.

Como la calle es empinada, cuando llegan ante la ferretería el tío Raposo da muestras de fatiga.

—Alto, Voluntario; descansemos aquí un momento.

El Voluntario se para y cuando se dispone a descargarse de las andas, el tío Raposo exclama:

—¡No, aquí, no! Dejémoslo sobre la acera, que hoy es día de trajín; no se nos venga encima un automóvil y dé al traste con nuestra obra.

Descargan en el suelo el ataúd, el Voluntario se sienta en el extremo libre de las angarillas y se enjuga el sudor. Unas mujeres salen a la puerta a contemplar el féretro; acuden vociferando los chiquillos que jugaban al toro en un corral. Una vecina se asoma a la ventana.

El tío Raposo se quita la boina y se frota el cogote y la frente con el pañuelo.

—¿Qué te parece, Horcajuelos? ¿Viste jamás algo tan hermoso?

El ferretero se ha ido aproximando. Pasa las yemas de los dedos sobre el crucifijo; se aleja un par de metros, y vuelve a considerar el efecto del conjunto. No dice nada, permanece serio y callado.

—Lo mejor que se ha hecho aquí y fuera de aquí —encomia el Voluntario—. No puede compararse ni con el de don Moisés.

—Este Cristo parece de plata.

—Y lo es; me lo entregaron en la Casa. Y del trabajo, ¿qué me dices, Balbino, qué me dices?

—Bien.

El viento hincha el blusón gris que viste el Mamporrero. Éste lleva además una boina azul marino, y en la mano una vara como las que usan los tratantes.

—Así da gusto morirse.

Una de las mujeres, que mordisquea un cantero de pan, interviene:

—Lo importante es ir al cielo; al infierno no querría ir ni que fuese en un ataúd de oro y piedras preciosas.

—Dices bien, tía Mecachis —añade el Mamporrero—. Yo, más que ir muerto en un ataúd como éste, preferiría dormir en él estando vivo. Y en invierno, cuando llegaran los fríos, me echaba la tapa encima y le abría unos agujericos para respirar. ¿Han visto...?

El Mamporrero, con cuidado, alza la tapa. Los demás se asoman para mirar el interior; está forrado de raso y tiene un cabezal bordado.

—Cuidado no lo ensuciéis con los dedos; el barniz se empaña. ¿Qué os parece? Filigrana de modista. Mejor no lo construyen en la capital.

—Caro les cobrarás, tío Raposo.

—¡Mira quién fue a hablar! Como si tú les regalaras las mercancías... Esto no tiene precio, es una obra de arte. Por caro que les pusiera, siempre resultaría barato.

—Al arte no se le pone precio; como a la bondad, al amor, a la mentira, a la mirada de unos bellos ojos... Como a un poema... ¿Qué te han parecido, Mamporrero, a ti, que eres hombre de cultura, los poemas o coplas que a la manera de mi maestro Jorge Manrique he compuesto para el difunto? Tampoco tienen precio; y espero que así lo sepan comprender los deudos...

Unos apliques de bronce que rematan los ángulos, atraen la atención de Balbino Horcajuelos.

—Mejores que ésos te los pude yo haber vendido. Bastaba con limpiarlos y lustrarlos.

—¿Mejores? Ni hablar; encargué los más caros que hubiera en la capital.

—Los míos son más delicados; tendrán menos vista, no te lo niego, pero no hubieran hecho mal papel.

—Los conozco, Balbino. Son los que le pusimos a la suegra del Veterinario hace dos años. No se comparan... Me gustaría que los sacaras y que los viéramos juntos.

—No sé por dónde andarán ahora.

Cándido se encara con el señor Balbino.

—¿Y las patas? ¿Se ha fijado usted en las patas?

—No están mal...

—Un trabajo de mérito. ¡Lástima que esté destinado a pudrirse!

—Habló usted como los filósofos. Pero ¿no estamos acaso todos nosotros destinados a la putrefacción? ¿Y los lindos labios de las jóvenes damas? ¿Y la piel sonrosada de los brazos, de esos brazos torneados por el supremo alfarero? Y... con perdón de las señoras que me escuchan, ¿adónde van a parar las piernas, y para evitar que se escandalicen no me refiero a los muslos, y de ahí para arriba, sino a las castas pantorrillas? Polvo, barro, putrefacción, muerte, olvido... ¿Qué se hizo de los senos de Cleopatra? Cada uno de ellos valía un imperio; el de Oriente el derecho, el de Occidente el izquierdo. Gangrena, pus, gusanos, después ceniza, tierra, nada...

—¡Eh! Que va usted a entristecernos, y los que somos casados no nos atreveremos a arrimarnos a la mujer en quince días.

—Me callo, me callo; somos un soplo de Dios...

El Voluntario se pone en pie. El tío Raposo se abotona la americana negra que se ha puesto para la ocasión y que le queda un tanto estrecha.

—Vamos para allá; un tironcito, y estamos en el parque. Otro descanso más, y adentro.

Tras de sacudir la pipa, también echa a andar Zenón, que se había sentado a la puerta de la ferretería.

—Vamos ya, que está cerrando la noche y las visitas estarán al llegar.

—Zenón, tú nos echarás una mano. Y el Lebrel también. Era vuestro amo y estáis obligados.

—Las obligaciones del criado hacia el amo, de acuerdo con el derecho romano, se prolongan hasta cuarenta y ocho horas después de la muerte. Y las sacrosantas obras de misericordia exigen que todo cristiano entierre a los muertos, y no pudiendo hacerlo, que ayude a meterlos en el féretro.

Aunando los esfuerzos, el Voluntario y el tío Raposo alzan de nuevo las angarillas. La comitiva, a la cual se han añadido dos mujeres y tres chiquillos, asciende por la empinada calle y desaparece por la curva que hay donde empieza el camino.

La tía Mecachis se queda mirándolos. Cuando ya no se los ve, se vuelve hacia el ferretero.

—Querría un real de clavos de tamaño mediano.

—Pasemos adentro.

En el interior han encendido una bombilla que derrama una luz amarilla y cenicienta. Mientras hace un cucurucho de papel, el ferretero parece hablar consigo mismo. Al dirigirle la palabra la tía Mecachis, se sobresalta.

—Bonito féretro, ¿eh, Balbino?

—Efectivamente; el Raposo ha tenido suerte y ha sabido lucirse.

XIX

HA OÍDO RUIDO en el primer piso. Lleva muchos años sin moverse de esta alcoba del sobrado, y distingue todos los sonidos. Parte de la planta baja y el corral trasero están ocupados por el almacén de granos del señor Agripino. Ella distingue si el ruido viene del almacén o procede del primer piso, donde están la sala, el comedor, la cocina, y la alcoba y el gabinete de su hija. Cuando las piernas se le quedaron definitivamente paralíticas, la subieron a esta habitación que da a la solana; así, cuando no aprieta el frío, pueden dejarla tomando el sol. El primer piso es más sombrío y triste.

—Rosita, ¿estás ahí? ¿Has regresado?

—Sí, madre. En seguida subo...

La vieja está haciendo calceta sentada en la cama, pues Rosita, antes de salir, la ha dejado acostada. En un cuarto contiguo, que emplean también como trastero, se aloja la criada, pero a media tarde ha salido pretextando algunos recados, y todavía no ha regresado. Está anocheciendo, y a ella le atemoriza quedarse sola a esta hora y con la luz apagada.

Por los escalones de madera se oyen las pisadas de la hija, que van ascendiendo.

—¡Pobrecilla! ¿Te ha resultado doloroso el quehacer?

—Menos de lo que temí. Lo he cosido con aplicación, pero aprisa; me esforzaba en no pensar que aquello estuviese destinado a un difunto. El Raposo y los demás andaban bromeando. Creo que habían bebido; no es que estuvieran borrachos, pero alegrillos sí lo estaban. Después se ha presentado un tipo raro, forastero, que no sé ni la edad que tendría ni cuál pudiera ser su oficio. Se expresaba de manera extravagante, eso sí, con buenas palabras. Y, me da no sé qué decirlo, pero me parece que le he hecho tilín...

—¿Qué te hablaba, hija? ¿Cómo era él?

—No sé... raro. No sabría decirle si era viejo o joven; la dentadura la tenía completa. Era cortés, parecía un señor tronado y algo loco. Yo no estaba con ánimo para escucharle. Los otros se reían. También Zenón estaba allí; me miraba con unos ojos...

—¡Valiente descarado ese Zenón! ¡Si le conoceré bien! Es de mi época. Largo de manos siempre lo fue, aunque conmigo no se atrevía. Yo sé por qué no se atrevía, que ganas no le faltaban. ¡Si llega a propasarse conmigo...!

El sillón de la inválida había quedado junto a la puerta de cristales que comunica con la solana. Rosita lo retira a un rincón, después coge algunas prendas que dejó descuidadas antes de marcharse, las dobla y las guarda en la cómoda.

—¿Enciendo la luz?

—Espera un momento, aún veo algo, o es que me he acostumbrado a tejer sólo con el tacto. No me gusta la luz eléctrica, me da tristeza; y hoy estoy con ganas de llorar.

—Le serviré la cena; procure dormirse pronto.

—Rosita, hija mía, no sabes qué impresión me ha

causado oír que tocaban a muerto ¡y tanto rato! Hace muchos años que sucedió aquello; nunca te lo he explicado enteramente.

—¿Para qué madre? Cuanto menos se sepa, tanto mejor.

—Es cierto, pequeña. ¡Cuántos años han transcurrido! Él era un guapo mozo entonces; tú, que le has conocido de viejo, no puedes imaginártelo. Mi madre le había criado a sus pechos; por eso de niños jugábamos juntos. La Casa no era todavía lo que ha sido después, aunque buena heredad poseían y mucho ganado también. Yo era ya una moza, él me andaba detrás, y madre no maliciaba; no se daba cuenta de que habíamos dejado de ser niños. Me parece mentira que todo haya terminado, que yo me haya convertido en esta vieja inútil que soy ahora, que madre ya no esté en el mundo, que tu padre ande lejos, nunca sabemos dónde, y que él también acabe de morir. No tardaré en seguirle, y tú te quedarás sola.

—No se acongoje, así es la vida; ya se sabe.

—¡Y que lo digas! Como un abrir y cerrar de ojos. Hace doce años o trece, ya he perdido la cuenta, que apenas salgo de esta alcoba, que apenas veo a nadie; menos mal que tú eres tan requetebuena conmigo. Antes, hace muchos más años, me divertía hablar con los hombres, bromear con mozos y casados. Luego me aficioné a charlar con las vecinas y a enterarme de cuanto ocurría en el pueblo. Poco a poco me he ido quedando sola, y si la Teresa me viene con algún chisme, ni de escucharla tengo humor. Contigo sí que me agrada comentar y que me cuentes cosas.

—Madre, quiero decirle algo... Me parece que en el testamento se acordó de nosotras...

—¡Cuánto me alegro! Explícame lo que sepas.

—Todavía no estoy bastante segura. Me darán más noticias. Parece que nos cede la renta de los molinos; sería suficiente para vivir holgadamente hasta el fin de nuestros días.

—¡Que los tuyos sean largos y felices, hija! Los que a mí me quedan son pocos.

—Si lo del testamento fuera cierto, no habría de faltarnos nada.

—Me tuvo siempre buena ley, pero era agarrado que no quieras saber. Cuando nos tratábamos como novios —porque novios del todo no lo fuimos nunca— me hacía algún regalillo: pañolones, alfileres, aguas de perfume, golosinas. Después, al casarme con tu padre, me entregó algunos duros para la dote. Tu padre no se preocupó de averiguar de dónde venían aquellos dineros, pero se dio maña para gastárselos el muy ladino. Desde que me casé, y más adelante cuando tú naciste, pasé años sin apenas verle; tu padre era muy celoso y me vigilaba sin quitarme el ojo de encima. Y no es por alabarme, pero con tu padre, hasta que nos dejó plantadas, me porté siempre conforme.

Rosita se acerca al espejo y se compone el peinado. Tiene los brazos levantados y sostiene las horquillas entre los labios. Su busto avanza agresivamente hacia el espejo.

—¿Vas a salir a estas horas, Rosita?

—No, madre.

—¿Por qué te arreglas el cabello?

—El viento me despeinó.

—Fuiste creciendo, te ibas haciendo mujer, y él se aficionó a ti y se mostró cariñoso contigo, como hija mía que eras. Cuando caí enferma suerte tuvimos de que él nos ayudó. Nunca dejó de tenerme inclinación, a pesar de que se casara con otra. Son cosas que no pueden evitarse; cada oveja con su pareja. Tenía que casarse con la hija de alguna familia acomodada; nada malo había en que así sucediera. Además, éramos hermanos de leche, y mi madre muy pobre; tampoco hubiera parecido bien que me hubiese elegido por esposa. Tú sabes, hija, lo que ocurre en este pueblo; mal porque no se casó conmigo, y si se hubiese casado, aún peor. El hecho es que fue bueno con nosotras. Debió de tomarte simpatía porque eras muy semejante a mí cuando yo era moza. Si fuera cierto lo del testamento, tendríamos que quedarle las dos muy agradecidas. No te duelas de haberle forrado el ataúd; al fin y al cabo, fue casi novio de tu madre, y hermano de leche por añadidura; algo tío tuyo sería.

—Sí, madre, sí... Lo que sucede es que la gente es mala...

—¡Qué te importa lo que después de tantísimos años puedan hablar de tu madre! ¡Qué importa lo que pudiese haber entre nosotros dos entonces! Ahora es el momento de decir aquello: «Ladran, luego cabalgamos».

—Yo cierro los oídos, no escucho a nadie; que sea cierto lo de la renta de los molinos, que amigos no han de faltarnos. Como si quisiera tomar marido: a mi edad aún no me costaría encontrarlo, aquí o donde fuese.

—¡Pues claro, Rosita! ¿Edad, edad? Si eres muy joven todavía...

—No, madre, eso no. Fui, como todas, joven. Ya no lo soy.

—Hasta yo fui joven. Y él... Me gustaría que le

hubieses conocido cuando mozo. Era lucido, fuerte, y de carácter alegre. Con los años se fue resecando, se volvió adusto, se le torció el humor, las carnes se le caían de los huesos, la boca se le iba sumiendo al desdentarse. ¿Cuánto tiempo hará de la última vez que subió acá a visitarme?

—Unos cuatro años...

—Yo lo miraba y me decía: ¿Será posible que este carcamal sea aquel mozo tan majo? Te juro que no me hubiera dejado ahora atrapar por él, ni con regalos ni que me lo pidiese de rodillas. La juventud es otra cosa.

—Abajo está Teresa; la oigo trajinar en la cocina. ¿Quiere que le prepare la cena?

—Sí, tantas emociones me han fatigado. De escuchar el tañido de la Reina, me entró dolor de cabeza. Antes de dormir quiero rezar un rosario por el alma del difunto. ¡Buena falta le estará haciendo! Como no se haya enmendado en los años de vejez, que no lo creo...

La vieja se queda sola. Cesa de tejer; tiene la espalda apoyada en unos almohadones grandes que descansan sobre la cabecera de la cama. Por encima de los tejados se ve expirar el día. La alcoba ha quedado a oscuras. Los ojos de la vieja, vivaces, asomándose entre unos párpados secos y arrugados, miran hacia Poniente, donde vibra el último resplandor.

XX

La capilla ardiente ha quedado instalada en la espaciosa alcoba. El carpintero, su ayudante, el aprendiz y un hombre que ha venido acompañándolos, han montado el catafalco. La cama la han metido en el gabinete contiguo, donde todavía, sobre el tocador, están ordenadas las medicinas que se trajeron para el enfermo.

Los martillazos han atronado la casa durante más de una hora. Cristóbal se ha asomado un par de veces para observar cómo marchaba la instalación, pues se aburría de tanto pasear a lo largo de la sala. A pesar de que se trata de un carpintero pueblerino, la cámara mortuoria ha quedado perfectamente dispuesta. El tipo que ayudaba a los carpinteros, un forastero desconocido, le ha entregado un rollo de papel con unos versos, y le ha pedido discretamente cinco duros. La verdad es que el intruso ha contribuido a la decoración de manera eficaz. En el último momento ha enviado al aprendiz a la tienda de Simeón a comprar diez metros más de paño negro; los han colocado cubriendo el muro del fondo y dan mucha prestancia y solemnidad al conjunto.

Zenón y el Hortelano están distribuyendo sillones, sillas y butacas a lo largo de la sala, pues las visitas no tardarán en presentarse. En cuanto al Lebrel, nadie sabe dónde anda oculto. Poco después de media tarde ha desaparecido; y aquí hace falta porque, aunque zafio y cazurro, es el mejor de los criados.

Es lástima tener que enterrarle con una joya de tanto valor, pero era precisamente el Lebrel quien iba a traer un cortafrío. Al herrero le han avisado tarde; aunque venga ahora no podrá trabajar en presencia de todas las visitas. Y el brillante valdrá sus tres mil duros, echando corto.

Don Onofre, que viste de riguroso luto, se aproxima y le comunica en voz baja:

—Con su hermano don Pablo hemos estado registrando bolsillos y cajones. No hemos dado con dinero en efectivo. Es decir, lo que antes le comuniqué; tres billetes de cien pesetas y unas cuantas monedas de plata. Estoy consternadísimo. Hemos de hacer algunos pagos y la señorita Isabel ha tenido que prestarme de sus ahorros personales.

—No puede ser, Onofre. Papá guardaba sumas importantes en metálico; siempre llevaba dinero encima.

—Hace pocos días me pidió una cantidad fuerte, pero no sé qué decirle; tres billetes de cien pesetas en la cartera que ocultaba bajo la almohada; eso ha sido todo lo hallado por el momento.

—Alguien que ha madrugado, Onofre. Yo no sospecho que haya sido usted, ni mis hermanos, ni nadie... pero alguien se quedó con la pasta...

—¡Por Dios bendito, don Cristóbal!

—No... si de usted no deconfío. Desconfío únicamente de quien escamoteó los cuartos.

—El día antes de declararse la septicemia, me mandó llamar. Ocultaba ambas manos debajo del embozo.

Ya sabe usted lo deconfiado que era su señor padre. Me dijo: «Onofre, conviene liquidar las contribuciones del semestre». Me alargó dos billetes de a mil pesetas, y añadió: «Lo que sobre, para los gastos de estos días, y para las medicinas y demás potingues. Pero apúntalo todo, que en cuanto levante cabeza te exigiré nota de lo gastado». Yo no vi la cartera; solo los dos billetes. Cuanto se ha gastado lo tengo detallado en el dietario.

—Me he entretenido registrando la librería. He escudriñado las hojas de algunos libros que parecían más usados. Hay a quien se le ocurre la tontería de esconder el dinero entre los libros, pensando que nadie ha de leerlos.

—En la gaveta no había más que monedas de plata y cobre. Cuando decidió acostarse, se ve que la dejó vacía. Su señor padre tenía confianza en mí, pero a su manera. Nos llevará tiempo poner las cuentas en claro.

Han entrado don Pablito e Isabel; la muchacha se lleva el pañuelo a los ojos, enrojecidos. Unos pasos detrás viene Daniel, que desde que se presentó en la Casa no se ha separado de su novia.

—¿Qué, Onofre, alguna novedad?

—Nada por el momento. Mañana, después del entierro, si ustedes lo permiten, volvermos a registrarlo todo, papel por papel, escondrijo por escondrijo.

—¡Qué desorden, Dios mío! ¡Qué barbaridad! En un momento de duelo semejante, tener que estar preocupándodos de estas bajezas. Y todo por su manía de no hacer las cosas a derechas, y por su cochino empeño de mantenernos ignorantes de la marcha de sus negocios. ¡Como si no fuéramos sus hijos, caray!

Don Pablito mira inquisitivo a los ojos de don Cristóbal, y Daniel los observa a ambos. Inmediatamente los tres dirigen la mirada sobre don Onofre, que se ruboriza y baja los párpados.

—Ha quedado bien dispuesta la capilla ardiente, ¿verdad?

—Bien, Pablito, pero que muy bien —le contesta Cristóbal.

—Y el ataúd inmejorable. El carpintero se ha esmerado. No lo hubieran hecho mejor en la ciudad, y menos en tan poco tiempo.

—¡Está bien el pobre papá! ¡Tan digno! ¿Eh? Parece que estuviera durmiendo.

—Sí, Isabelita. Igual que si durmiera... ¡Pobre papá!

—¡Qué desgracia, tan animoso que se encontraba últimamente...! Y ese anillo sigue en el dedo. ¡Maldita sea! ¿Habéis avisado al herrero?

—La culpa ha sido de ese imbécil del Lebrel, que se ha ido a dormir y nos ha dejado plantados. Le voy a arrear una...

—Pablito, considera que estará reventado. No ha pegado ojo en toda la noche, y desde el amanecer no ha hecho más que ir a los recados que todos le encomendábamos.

—Su deber es estar aquí, y haber solucionado, fuera como fuera, lo del brillante. No vamos los hijos a meternos en tan macabros menesteres; estaría feo.

A Zenón el vestido le queda holgado; pero, sobre todo, largo. Del cuello vuelto de la camisa, le cuelga fláccido el nudo de la corbata.

—Acaban de llegar don Indalecio y su esposa, con la señora del doctor, el vicario de Palazuelo, que viene con su primo el señor Agripino, y una señora que no sé quién es; también están abajo don Eloy, don Ceferino y el señor Balbino Horcajuelos. Todos aguardan. ¿Les digo que suban?

Después de consultar su grueso reloj de bolsillo, don Pablito se estira del chaleco y exclama autoritario:

—Que suban...

Cachezudamente continúa hablando Zenón, que no se ha movido.

—En la avenida del parque está Simón, el ciego, que ustedes recordarán y a quien la señorita Isabel conoce mejor. Se ha arrodillado en mitad del camino, y con los brazos en cruz salmodia alabanzas del señor difunto. Me ha dicho que debemos protegerle ahora que se ha quedado sin amparo. Ya saben ustedes que mientras vivía el señor, nunca le faltó un pedazo de pan en esta casa, y que cada sábado se le socorría con un real.

Isabel busca en los bolsillos de su vestido de luto; no encuentra ninguna moneda. Don Cristóbal saca un duro del bolsillo del chaleco y se lo entrega a Zenón.

—Espera —ordena don Pablito, y añade un par de duros más a la limosna—. Pero adviértele que no grite demasiado ni diga simplezas. Si comete alguna payasada, mandaré que le echen a puntapiés.

—Ya ha quedado advertido...

Se desentienden de Zenón, que camina despacio, con las rodillas ligeramente dobladas, hacia la puerta que da al corredor y a la escalera.

—Isabel, ¿dónde crees que debemos colocarnos?

—No lo sé. Es la primera vez que...

—Onofre, ¿a usted qué le parece? ¿Debemos estar sentados cuando lleguen?

—En el pueblo estas cosas se hacen un poco a la pata la llana. Por el momento convendría que ustedes recibieran el pésame en pie. Es una opinión personal, ¿eh? Como viene don Eloy, se le coge aparte y se le pregunta cuál es el comportamiento a seguir. Siendo de ciudad y hombre de leyes, estará mejor informado que ustedes y que yo mismo.

Los pasos resuenan en la escalera. Isabel se guarda el pañuelo en la bocamanga, don Pablito se seca, en los fondillos del pantalón, las manos, que le sudaban, y don Cristóbal, que se disponía a abrir la petaca, la deja otra vez en el bolsillo lateral, y se abotona la chaqueta.

En actitud al mismo tiempo amable y grave, don Onofre se adelanta hacia los visitantes que se aproximan por el pasillo.

—Por favor, pasen, señores...

XXI

CUANDO ENTRA BAJO LA LONA, se asusta al ver que Maciste la está esperando puesto en pie y con los brazos cruzados sobre el pecho. Llega envuelta en un mantoncillo color de tabaco, sucio y desflecado, que se sujeta con una mano, mientras que con la otra aguanta el cesto de la ropa que se apoya en la cadera.

—¿De dónde vienes, mala zorra? ¿De dónde llegas a estas horas?

—Te previne que iba al río a lavar un poco de ropa...

—Acababa de ponerse el sol cuando marchaste, y la noche ya anda avanzada. ¿Crees que no te vigilo, mala mujer? ¡Vergüenza tendría que darte! ¿Crees que no tengo vista o qué?

—Te repito que estuve lavando.

De un manotazo le derriba el cesto. Ella se cubre el rostro, pero Maciste deja caer los brazos a lo largo del cuerpo en actitud pacífica; la mirada y la voz siguen siendo amenazadoras, sin embargo.

—¿Y el hombre aquel que andaba rondando por la orilla? ¿Quién era, me gustaría saber?

—No vi ningún hombre...

El movimiento ha sido agilísimo; cuando ha intentado esquivar, la manaza ya le había golpeado en la mejilla.

—¡Bárbaro!
—¿Quién era aquel hombre? Di, mala zorra.
—Ni siquiera lo recordaba. Pasó de casualidad, dijo que vivía en aquella iglesia arruinada. También me explicó que era cazador y carbonero...
—Y tú ¿qué tenías que hablar? ¿Has de dar palique a los hombres que te encuentras a la orilla del río?
—Era él quien hablaba. Me previno que el agua era profunda, que no me fiara si me metía más adentro.
—¡Ah, vaya! Un hombre que daba consejos.
—Vive allí mismo; se marchó antes de que anocheciera...
—Y yo a creerme los embustes que me cuentas.
La mujer retrocede y Maciste avanza hacia ella. De pronto, exclama con voz colérica:
—¡Mírame! ¡A los ojos, mírame!
Ella alza los párpados pintados de azul, y le mira aterrorizada. La boca se le pliega en una sonrisa huidiza e implorante.
Las manazas se baten repetidamente sobre el rostro de la mujer, que no acierta a cubrirse. Los golpes retumban en las mejillas, en el cuello, en la cabeza; el tintineo de las pulseras resulta una nota burlesca.
—¡Hija de una puerca! ¡Como si no conociera los ojos turbios que se te ponen! ¡Como si no hubiese sorprendido que el galán te merodeaba! ¡Como si yo me creyera que para lavar esa ropa has echado más de dos horas! ¡Bicho, más que bicho! ¿Para ir a lavar ropa te pusiste el mantón?
La ha derribado sobre la colchoneta; la falda se le levanta por encima de las rodillas. Los pies de él, enormes, calzados con unas viejas zapatillas, le patalean los muslos, el vientre, los lomos.

—¡Perdóname, Maciste! ¡Macisteee! ¡Me matarás! ¡Te llevarán a presidio si me matas!

La lona se levanta y entra en la tienda el hombre del traje oscuro, la chalina y el sombrero negro.

—¡Alto ya, Maciste! Bastante leña le has arreado; déjala en paz. Tenemos que tratar importantes asuntos.

Maciste interrumpe el aporreo. La mujer, aunque no se atreve a alzarse del suelo, se desliza hacia la salida. Maciste está fatigado y descompuesto; jadea y se queda mirando a Colibrí sin comprenderle bien.

—Maciste, serénate y vamos a hablar bajo las estrellas, donde no puedan escucharnos ninguna de estas complacedoras de la entrepierna. Tenía ganas de encontrarte, vente conmigo...

—Vamos.

Empuja a Colibrí y sale detrás de él. Al pasar junto a la mujer de las pulseras, le larga un último puntapié en el trasero.

—No es verdad, no he hecho nada malo. Te juro que ni siquiera le he visto la cara

Maciste y Colibrí se alejan hacia el pradillo donde pastan los caballos. Maciste, que se ha puesto sobre su traje de atleta salpicado de lentejuelas un gabán que le cae corto y estrecho, saca del bolsillo una tagarnina, muerde la punta, la escupe, se detiene un instante y la enciende.

—No he perdido el tiempo; sospecho que tenemos un lindo negocio a la vista.

—¿Qué me cuentas, Colibrí?

—Vayamos por partes. Primero que nada, observa estas cinco lunas llenas.

Abre la mano y muestra cinco duros de plata recién acuñados.

—Hago constar que estos cinco machacantes pertenecen a mi peculio personal. Mis servicios como poeta no están contratados por la empresa, lo siento; estas veinticinco pesetas son el estipendio de unas coplas elegíacas compuestas en loor del difunto a la manera de mi maestro don Jorge Manrique.

—¿Por unos versos te dieron cinco durazos?

—Aquí los tienes; pruebas cantan.

Cierra la mano y se guarda las monedas en el bolsillo del pantalón.

—Pero esto es una insignificancia. Aquilino me había dado el soplo de que iban a enterrar al difunto con un crucifijo de plata. Yo me dije que un crucifijo de plata siempre es un crucifijo de plata, y me trasladé a la carpintería para sopesarlo, aunque no fuera más que con los ojos.

—Colibrí, tú hueles a vino...

—No me extraña; bastante llevo ingurgitado, y desde que cerró la noche, para calentar las tripas, le eché encima unas copas de aguardiente. Pero no interrumpas y oído al parche. El maestro carpintero, a quien llaman tío Raposo, en un santiamén ha fabricado un ataúd digno de un arzobispo, de un ministro, casi diría de un rey. El crucifijo no está mal; un par de kilos de plata. Es una conciencia que la tierra tenga que tragárselo. Está clavado con ocho puntas, muy decorativo y fácil de arrancar. En la carpintería he sido dignamente recibido; les leí el poema y fue universalmente celebrado. Sacaron un par de jarras de vino, pan, chorizo y queso. Y les hice compañía hasta que dieron fin a la tarea. Acudió la modista a cuidarse del tapizado. Una hembra de buen ver, más bien llenita, de ese tipo que tú sabes que me gusta. La modista parecía seria y no reía de las bromas; intenté tirarle algún tiento, pero ella me adivinó las intenciones y se cubría con habilidad y contumacia. Tampoco era mi intención escandalizar a aquellas buenas gentes; así es que me he tenido que conformar con medio pellizco a la disimulada.

—Vayamos a lo que importa. ¿Cuánto pueden pagar por la cruz?

—Lo ignoro; una buena pieza con mérito artístico, si bien no demasiada antigüedad. Habría que venderla en una capital grande, simulando que se lleva a saldar de tapadillo por encargo de algún eclesiástico que no se atreve a dar la cara. Pero la cruz ya no es lo más importante. Escúchame, Maciste, y no me interrumpas. Cuando los artesanos han concluido su obra, la cargan en unas angarillas cubiertas de paño negro, y se dirigen hacia la casa del difunto que, como tú sabes, está en lo alto del pueblo.

—Yo no sé nada; he aprovechado el día para descansar los músculos.

—Pues desde ahora estás informado... Formábamos una procesión bufa. A mí, que las dos jarras me habían caído encima de diversos vasos, me ha dado por ir haciendo el panegírico del ataúd y también el del difunto. Íbamos por la calle, seguidos de chiquillos, de mujeres, nos parábamos a descansar, acudían los curiosos, uno de ellos nos ha invitado... A la postre hemos llegado a la mansión del extinto, que yo calificaba de palacio. Me he dicho que si enterrar a los muertos es obra de caridad que la Iglesia recomienda, meter a un difunto en su caja es comenzar a enterrarle. ¿No es cierto?

—Cierto, Colibrí. Tu musculatura no vale un cagarro, pero cerebro y cultura no te faltan. Y sigue ya, sin tantos rodeos.

—El difunto descansaba sobre muy noble lecho. Con el Raposo, su ayudante, y un vejete criado de la familia, hemos celebrado consejo de ministros. Entre todos hemos desarmado la cama e instalado un catafalco que sentiré mucho que no veas. Echando un vistazo alrededor, lo primero que descubro es un anillo de oro, así de grueso, con un brillante más gordo que la punta de mi dedo meñique.

—Sería falso...

—¿Falso? Un señorón con una fortuna que no la hay igual en toda la provincia ¿iba a adornarse con una joya falsa?

—Si no era falso, ¿por qué no se lo habían quitado ya?

—No eres tan tonto como pareces, Maciste. Esa misma pregunta me la he formulado yo. Pronto he averiguado la causa... A pesar de que el cadáver hedía como la más despreciable de las carroñas, que en ese punto hemos de reconocer que Dios es justo, al no distinguir ricos de pobres, ni siquiera de animales, me he aplicado con devoción a meterlo en el ataúd. Mis esfuerzos, como ya comprenderás, iban dirigidos al anillo del brillante. Tiraba tanto del difunto, que mis compañeros, alarmados, han acabado por reñirme. Ni por ésas, antes le hubiese arrancado el brazo; y creo que he estado a punto de arrancárselo de tanta fuerza como hice. Y estoy seguro de que no he sido el primero en intentar arrebatar la joya, que se advertía que si los huesos de las falanges no estaban quebrados, los habían reblandecido de tanto sobiquearlos con aviesas intenciones.

—Entonces ¿qué?, ¿no has conseguido nada?

—Me hallaba fascinado, hipnotizado por aquella luz sobrenatural. Mis compañeros se hacían cruces del celo con que me arrimaba al maloliente cadáver. He hecho un postrer intento: arrancar el brillante aunque se quedara en el dedo el anillo de oro. Empeño imposible: he tenido que renunciar. Y no sin pena permanecí un momento en el reclinatorio fingiendo que rezaba, por si mirando a la joya se me ocurría alguna idea.

—La idea ya la tengo yo.

—¡Y yo! Y ahora me alegro de que mis intentonas hayan fracasado; a estas horas podíamos estar todos en el calabozo. Estoy convencido de que no soy el único que ronda el brillante de marras.

—Pero ¿ellos se habrán dado cuenta?

—¡Nada! Han quedado tan complacidos de mi colaboración, que el tío Raposo me ha acompañado junto a uno de los hijos del difunto; le he presentado el poema, le he enjaretado un breve y sentido discurso, y me ha escupido cinco soles. A la salida nos hemos ido a festejarlo a la taberna, a la taberna de verdad, no a la tienducha que hay en la plaza regentada por un judío que mal rayo le parta. Puesto que cobré mis poemas, quise invitarles en la tasca, pero el carpintero no lo consintió de ninguna manera. Quisieron llevarme a cenar con ellos; habían matado alguna ave de corral y de buena gana me hubiera dejado arrastrar al festín, pues conviene sacar el vientre de penas cuando la ocasión se presenta. Por si fuera poco, la esposa del carpintero, Sixta de nombre ella, no me echaba malos ojos, y teniendo en cuenta que alegría y vino andarían sueltos, algo podía yo pescar a río revuelto. Pero me he dicho que el negocio del brillante bien valía una cena, y que tú, yo y Aquilino, contando que no se nos presente borracho, debemos razonar con seso y calma sobre lo que nos conviene hacer.

—Yo lo veo claro. Lo primero, sigilo; que ninguna de las mujeres se entere. Después, convendría que no pierdas contacto con el criado viejo que conoces; no vaya a ser que el brillante en cuestión vuele, y trabajemos de balde.

—De balde, no... Siempre quedará el Cristo de plata...

—Mañana te vuelves al pueblo con ocho ojos abiertos. Y hazme el favor de no beber demasiado. Cuando nos reunamos con Aquilino, planearemos el negocio; entretanto, punto en boca.

XXII

TARTUFO, EL BARBERO, es gordezuelo tirando a barrigón. La camisa le asoma por debajo del chaleco; le cuelgan los pantalones y las rodilleras, le cuelgan las bolsas de los párpados, los mofletes y los lóbulos de las orejas.

Sentados en un banco, esperando turno para afeitarse, hay hasta media docena de hombres barbudos, sucios, desgreñados. Acaban de regresar de la faena y están fatigados. Tres más esperan turno de pie. Uno es el Voluntario, y otro el señor Maestro, que acaba de llegar y que al ver tanta gente inicia la retirada. Tartufo les retiene y se dirige en voz alta a los que esperan.

—Supongo que ninguno de vosotros tendrá inconveniente en ceder el turno al señor Maestro...

Nadie se opone; están de acuerdo en que el señor Maestro les pase delante.

En uno de los sillones de madera con respaldo y asiento de mimbre, está sentado el tío Deogracias; el mancebo le enjabona el rostro. Tartufo hace una pequeña reverencia mostrándole al Maestro el sillón que acaba de dejar vacío el último parroquiano.

—Señor Maestro, si es usted tan complaciente...

Después de acomodarse en el sillón, el Maestro se echa hacia atrás y recuesta la cabeza en el pringoso soporte de cuero.

Tartufo se aplica a sacarle espuma al jabón. La barbería está llena de un humo opaco que provoca tos a los recién llegados. La conversación es general, si bien la presencia del Maestro retiene un poco las lenguas.

—Me agradaría encontrármelo ahora al Tartajoso. A ver si sigue tan guapo como de costumbre.

—Cuando mataron a mi primo Poncio, yo quise presentarme a declarar en el Juzgado. Dijeron que el Tartajoso estaba enfermo, pero de madrugada le vi que regresaba del bosque. Acababa de dar un gran rodeo para disimular; venía fatigado y cubierto de polvo, y al avistarme, cambió de camino. Los del Juzgado quedaron en que me citarían, y aún lo espero.

—Como me eche en cara a ese mal nacido, se acordará de mí. ¡Pocos vergajazos me sacudió cuando yo era zagal! Todo porque robaba unas peras. Mi padre fue a pedirle cuentas, y él le encañonó con la escopeta.

—Y el hijoputa era capaz de dispararla...

—Con las espaldas cubiertas, cualquiera es valiente.

Tratando de desviar la conversación hacia otros temas, Tartufo se dirige al Voluntario en tono halagador.

—Me han informado que habéis hecho una pieza maestra. Siento no haberla visto; mañana todos la admiraremos, pero sólo por fuera... En la ciudad no hubieran sido capaces de igualarla. ¿Por qué habrían de hacerla mejor en la ciudad? ¿Es que el tío Raposo, y aquí el Voluntario, sin desmerecer, no pueden trabajar tan artísticamente como en la ciudad? La carpintería es un oficio, como lo es el de barbero. Donde me veis, desafío a cualquiera de la ciudad. Más lujo en la instalación no niego que tengan ellos, pero gusto y pulso fino...

Va enjabonando el rostro del Maestro, que desaparece cubierto por la espuma. A pesar de que el tío Deogracias ya está enjabonado, como tendrá que esperarse hasta que Tartufo termine con el Maestro, el mancebo insiste distraídamente con la brocha, mientras atiende a la conversación.

—Pues yo al entierro no pienso ir.

Habla un hombre flaco, vestido de pana, con una mugrienta gorra de terciopelo a la cabeza.

—A mí nada se me ha perdido en el entierro, ni me interesa el ataúd —dice otro más viejo— y que conste, Voluntario, que nada va contra ti ni contra el Raposo, sino que como he sido jornalero de la Casa y trabajo sus tierras cuando me llaman, achaco al difunto toda el hambre que he pasado desde niño. ¡Que acudan al entierro los señores!

—A mí, si me pagan un jornal, soy capaz de llevar un cirio, y hasta de darme algún que otro golpe de pecho.

—Yo iré al entierro —afirma el Maestro, al tiempo que Tartufo le rasura la mejilla izquierda—. Espero que la barba no me crezca de hoy a mañana.

—Usted es un caso distinto, señor Maestro, pero a nosotros los peones, ¿qué vela se nos ha perdido, como dicen? ¿Sabe usted cuánto ganábamos los días que nos contrataba, que no pasaban de la mitad de los del año, y eso cuando no había sequía? Nos pagaba siete reales y el pan. ¿Usted cree que un cristiano puede vivir con siete reales y media hogaza?

—No hablemos de lo que cobramos por nuestro trabajo; todos podríamos quejarnos... Yo asistiré al entierro porque el difunto era protector de la escuela y director perpetuo de su patronato; muchos fueron los beneficios que la instrucción popular recibió gracias a su influencia.

—Ahí no le discuto yo, señor Maestro. De chicos, cierto es que nosotros no íbamos a ninguna escuela. Don Acisclo enseñaba entonces las letras y hasta la multiplicación, y además Historia Sagrada. Pero sólo enseñaba a los hijos de los que tenían alguna hacienda, aunque fuera poca, y los obligaba a pagar una peseta mensual. Los chicos le tenían terror porque se pasaba el día repartiendo bonetazos, que hombre más iracundo no conocí jamás.

—¡Toma! Como que murió de una sangre mala que le subió a la cabeza.

—Yo no llegué a alcanzarle; me bautizó don Moisés —dice Miguelito, un obrero joven que trabaja en la serrería.

—Al difunto le debemos las escuelas, igual que la electricidad, que a todos nos beneficia. Hemos de reconocerlo, aunque cada cual sea libre de juzgarle según su opinión y de asistir o no al sepelio.

—¿A que Deogracias irá? —pregunta con sorna uno de los peones.

—Sí que pienso ir; por eso me estoy afeitando. ¿Pasa algo?

—No, nada; es natural que tú vayas...

—Voy porque me da la gana.

—Oye, Deogracias, no te pongas así, ya sabes que a ti se te aprecia.

El tío Deogracias, bajo la presión de la brocha del mancebo, se agarra, crispando las manos, a los brazos del sillón. Antes de que el diálogo siga adelante, Tartufo interviene:

—Niño, ¿es que no acabas de enjabonar al señor Deogracias?

—Si ya está listo...

—Deogracias, ahora mismo estoy contigo.

Entra el Ceniciento con la gorra ladeada y la blusa negra manchada de polvo.

—¡Hola, Ceniciento...!

—¿Verdad que parece que esta noche se respira mejor?

—Lo que importa es que mañana sigamos respirando bien, y pasado mañana y al otro, y siempre...

—Eso, Miguelito, depende de nuestros pulmones más que del propio aire —sentencia el Ceniciento.

—¿Qué, has encontrado al Tartajoso?

—Me cago en su padre, ya oyes lo que te digo...

—Nadie le ha visto el pelo en todo el día; estará aullando, como los perros cuando se les muere el amo.

—Como los lobos; sólo que los lobos no tienen amo.

—¿Y si le hiciéramos una visita?

—Vamos allá y le sacudimos el polvo entre todos...

Al Maestro le están dando ya la segunda pasada. Por mirar el dedo meñique que Tartufo estira en un alarde de elegancia, bizca los ojos.

—Ustedes hablan demasiado, y no es prudente irse de la lengua. Por la boca muere el pez. El Tartajoso se ha extralimitado reiteradamente en sus funciones. Encargado de cumplir y hacer cumplir la ley, se ha permitido conculcarla. No quiero hablar, pero si ahora a ese hombre le fallan las protecciones, se va a ver apurado. Empezarán a llover denuncias sobre su actuación.

—Yo insistiré sobre lo que vi cuando lo de mi primo Poncio. A mí nadie me quita de la cabeza que fue ese criminal quien lo mató...

—Es muy aventurado hablar así, sin pruebas...

—Ya buscaré las pruebas, señor Maestro.

Tartufo limpia el rostro del Maestro con el lienzo con que le ha envuelto el torso; luego lo sacude y se lo pone sobre el hombro. Antes de salir, el Maestro coge su sombrero de la percha.

—Apúntamelo, Tartufo. Ahora no llevo suelto.

—Como usted diga, don Cosme...

—Buenas noches a todos los presentes.

—Buenas noches.

—Con Dios, señor Maestro...

Después de quitar el jabón mezclado con partículas de barba que ha quedado adherido al filo de la navaja, se la entrega al aprendiz para que la acabe de limpiar. Coge otra navaja, la abre, la suaviza sobre la palma de la mano, arrancándole unas leves vibraciones, y se vuelve hacia el sillón donde Deogracias está aguardándole con la cara enjabonada.

Tan pronto como abandona la barbería el Maestro, sube el tono de las conversaciones; las frases se hacen más agresivas y violentas.

—¿Resultará cierto, lo de «Muerto el perro se acabó la rabia»?

—He visto a Zacarías arando el campo de la Higuera.

—Hace cinco años que debió labrarlo.

—¿Sabéis lo que ocurre? Que somos todos unos calzonazos, y yo me pongo el primero.

—Si hiciéramos de una vez para siempre un escarmiento...

—El Tartajoso debe de estar escondido debajo de la cama.

—No os fiéis; tiene la carabina...

—Muchas cosas van a cambiar en este pueblo de la noche a la mañana.

—No tantas como creéis; ya buscarán otro que nos jorobe.

—Por lo que a mí hace, he dicho basta; os lo juro.

—Los únicos que le plantaron cara fueron los de la Claustra.

—Con ésos nadie se atreve.

—Hasta el Tartajoso los esquiva.

—Como que puntería como la de Telesforo no la tiene el Tartajoso, con todo y ser mejor el arma que maneja.

—¿Sabéis que el difunto se cruzó una mañana con el Telesforo por un camino, y le preguntó: «¿Por qué no te descubres? ¿Acaso no me has visto?» Y el Telesforo le contesta: «¿Y usted por qué no se quita el sombrero?» Le acompañaba don Onofre, que estaba muerto de miedo, pero que se creyó obligado a intervenir. «Telesforo, obedece al amo». Y el Telesforo dice: «Yo no tengo amo; eso tú, que eres un criado de lujo. Y cállate, o te parto la boca». Y tanto don Onofre, como el mismo difunto, se callaron. Hizo venir una pareja de la Guardia Civil porque siendo época de veda, Telesforo andaba cazando a la descarada. Pero no consiguieron atraparle y tuvieron que reintegrarse al puesto. Y a Telesforo no le pasó nada.

—Si todos fuésemos como él...

—Ahora vamos a ver qué ocurre. A más de uno se le acabará el momio. No eran pocos los que se aprovechaban.

Tartufo se inclina sobre el tío Deogracias, a quien está afeitando con aplicación, y le habla en voz baja, cariñosamente:

—Deogracias, hay que armarse de paciencia. Sabes que te apreciamos todos; y a la Basilia tampoco se la quiere mal en el pueblo. Éstos hablan demasiado; son unos bocazas. La Basilia podría encontrar acomodo en la ciudad, allá se paga mejor a las que sirven. Y en Madrid, si conocéis a alguien, no digamos...

El tío Deogracias, ve a su amigo Tartufo que le habla desde detrás del sillón mientras le apura la barbilla, con la mirada invertida y las pupilas húmedas.

XXIII

LA NOCHE HA CERRADO; una brisa fresca que se ha levantado, pone en este umbroso parque un acento de humedad. Se agitan las hojas de los castaños de Indias y de los plátanos. Algunas ráfagas traen el perfume de las higueras que forman un pequeño bosque detrás de la alberca.

Le duelen tanto las rodillas que le tienta ponerse en pie, pero ha palpado el sombrero y comprueba que está lleno de monedas; bastantes de ellas son de plata, de dos reales y de una peseta, y hay también un par de pesetones. La ocasión es única; en la Casa no se han mostrado sordos a su requerimiento. Zenón ha venido trayéndole dos duros que dieron para él los señores. «Zenón, ¿con cuánto dinero te quedaste?», le ha preguntado. Y el otro ha contestado: «Que me caiga muerto aquí mismo si me he reservado un solo céntimo». Y el ciego le ha dicho: «Mucho me extraña verte todavía vivo; pero si no caes aquí fulminado por el rayo de la justicia divina, en otra parte caerás». Zenón se ha disculpado con que la señorita no ha contribuido al donativo, tanto porque no llevaba encima monedas, como porque, sin duda, quiere recompensarle con mayor largueza los servicios que le ha prestado. No conviene excederse en punto a malicia; pudiera ser cierto que dieran un duro cada uno y que falte la dádiva de la señorita Isabel por las tercerías de cartas y recaditos. Un duro por barba no demuestra exceso de largueza por parte de los hijos, pero menos era la del difunto.

Oye unos pasos que crujen sobre la gravilla y el rumor de conversaciones que se aproximan. Alza teatralmente los brazos, y antes de comenzar la salmodia, carraspea con energía.

—¡Qué desgracia, hermanos, hermanitos, nos apena a todos! ¡De qué manera el Señor quiere probarnos en la aflicción! ¡Con cuánto rigor nos ha privado del padre de los pobres, del sostén de los necesitados, del apoyo de los que sufren, de la columna de mercedes para los menesterosos!

Ha tardado en reconocerlos; le resulta difícil percibir más las palabras sueltas y confusas de la conversación que marido y mujer sostienen intencionadamente en voz baja. El acento de recelo le hace temer por la limosna.

—¡Socorran a este pobre desgraciado que se ha quedado sin más amparo que la caridad pública! ¡Ayúdenle y Dios les ayudará devolviéndoles el ciento por uno! ¡Sean generosos con los desvalidos y Nuestro Señor, que todo lo ve y todo lo sabe, los recompensará con largueza ayudándolos en los negocios...!

Cuando las taimadas voces del tío Hisopo y de su mujer se han alejado, todavía ha esperado un instante antes de meter la mano en el sombrero; los considera capaces de estar espiándole desde lejos. Conoce al tacto la disposición en que han quedado todas las monedas; las palpa hasta descubrir la recién caída, que ha modificado ligeramente la posición de alguna de las otras. Es un pesetón de plata, moneda de dos pesetas de la época republicana. La hace botar sobre una piedra para convencerse de que no es falsa, porque el tío Hisopo, además de avaro, es tramposo y engañador por naturaleza. El sonido argentino le conmueve y tranquiliza. Alguna socaliña andará tramando el tío Hisopo, pero que sea en buena hora si eso contribuye a desatarle la bolsa. De nuevo coloca los brazos en cruz y separa ambas rodillas. Las manos largas, avellanadas, con los dedos flacos y entreabiertos, resultan conmovedoras y patéticas. La idea de colocarse en el parque, en la mitad del camino que conduce a la Casa, se la ha sugerido en la tienda del tío Vivo un forastero muy educado y persuasivo, de mente aguda, que hablaba con erudición y facundia. Simón, para agradecerle el consejo, le ha invitado a un par de vasos de tinto. El forastero le había oído pedir en la plaza y le ha alabado sus facultades de improvisación y su variedad de fórmulas.

—¡Hermanito que pasas, hermano en Nuestro Señor y Redentor Jesucristo! ¡Y cómo Dios nos lo arrebató! ¡Era el pan de los pobres, la mano derecha de los desamparados, el sostén de los débiles y tullidos, el caudal de los menesterosos! ¡Acuérdate, hermano piadoso, de este ciego, más ciego desde que Dios le despojó de su bienechor! Una limosna, hermano, una limosna.

La moneda se la han entregado en la mano. ¡Maldito avaricioso! Por el olor le conoció mejor que por las pisadas. Diez cochinos céntimos una noche como ésta, con un muerto tan lucido, una breva de las que sólo caen una vez en la vida. Don Paciano del diablo, cohechador de los demonios... Aunque sean varias las monedas de cobre que hay en el fondo del sombrero, ésta la guarda en el bolsillo. No vaya a cundir el mal ejemplo, que más pronto se contagian los vicios que las virtudes, y entre los vicios no lo hay más ruin que la tacañería.

—¡Hermanos, qué desgracia, qué aflicción, qué castigo nos envió Nuestro Señor Jesucristo en penitencia de nuestros pecados!

Unos pasos enérgicos se acercan por el camino; cuando están junto a él, escucha una voz grave.

—Acaba con tu cuento, mangante, que a mí no me la das con queso... ¿Ha venido el Alcalde? ¿Ha pasado por aquí?

—No, señor Nicasio, aquí no vino. Y según me informé en la plaza, partió muy de mañana para la ciudad.

—¡El puto rabón!

—Algún mal propósito le llevaría, que este alcalde que padecemos es un azote para todos, un bellaco incapaz de socorrer a los pobres como es su obligación...

—Simón, voy para la Casa; si entretanto averiguas algo, cuando baje me lo comunicas.

—Señor Nicasio Zabala, no olvide usted que el ayudar a los que no pueden valerse por sí mismos, dispone a Dios en favor de los negocios humanos, y no hay ayuda tan poderosa como la que concede el Cielo.

—Ten, granuja, que estás haciendo tu agosto.

Nota en su mano la redondez plateada de una peseta con su canto dentado, fino. La deposita en un extremo del sombrero, donde supone que da el reflejo de una de las bombillas que iluminan el camino.

—¡Qué gran desgracia, qué Diluvio Universal, qué castigo para todos nosotros! Contemplad, hermanos, a este pobre ciego privado de la luz de sus ojos, privado hoy también del manantial de la caridad, del pan nuestro de cada día...

Suben varias personas; no todas ellas van juntas. Distingue voces de ciudad y acentos pueblerinos. Algunas palabras y el roce de las faldas indican que varias señoras se acercan. Por el olor bien se advierte que también hay mujeres del pueblo.

—...de la mano generosa que socorría al desamparado, al humilde, al último siervo de los siervos de nuestro Padre común que está en los Cielos...

Pasan don Fernando con el señor cura, la Sixta del Raposo, el Maestro, la Soldada y su hija, la Viuda, Julián y la Dominga, la Veterinaria. Pasan, pasan de largo. Extiende los brazos para obstaculizarles el camino, para forzarlos a aligerar los bolsillos.

—No olvidéis, hermanos, a este desamparado, a este huérfano de la luz...

Caen unas monedas —cobre, vil cobre— que ni siquiera se cuidan de echar dentro del sombrero. El señor Maestro le pone en la mano dos monedas de diez céntimos. La hija del Soldado, por lo menos, huele bien. Nada le da don Fernando, notario de ricachos, torcedor de voluntades, inmisericorde con los desposeídos, altivo con los débiles; nada le da don Humberto, sucesor espurio de don Moisés, clérigo de Satanás, pobre de mentirijillas, despojador de cepillos de iglesia, envidioso de la caridad que los pobres reciben.

—¡Acordaos del infierno, hermanos, acordaos de que hay un infierno muy grande, acordaos de que socorrer a los pobres lo manda el Evangelio, acordaos de que la moneda que me deis a mí, Dios os la tendrá en cuenta, y que de la moneda que me regateéis os pedirá cuenta! —Y bajando el tono, añade para sí mismo—: ¡Que mal rayo te caiga en medio de la tonsura!

Otro grupo viene caminando despacio; se han detenido a la entrada, junto a la verja. Llegan las palabras pausadas y firmes de don Froilán.

—...Hay que moderar los abusos, restablecer la justicia; los culpables deben ser castigados...

Una voz aflautada, al parecer forastera o que momentáneamente no consigue identificar, dice:

—Es menester una autoridad honrada y paternal, pero firme al propio tiempo...

Don Simeón, el dueño de la pañería, añade:

—El comercio necesita del orden y del trabajo...

Y el tío Vivo, con acento adulador:

—Es preciso contar con alguien que mire por los de casa, por los del pueblo; que se oponga resueltamente a que vengan a establecerse aquí los forasteros; a vivir de nuestro patrimonio...

—Señores, entramos en la casa del difunto. Olvidemos si cometió algún error o si se excedió abusando de su poder. Descubrámonos ante su lecho de muerte, y conozcamos —y ustedes saben que siempre me opuse a él— que fue un gran hombre, y que por lo tanto merece nuestro respeto.

—¡Hermanos, que Dios no permita que quedemos en el desamparo, que en su infinita misericordia nos envíe el brazo que nos proteja, el faro que nos guíe, la mano generosa que nos socorra!

El sonido ha sido tan singular, y ha contrastado tanto con el de las demás monedas, que no puede resistir a la tentación, y todavía están pasando junto a él los rezagados del grupo, cuando ya ha alargado la mano y alcanza la moneda. La acaricia con las yemas de los dedos. Un duro, un duro Amadeo, de los más legítimos, de los jamás falsificados, de los de mejor ley.

—¡Gracias le sean dadas a don Froilán, padre de los menesterosos, amparo de los débiles, auxilio de los oprimidos, escudo de los enfermos, luz de los ciegos, guía de los desventurados! ¡Viva mil años don Froilán y que este cuitado pueda cantar día y noche sus alabanzas y que los ángeles del Señor suenen sus trompetas celestiales...!

Ya no le oyen, han entrado en la Casa. Se pone en pie, da unos paseos, estira los zancajos, se golpea los flancos con ambas manos, y se fricciona las rodillas. Agarra el sombrero y lo sopesa haciendo saltar las monedas.

XXIV

TERMINADA LA FAENA, los hombres, que se han ido reuniendo en la taberna, fuman, beben, discuten, protestan, gritan.

—Sancho, ¡tráete para acá otra jarra de tinto!

—Estaban todos reunidos en la Casa haciéndoles la pelotilla a los hijos. ¡Ponían unas caras de hipocritones...!

—¿Y tú a qué fuiste?, ¿acaso eres del bando de los señores?

—Yo me cuido de las huertas del puente.

—¿Crees que alguien se habrá preocupado de saber si estabas o no?

—Don Onofre sí me ha visto, y con ése me conviene estar bien. Cada año, aparte del arriendo, le he de entregar veinte duros para él. ¡Valiente garduña!

—Dicen que se ha quedado con todo el dinero contante y sonante que había en la Casa...

—Yo me presento con cara compungida: «¡Qué desgracia, don Onofre!». Y él me contesta distraído: «Sí, hijo, nadie es eterno...»

En otra mesa, un campesino bajo y colocado, dando la espalda a los demás, se desenrolla la faja y bajándose los pantalones enseña, en medio del general holgorio, la parte alta de sus posaderas, que presentan un color blanquecino con diversos puntos amoratados o negruzcos.

—¡No riáis! Saliendo de misa dije del difunto que era una mula, y algún chivato le fue con el soplo. El malparido del Tartajoso me arreó una perdigonada cuando atravesaba, entre dos luces, la huerta del Marqués. Sólo lo hacía por atajar camino desde la Cañada; los perales estaban sin fruto y no podía creer que iba con ánimo de robar.

—¡El canalla!

—¡Es un desalmado!

—Al domingo siguiente, cuando el difunto salía de misa, me puse de manera que me viera. Se me asomaba la venda por encima del pantalón hasta la cintura, y yo me apoyaba en una cayada, porque apenas podía caminar. Braulio, que ya lo teníamos combinado él y yo, me pregunta en voz alta: «¿Qué te ocurrió, Manuel, que andas tan malparado?» Y yo le contesté: «Mala suerte, hermano, una mula me arreó a traición un par de coces». No le vi la cara, pero me dijeron que se puso pálido y que me echó una mirada de lo más atravesada.

—Era malo, el jodido; Dios le tendrá trincado en el infierno.

—Y no le valdrán todos los gorigoris.

Se sube los pantalones y se acomoda la faja. Le sirven un vaso de vino y se lo bebe de un trago. Luego, sentenciosamente, exclama:

—La perdigonada, ahora se me terminará de curar; aún quedan dentro algunos plomos. Al Tartajoso he de pagarle con la misma moneda.

—Lo que pasa es que somos unos cobardes.

—¡Qué puede hacer un hombre solo, sin ley que le ampare!

—Juntarnos todos a una, hemos de hacer.

—Cuando llueve en casa del vecino, todos pensamos: «Ahí me las den todas».

—Y si llueven vergajazos, todavía lo pensamos con más miedo.

Telesforo llega a la taberna con su hermano Pedro. Ambos son de mediana estatura, enjutos, cetrinos, con las cejas muy pobladas. Telesforo tiene una cabellera dura, cortada casi al rape; Pedro es calvo, pero lleva la boina hundida hasta las cejas y sólo se la quita para rascarse. Los dos hermanos se arriman al mostrador y allí permanecen en pie.

—Pon dos vasos del blanco, y unas guindillas.

—Telesforo —le dice el hermano—, no me lo niegues, que te he descubierto rondándola...

—Malicias tuyas...

—Yo venía del lado de allá del río con los barbos, y he visto cómo le hablabas.

—Unas palabras solamente, de cortesía.

—¿De cuándo acá te volviste educado? Me fijé en ella por la mañana; paseé junto a la galera mientras se peinaba. Redonda de carnes, con unas sayas cortas y buena pantorrilla; y el brazo cubierto de pulseras. Tú has llegado a casa mucho después de anochecido. ¿Dónde anduviste, confiesa?

—Anda, calla, Pedro, que son malicias que piensas.

Sancho les sirve los dos vasos de blanco y un par de guindillas. Los dos hermanos beben un trago corto de vino; cada uno coge una guindilla y la muerde por la punta. Después de masticarla bien, Telesforo expele el aliento y comenta:

—¡Están buenas!

—Tenía la espalda ancha y era un poco fondona, pero con buena teta —dice Pedro.

—Más viste tú que yo mismo.

—Pero tú te zampaste el fruto...

—Que te digo que son suposiciones tuyas. Anduve paseando hasta más allá de la fábrica.

—¡Que te conozco, Telesforo!

Las conversaciones se animan. Ha llegado el Ceniciento, recién afeitado; las mejillas y el mentón limpios y blancos, y el resto de la cara atezada y sucia.

—Se respira mejor desde la mañana.

—¡Y tanto! Pero aún sigue la alimaña en su cubil.

—Pues metámosle un poco de lumbre para que salga y chamusquémosle el culo para que aprenda.

—Te olvidas de la carabina, Ceniciento.

—Se la quebraremos en las espaldas.

—Ya no tiene valedores, se le acabó la jactancia.

—¿Visteis al Zacarías arando?

—A buena hora; esperó demasiado.

—Más brava es la Gregoria...

—Sirve otra ronda, Sancho; yo la pago.

—Todos tenemos algo que celebrar esta noche.

Sancho se acerca con una jarra en cada mano y las coloca en el centro de la mesa.

—No escandalicéis tanto, que me vais a buscar la ruina. Siempre me han tenido entre ojos, y ese entreverado de tío Vivo no hace más que intrigar contra mí, ya lo sabéis.

—Nosotros estamos contigo, tú fías; eres de los nuestros.

—No temas; a cada puerco le llega su San Martín.

—¿Sabéis lo que os digo? Que después de éste vendrá otro, y si no, al tiempo...

—¡Caray! Pues es cierto...

—Si todos estuviéramos unidos, eso no pasaría.

—¡Eh! Telesforo, ¿tú qué opinas?

—Yo no tengo amo; no lo tuve nunca.

—Los de la Claustra no nos casamos con nadie —añade Pedro.

—Tenéis razón, con vosotros no pudo.

—¿Queréis un consejo mío? Agarráis al Tartajoso y lo arrojáis al pozo. Cuando traigan otro guarda jurado, hacéis lo mismo...

—¿Y la Justicia?

—La Justicia somos nosotros.

—Y trabajo, ¿quién nos dará trabajo? ¿De qué comerán nuestros hijos?

—Dejad sus campos yermos, su huertas que se las traguen las malas hierbas, que el bosque invada los viñedos, que los rebaños se escampen, que los frutales se marchiten, que las aceitunas se pudran en la tierra, que las casas se derrumben...

—¿Y nuestros hijos qué pan se llevarán a la boca?

—Si os apretáis el cinturón, ellos vendrán de rodillas a pediros que trabajéis sus tierras, que cuidéis sus ganados, que trajinéis sus mercancías, que esquiléis sus ovejas, que apareéis sus yeguas con sus garañones, que piséis sus uvas, que recojáis sus frutas, que prenséis sus aceitunas, que seguéis sus prados, que cortéis su leña, que sirváis su mesa, que compréis en sus tiendas, que arregléis sus caminos...

—¡Que te desbocas, Telesforo!

—Si parece un diputado...

—Demasiado nos exiges, Telesforo.

—Yo lo hago; no trabajo para ellos. Nadie vendrá a quitarme mi escopeta, nadie tocará las redes de Pedro, nadie nos echará de la Claustra a pesar de que el difunto iba alardeando de que le pertenecía por derecho.

—Somos unos calzonazos.

—Unos cagones...

—Sancho, sírvenos más vino. Hoy termina la miseria en este puñetero pueblo.

—¿No habéis notado que se respira mejor?

—Detrás de éste, vendrá otro. Os lo digo yo, que soy viejo...

—Como si vienen veinte. Conmigo no podrán. Tendrían que matarme. Y a un hombre no se le mata tan fácil; sobre todo si no se deja.

—No olvides lo que le pasó al Poncio.

—Si entonces hubiese habido más coraje...

En la calle, a la puerta misma de la taberna, se ha formado un grupo. Van entrando Paco el Alguacil, Miguelito, y el hijo del tío Mecachis. También entra el Mamporrero, y detrás, con chaqueta y corbata, Quiñones, el dependiente de la tienda de paños, acompañado de un forastero tocado con una gorra a cuadros, que saluda efusivamente a Sancho.

Quiñones, sin dirigirse a nadie en particular, dice en voz alta:

—¿Sabéis qué se rumorea en la Casa? Que el Lebrel ha puesto tierra por medio con más de veinte mil duros...

—¿Es eso cierto?

—Ojalá llegue al Polo Norte...

—Me alegro, porque algunos de esos duros eran míos, que bien se apoderaron de mi viña en cuanto no pude pagar los réditos de Judas...

—Parecía tonto el Lebrel...

—Y parecía fiel como un perro; por algo le llamaban así.

—Le perseguirá la Guardia Civil.

—Al Lebrel le cazarán; son muchos contra él.

—Pues yo le deseo que tenga suerte...

XXV

Al salir de la barbería se ha pasado por la cantina del Arrabal a tomar una copa de aguardiente. Cuando llega a su casa, que hace esquina a la plazuela de Abajo, ve encendida la luz de la alcoba de su hija. Sobre la cama de hierro está la maleta abierta. Basilia va ordenando en la maleta las ropas que saca de la cómoda.

—Padre, me marcho del pueblo...

—¡Qué me dices, así de pronto! No lo puedo creer... ¿Por qué no esperas...?

—Me voy, padre; no quiero estar más aquí.

—Nadie ha de hacerte mal. Pase lo que pase, aquí tienes una casa y un amparo.

—Me marcho; ya está decidido, mejor será que no discutamos. He sufrido demasiado en este pueblo, demasiada vergüenza para soportarla yo sola.

—Basilia... ¿das a entender que yo...?

—No quiero dar nada a entender, ni acusar a nadie; las cosas suceden y no tienen remedio.

De los cajones de la cómoda, que permanecen abiertos, saca ropa interior fina, blanca, de colores, bordada, con cintas, con encajes. La pliega y la dispone en la maleta junto a las faldas, las medias, los pañuelos, los zapatos.

—Pienso que debí hacer algo, aunque ¿qué podía hacer? Ayudarte, desde luego, pues nadie en el mundo, más que yo, tenía obligación de hacerlo.

—La culpa fue mía, padre. No era ninguna niña y cada cual debe defenderse a sí mismo. Usted tardó en saber, en enterarse; para entonces todo estaba perdido. Mejor hubiera sido que antes, antes de ocurrir, usted me hubiera vigilado mejor, que con un palo me hubiese medido las costillas; o que hubiera echado mano de la escopeta... Pero yo callaba, me escondía, le engañaba a usted; ésa es la verdad. ¿Por qué se dejaba engañar, por qué se dejaba burlar por mis embustes?

—Mira, Basilia; después uno no sabe cómo han ocurrido las cosas. Yo no podía adivinar. Te veía en casa, eras mi hija, y uno no imagina que su propia hija... Por entonces comenzaron los regalos, pero todavía no maliciaba, y empezó a hacerme encargos y a pagármelos con largueza. En la taberna me miraban de reojo y hablaban bajo, y cuando entraba yo, callaban. Pasaron meses, un año, o dos, y tú parecías contenta. Me fui fijando en la ropa que gastabas, y en que salías de casa sin explicarme adónde ibas... Luego advertí que ningún mozo te rondaba.

Deogracias se sienta en la cama y apoya un brazo en la cabecera de hierro. Basilia hace hueco en la maleta para acomodar una caja de cartón atada con cintas, tres pares de ligas, un corsé con bordados de tono rosa, dos blusas de verano, otra falda, y un vestido café con leche.

—Cuando uno empieza a convencerse, ya es demasiado tarde. Primero se sabe pero no se sabe, porque aún se confía en que no sea verdad. No podía hablarte, te miraba y los ojos se me llenaban de lágrimas. Si te veía reír, me decía que no, que no podía ser cierto, que serían falsedades, imaginaciones mías. Pensaba que él era demasiado viejo, que te tenía simpatía y afecto y que te recompensaba, sin malicia, por que le sirvieras y acompañaras. Pasó más tiempo y me di cuenta de que lo sabía todo aunque me lo hubiera ido ocultando; que yo lo averigüé desde el primer día, y que era tu encubridor, tu cómplice. Me propuse no aceptar más trabajo de él, y que tú y yo nos marcháramos del pueblo, lejos, donde nadie nos conociera. Pero vivíamos desahogados y me iba diciendo: «Dejaremos pasar la cosecha», y luego, «después de los fríos...»

—Nadie tuvo la culpa; este pueblo es así, un pueblo de cobardes. Una mujer no puede defenderse. A su favor estaba la complicidad de muchos. Suyas eran las llaves de la comida y las del hambre, las rejas de la cárcel, las lenguas para la maledicencia, la fuerza, la ley, el silencio.

—¿Por qué no me advertiste al principio lo que te iba a suceder?

—No hubiera remediado nada; él era el más fuerte.

—¡Qué triste resulta oírte hablar ahora, Basilia!

—Yo luché; resistí lo que pude. Era viejo y me daba asco; siempre me lo ha dado. Imposible evitar lo que pasó; era más fuerte que yo, más fuerte que usted, más fuerte que todos nosotros.

—Debía haberlo averiguado. Sin que tú me lo contaras; un padre tiene obligación de saber lo que le ocurre a su hija. Pero yo, un hombre solo, ¿cómo podía luchar contra él?

—Padre, en este pueblo hay muchos hombres solos. Si se juntaran, ya no estarían solos.

—¡Qué razón tienes! Si fuera más joven, más animoso, me gustaría poderles hablar así en la taberna, a voz en grito...

—No es eso, padre. A usted ya no le escuchará nadie; le he deshonrado.

En un pañolón, que ha extendido sobre la cama, coloca toallas, fundas de almohada, cuatro sábanas; todo bien planchado, limpio, cuidadosamente doblado.

—Hija, querría preguntarte algo...

—Diga, padre...

—¿Tienes dinero? ¿Por lo menos te daba dinero?

—Las baratijas que he guardado en esta caja de cartón. Joyas falsas, no valen nada, bien lo sé. Y ropa, ropa fina, mucha ropa de la mejor calidad. A él le gustaba que me la pusiera; no le dolía gastar para comprármela.

—Pero... ¿dinero?

—Unos cuantos duros; muy pocos.

—¿Y qué harás ahora tú sola?

—Voy a la ciudad. Trataré de servir en alguna casa, o en una fonda.

—¿Y si no hallas acomodo?

—Por mí no tema; conozco alguna gente de la ciudad.

—¡Hija mía! ¡Verte marchar, y no poder hacer nada!

—Demasiado tarde, padre; perdimos la partida.

—Puedo ofrecerte algunos ahorros míos, por si te hicieran falta... No me atrevía a preguntarte; creí que él te daba algún dinero. Tampoco me esperaba esta desgracia, así, tan repentina. Nunca me he preocupado de tu porvenir, ya sabes lo que ocurre: la taberna, el naipe y un viudo... como yo.

—Quiero marchar en el tren de la mañana. Llevaré como equipaje la maleta y el fardo que estoy haciendo; todo lo que tengo y que vale algo. Necesitaría la caballería; sabrá regresar sola de la estación, conoce el camino.

—¡Déjame que te acompañe, Basilia! ¡Soy tu padre, no me eches en cara lo ocurrido...!

—Si lo desea venga usted conmigo, y no me diga eso, que me duele. Al pueblo no regresaré nunca; no quiero ver tantos ojos enemigos, tanta envidia, tanta ruindad.

—Cuando enviudé de tu pobre madre, me decían: «Basilia te hará compañía, qué buena es, qué guapa es Basilia». Yo pensaba para mis adentros: «Demasiado guapa para quedar huérfana tan joven».

—La vida, padre, que ha sido mala con nosotros. Mejor que yo hubiese sido fea, que nadie se hubiese fijado en mí.

—Si por lo menos te dejara dinero en la herencia... Podríamos irnos a Santa Marta, o más allá, y comprar unas tierras; aún me queda fuerza en los brazos. Y estaríamos juntos.

—No pene por mí; sé valerme y en la ciudad viviré, se lo aseguro.

El tío Deogracias se levanta; da unos pasos hacia la puerta y se detiene. Mira a su hija, mira la maleta y el fardo que está terminando, mira las vigas del techo, la ventana, la cómoda, un fanal con una imagen que hay sobre el mármol que la cubre, una estampa del Niño Jesús clavada a la cabecera; mira otra vez a su hija.

—Si salimos hacia las cuatro, sin darnos prisa, llegaremos al tren. Duerme ahora si estás cansada. A las tres corridas aparejaré la caballería y vendré a prevenirte.

—Hasta mañana, padre, y no se entristezca. Le escribiré de vez en cuando para que tenga noticias mías.

XXVI

SUENAN EN LA PUERTA tres golpes muy directos. Estaba con la luz apagada, junto al fuego, esperando. Se levanta, y con cuidado de que la puerta no chirríe, la abre para dar paso a don Fernando.

—¿Me esperaba usted, Rosita? ¡Qué impaciencia! En la Casa están en pleno velatorio y no había manera de escapar. ¡Qué lata! Era cuestión de acechar la oportunidad.

—No hable tan fuerte; mi madre duerme arriba. Podría estar todavía despierta. ¡Se hallaba tan desasosegada la pobre!

—Permítame que me siente a su lado.

El notario arrima la silla a la de Rosita y le pasa la mano por la espalda; ella se retira y la mano de él queda en el aire. El hogar proyecta un resplandor débil y rojizo.

—¡Oh, Rosita! Yo he cumplido lo prometido, ahora le toca a usted; no sea ingrata conmigo.

—Sí, don Fernando, sí...

—Era despegado de la gente; no se preocupaba más que de él. Pero ahora todo se ha redactado de manera que le resulte a usted favorable.

—¿Y qué dirán los hijos cuando se enteren?

—Pondrán el grito en el cielo; ya he comenzado a

prepararlos. Calculo que la renta asciende a más de mil duros; una pequeña fortuna. En el pueblo no hay muchas familias que dispongan de otro tanto. De ahora en adelante, todos la considerarán.

—También se me cerrarán puertas.

—Y otras se le abrirán. Nada como el dinero para granjear amistades. Me ocuparé de sus cuentas personalmente y de que los molineros no anden con trafullas. Cuando se enteren de que estoy detrás de usted, la respetarán.

—Ha sido bueno conmigo; le estoy agradecida.

Don Fernando se incorpora a medias de su sillón y se acerca a Rosita; la rodea la cintura con los brazos, la aprieta, pretende besarla en la boca, pero ella le esquiva. Las botas del notario hacen rechinar el entarimado.

—¡Oh, Rosita! ¡Qué deseos tengo de hacerla mía, qué ganas de estrecharla entre mis brazos, de que cumpla su palabra como yo he cumplido con lo que prometí!

Tras de forcejear sin violencia, pero con obstinación, ella consigue desasirse del abrazo y retira su silla del fuego.

—Mi madre podría despertarse. Además, estoy muy cansada. Estos días han sido para mí de sufrimiento y angustia.

Don Fernando ha retenido una mano y se la acaricia. Subrepticiamente la caricia va remontando por el antebrazo arriba.

—No sea mala con este hombre que la adora. He esperado este momento día tras día. Confiaba en que tendríamos la noche libre para nosotros dos; creía haberme hecho acreedor a un poco de cariño, a un mínimo de ternura. Ya sabe cuánto la quiero, Rosita mía...

—Le tengo dicho que le aprecio porque se ha portado bien conmigo. Usted exigió unas condiciones y yo las cumpliré. No me ponga plazo, no me apresure. Todo llegará.

—¿Mañana quizá? Dígame que será mañana, y me conformo.

—No sabría prometerle cuándo. Puede que sí, que sea mañana. Bien desearía complacerle, pero estoy abatida, tengo miedo.

—Rosita, una vez cada mes vendré al pueblo; aquí siempre tengo algún trabajo y mis ocupaciones en Santa Marta, Tobajuela y otros lugares justificarían que me quede un par de días o tres. Usted y yo podríamos hacer un arreglo. Le alquilaría las dos habitaciones de los bajos de esta casa que le quedan libres. Iría a comer a la fonda, pero pretextaría que quiero dormir en mi propia cama. ¿Qué le parece? Nadie maliciaría y podríamos pasar muchos momentos juntos. Los del almacén de granos se marchan a última hora de la tarde y no tendríamos vecinos engorrosos. También he pensado en que usted se viniera conmigo; aquello es más grande, tiene más vida que el pueblo. Pero me da miedo que se originen disgustos. Mi mujer es celosa en demasía y mis hijas están en edad de novios; no me conviene un escándalo. Mi profesión me cohíbe en cierta forma. Será preferible para los dos que guardemos las apariencias. Aquí usted será respetada; con el tiempo no niego que pueda originarse alguna habladuría, pero procuraremos evitarlo portándonos discretamente.

—Sí, don Fernando, como usted diga. Sólo que es mejor que esperemos para decidir. Deme tiempo para que lo piense; usted va muy aprisa. Para mí todo ha ocurrido de sopetón y estoy como mareada.

—Por respeto al difunto no le declaré antes lo mucho que usted me gustaba. ¡Es adorable! ¡Qué lástima no habernos conocido tiempo atrás, cuando yo era soltero y podía disponer de mí mismo! ¡Oh, Rosita, sería usted notaria, no lo dude un momento!

—Por favor, el brazo, bueno; pero basta...

—Reconozco que soy impaciente, fogoso. Estamos aquí solos, en la oscuridad, y una mujer como usted... No sea mala, Rosita, usted duerme ahí, nadie me ha visto entrar en su casa, he tomado todas las precauciones para respetar su buen nombre y el mío. En este momento puede usted convertirme en el más feliz de los mortales... se lo ruego, sea complaciente...

De nuevo los brazos de don Fernando rodean el talle de Rosita; las manos se mueven rápidas y audaces. Han cedido algunos de los automáticos que cierran el escote del vestido. Ella se levanta y retrocede para desprenderse de los dedos acuciantes. El entarimado rechina, las sillas se arrastran, las voces, aunque sofocadas, resuenan en el silencio de la casa. Desde lo alto de la escalera llama la anciana.

—¿Estás ahí, hija?

—Sí, mamá...

—¿Qué son esos ruidos? Me ha parecido oír voces.

—Gente que pasaba por la calle; tengo la ventana abierta. Regresaban del velatorio discutiendo.

—¡Ah, bueno, hija, me había asustado...!

—Duerma tranquila; ahora mismo voy a acostarme.

Don Fernando no osa mover los pies, se ha quedado paralizado. Suda y se enjuga el rostro con el pañeulo. Ella, mientras hablaba con la madre, se ha quedado arrimada a la pared, tensa, haciéndole señas de que se callase, de que permaneciera inmóvil.

—Le ruego que se marche usted; mañana nos veremos.

—¿Mañana, Rosita? Dígame que mañana cumplirá la promesa y me voy contento...

—No prometo lo que no estoy segura de cumplir. Necesito estar más tranquila; quiero dormir, descansar, olvidarme de muchas cosas.

La coge de la mano y caminan sigilosamente hacia la puerta.

—No me marcho de aquí si no me permite darle un beso.

—Mañana, don Fernando, mañana...

—Tiene que ser ahora. El testamento está conforme; suya es la renta de los molinos. Supongo, Rosita, que no va a desconfiar ahora de mi palabra... La palabra de un caballero, de un notario.

—Por Dios, no es eso; es que hoy han ocurrido tantas cosas...

—Deme un beso y la dejo tranquila; le aseguro que con un beso me conformo. No me niegue ese pequeño anticipo...

—Sea, pero en la puerta; yo dentro y usted en la escalera.

—Acepto sus condiciones; usted me manda.

Abre la puerta y baja un escalón; los rostros de ambos quedan a idéntica altura. Rosita apoya las manos en los hombros del notario, entorna los ojos y le acerca los labios. Don Fernando la agarra por la cintura, y le aprieta el rostro con los labios, con las barbas, con los bigotes. El sombrero se le cae de la mano y rueda dos escalones más abajo. Se produce un nuevo forcejeo hasta que ella consigue librarse del rostro del notario y de sus barbas.

—¡Quieto, don Fernando! Retire de ahí las manos, o gritaré. ¡Déjeme, ya hay bastante!

—¡Qué delicia de piel, Rosita mía, cómo la adoro!

—¡Suélteme, o le juro que desharé los tratos! Le he dicho que mañana, que otro día... ¡Déjeme, por favor!

—No se enoje; comprenda la impaciencia de un hombre, la tentación iresistible de su presencia, de su contacto. Confieso que he perdido un poco la cabeza...

—Mañana no venga. Yo misma le avisaré cuándo. No tema, pago lo que prometo. Cumpliré lo pactado, pero déjeme elegir el momento.

—Como usted diga; sólo deseo que me permita adorarla.

—Ahora márchese, no haga ruido por la escalera, se lo suplico; buenas noches.

—Adiós, Rosita...

Recoge su sombrero y desciende de puntillas. Rosita cierra la puerta y corre el cerrojo. En lo alto, de nuevo, la voz quejumbrosa de la madre.

—Rosita, oigo ruidos...

—Más personas que regresan del velatorio. Ya me acuesto, madre. Que descanse usted.

XXVII

ZACARÍAS ESTÁ SENTADO en el banco de la cocina, con la espalda apoyada en la pared. Lleva abierta la chaqueta de pana y desabotonada la camisa. Tiene el cuello fuerte y el pecho ancho. Con la cabeza inclinada hacia atrás, sigue con la mirada los movimientos de su mujer. Agachada junto al fuego, la Gregoria está friendo en una sartén los cuartos de un conejo.

Sin dejar de mirar a la Gregoria alarga la mano, coge la jarra de encima de la mesa, se la arrima a la boca y bebe un trago prolongado. Su mujer se vuelve hacia él y le sonríe.

—Mientras araba pasó por allá el tío Telesforo. Dejó el carro a la sombra del cementerio y se sentó en el ribazo a charlar conmigo.

—Se habrán alegrado los de la Claustra, de verte trabajando...

—Sí, parecía satisfecho. Me dijo que no le temiera al Tartajoso. De haberme apoyado ellos, antes me hubiera atrevido a labrar el haza; te lo juro.

—¡Qué feliz me hubieras hecho y qué orgullosa me sentiría de ti! Pero nunca es tarde... ¿Dejaste muy avanzada la faena?

—Mañana me pondré al trabajo temprano. Cuando los de la comitiva lleguen al cementerio, me encontrarán dándole remate a la labranza. Que todos sean testigos; y si el difunto viera, tanto mejor. ¡Nunca conocí un corazón más perverso!

—Zacarías, más desalmado que él es el Tartajoso.

—Con ése nos veremos las caras, no te apures.

—Y aún queda don Eloy; tampoco le olvides.

—Ése es otro caso; cumple con su oficio, que es hacer que la mentira se admita como verdad. Contra ése nada podré; si discutiéramos, aún le creo capaz de convencerme. Prefiero no verle, que don Ceferino se las componga con él.

—Que los canes se ladren y muerdan entre ellos.

—Los perros se ladran, no se muerden... Estupiñán pasó por delante del haza, y me dijo que había visto juntos a los dos leguleyos.

—¡No te digo, Zacarías...!

Gregoria distribuye los pedazos de conejo en ambos platos, y los coloca sobre la mesa. Él llena un vaso de vino.

—Ten, Gregoria, bebe, para que te animes.

—¡Estás tú bueno! ¿Qué me miras tanto? ¿Crees que no te adivino las intenciones? Mirándome todo el rato con unos ojos...

—Después, bajito, te diré lo que te miraba...

Se sienta en un taburete frente a su marido, y se pone el plato en el regazo.

—Y ahora ¿qué pasará en el pueblo?

—Nada, mujer.

—¿Quién mandará?

—Quien sea; el alcalde en lo suyo.

—Se hablaba de poner puesto de la Guardia Civil.

—Si cada uno trabaja y cumple, si cada uno se

conforma con lo suyo y no pretende robar a los demás, ni Guardia Civil hace falta aquí.

—¿Y los vagabundos? ¿Y los que roban fruta o entran en casa ajena? ¿Y si ocurren riñas entre hombres, o alguna muerte?

—Para eso está la Ley.

—¿Sabes qué murmuraban hoy en el pueblo?

—¿Qué?

—Que de ahora en adelante mandará don Froilán, el hijo del tío Risueño.

—Mientras no se meta conmigo ni pretenda discutirme el haza...

—¿Y si comete injusticias con los otros? Todos los hombres tendríais que ir de acuerdo. A ninguno le tocarían el pelo de la ropa. Y obligar a que se respete a las mujeres. A mí, la Basilia me da pena.

—Es una descarada; bien le sacaría los cuartos al viejo.

—Su madre murió, y el tío Deogracias es un desdichado. Las mujeres solas no saben defenderse. No había más ley que la que a él se le antojaba, y después de la Rosita se le antojó la Basilia, que era más moza.

—Mira como a mí no pudo quitarme la tierra.

—Pero tú, que eres hombre, tampoco te atreviste a labrarla hasta hoy que estaba muerto.

Zacarías apoya la hogaza contra el pecho, agarra el cuchillo y corta una gruesa rebanada de pan. Con los dedos parte la rebanada en dos trozos y alarga uno de ellos a la mujer.

—Está bueno el conejo. Cuando te lo propones, cocinas que da gusto. Y apetito no me falta, que he apretado duro...

Se oye un ruido que se aproxima, un vocerío de

hombres. Gregoria para de masticar y se queda atenta.

—¿Qué es ese alboroto?

Él se pone en pie, va hacia la puerta y la abre. Se escuchan voces airadas y un griterío que avanza por la calle.

El Ceniciento, que marcha en cabeza con una hoz en la mano, se detiene junto al carro y le grita a Zacarías:

—Agarra una herramienta y vente con nosotros; te vas a divertir.

Gregoria se pone en pie precipitadamente y sale a la puerta de la casa. Hay un grupo de hombres armados de palos y herramientas.

—¡Zacarías, Zacaríaaaas!

—Vamos, que habrá jaleo...

Distingue formando parte del grupo a Miguelito el de la serrería, al primo de Poncio, al Mamporrero, a un sobrino del Soldado, a Serafín el de la Monja, a Braulio, al Peatón, a Manuel, y hasta diez o doce más que no llega a identificar. Quiñones, el de la tienda, parece que los capitanea.

—Zacarías, vente ya con nosotros, no tengas miedo.

Gregoria le retiene por la cintura y se dirige a los del grupo.

—¿Qué ocurre, adónde vais?

—A darle las buenas noches al Tartajoso. A preguntarle quién asesinó a Poncio.

—Quiero devolverle la perdigonada que me sacudió en las asentaderas.

—¿Ves ese cayado? Igualito era el vergajo que empleaba para medirme las espaldas cuando yo era zagal

Miguelito le pregunta a Zacarías:

—¿Qué, te decides o no?

La Gregoria trata de reconocer a todos, pero en la oscuridad no lo consigue.

—¿Y los de la Claustra van con vosotros?

—Quedaron en la taberna con Sancho. Dicen que lo del Tartajoso es cuenta nuestra, que con ellos anduvo siempre muy comedido y que nada les debe. Recalcaron que si no le echábamos al pozo no éramos hombres.

—¿Eso dijeron los de la Claustra? —la Gregoria se vuelve hacia su marido—. Zacarías, vete para allá. El haza está labrada, es nuestra. Acaba con lo demás. Lo que los demás hagan, hazlo tú también.

La mano del hombre resbala por su espalda hasta alcanzar los muslos. Los del grupo reemprenden la marcha alborotando la calle.

—Ha llegado la hora de castrar al puerco.

—Lo salaremos y adobaremos.

—Vamos allá todos.

—Cobarde quien se quede en el camino.

La Gregoria, suavemente, le separa de ella.

—Corre, que te espero. Aunque me encuentres a oscuras, no me he dormido; te estoy aguardando. Ya lo sabes.

Él corre un trecho hasta alcanzar a los demás. La cuadrilla se dirige hacia la casa del Tartajoso, que está a la salida del pueblo algo retirada de los últimos edificios. Al paso de los amotinados, se cierran cautelosamente algunas puertas que permanecían abiertas.

XXVIII

Al pasar Saturio por la calle de las Eras en dirección a la taberna de Sancho, ve salir de ella un grupo de exaltados, discutiendo a gritos y chillando. Retrocede hasta los soportales y amparándose en su sombra, trata de averiguar las causas del barullo. Algunos de los hombres blandían garrotes y varas, y farfullaban amenazas. Han entrado en casa del Ceniciento, y han cogido un par de hoces y más palos. Luego han seguido alborotando calle arriba, y han pasado junto a él sin descubrirle.

Ya no ha esperado a averiguar más. Ha apretado a correr, atajando por detrás de la plazuela, cruzando los campos, saltando de un brinco la acequia.

Sin aliento, atemorizado, llama a la puerta del Tartajoso, golpeándola con los puños.

—¿Qué escándalo es ése? ¿Qué caray ocurre?

—Tartajoso... ¡Abre, ábreme en seguida, soy Saturio, el sacristán!

El Tartajoso aparece aferrando la carabina por el cañón.

—¿Qué pasa? ¿A qué vienen esos golpes en mi puerta?

—¡Huye, escapa! Vienen a por ti los hombres del pueblo...

—¿A por mí? ¿Quiénes?

—Vienen con hoces, con estacas... Huye antes de que sea tarde.

—¿Que escape yo? Ahora vas a ver.

Coge la banderola de cuero con la placa de guarda jurado, y se la mete por la cabeza. Se cala la gorra y empuña la escopeta.

—¡Escapa, que vienen muchos! Yo me escabullo; he creído que mi deber era prevenirte para evitar una desgracia. Si les disparas, matarás o herirás a alguno y será peor. Si se enteran de que he venido a prevenirte, son capaces de matarme también. Era mi deber evitar que corra la sangre.

—¡Perros, ahora verán! ¡Yo soy la ley! ¡Ladrones, desharrapados, les tumbaré uno por uno! Tengo cartuchos para acabar con todos como si fuesen alimañas.

—Viene el primo de Poncio, vienen muchos, salían de la taberna, no tardarán en estar aquí. ¡Escapa, huye, aún estás a tiempo!

—¡Cállate, sacristán de mierda! Tú eres hombre de faldas y por eso tiemblas. Yo soy la ley, no ha de ocurrirme nada aunque les apiole. Los jueces me protegen. Jamás me pasó nada cuando los apaleé o les llené el culo de perdigones. Yo obedezco y cumplo; soy la ley. ¿Lo oyes, sacristán castrón?

—Nadie te protegerá ahora; todo el pueblo está contra ti. Don Eloy ha ido a visitar a don Froilán, don Paciano se muere de miedo, López te volverá la espalda..

—¿Cómo van a abandonarme? No pueden dejarme en la estacada. No pueden...

Ya se oye el griterío; pasa el grupo ante las últimas casa del pueblo. Desde la puerta, el Tartajoso y el Sacristán ven acercarse al pelotón compacto, vociferante, con los puños, las herramientas y los garrotes en alto.

El Tartajoso vacila, observa con ojos asustados a Saturio. El Sacristán le empuja.

—Son muchos, lárgate. No saldrás vivo si te echan mano; te ajustarán todas las cuentas.

El Sacristán no espera más; atraviesa la casa, sale al corral trasero, se encarama en un tonel vacío que hay junto a la tapia; el tonel sale rodando hacia atrás y él se queda cogido a las barbas, zanqueando en el aire. Consigue encaramarse y saltar a la parte de fuera. Cae de bruces, se incorpora, se sacude el polvo y aprieta a correr. Da un gran rodeo por los campos, mirando hacia atrás con miedo de que le hayan reconocido y vengan en su persecución.

Los del grupo se aproximan, están llegando. El Tartajoso cierra la puerta y la atranca. Tira la gorra al suelo, se despoja de la bandolera y la lanza contra un rincón. Escupe, blasfema, aprieta los puños. Las voces crecen. Gritos, improperios, amenazas suenan al otro lado de la puerta. Con ambas manos agarra la escopeta por el cañón y descarga un tremendo golpe contra el borde de la chimenea, luego otro, y otro. La culata se quiebra en astillas y salta el ensamblaje.

Fuera arrecian los gritos. Golpean la puerta con violencia, la sacuden.

—¡Criminal!

—¡Cobarde!

—¡Te vamos a capar!

—Ahora te haremos confesar quién mató a Poncio...

—¡Marica, sal afuera y nos veremos las caras!

—Abre, o te asamos ahí dentro...

Arroja la escopeta rota contra la puerta. Corre hacia el corral, de una patada hace saltar la tranca que cerraba el portillo; sale al campo. Mira despavorido hacia ambos lados; no se ve a nadie. Echa a correr en dirección al puente.

El hombre de la gorra de cuadros y Zacarías, aunando los esfuerzos, arremeten contra la puerta, que cruje y se tambalea. Otros arrojan piedras contra la ventana del piso alto, cuyos vidrios saltan hechos añicos.

—¡Hijo de puta! ¡Bandido!

—¿Dónde te has metido, cobarde?

—Sal si eres hombre, dispara...

La puerta cede con estrépito de madera rota ante el impulso de la acometida. Zacarías cae al suelo encima de las astillas. Penetran desornedamente, en tropel. La lumbre aún está encendida. Echan un brazado de sarmientos, que en seguida chisporrotean. El Ceniciento y el que recibió la perdigonada, armados de hoces, suben a grandes saltos por la escalera. Miguelito y el primo de Poncio salen al corral.

—¡Está abierto el portillo! Por aquí escapó...

El primo de Poncio, empuñando una horca, se asoma al campo oscuro y desierto. Con la mano libre hace bocina.

—¡Tartajooosoooo! ¡Asesinoooo! ¡Ven aquiiiiií!

Las llamas iluminan la estancia y las sombras danzan y se atropellan. El sobrino del Soldado encuentra la escopeta rota y se la enseña a los demás.

—¡Eh! Mirad esto.

Miguelito se ha puesto la gorra y baila coreado por las risas y las palmas. Sobre la repisa que ciñe la campana de la chimenea, hay alineadas varias escudillas y dos jarros de loza vidriada. El hombre de la gorra, de un manotazo, los derriba. Caen al suelo y se quiebran con estruendo. Los pedazos los esparcen a patadas y los pisotean hasta hacerlos añicos.

El Ceniciento baja del piso con una colchoneta de paja. El que recibió la perdigonada le sigue con un par de mantas deshilachadas. A golpes de hoz, el Ceniciento destroza la colchoneta.

—La yacija de la fiera. ¡Ten, ten, ten...!

La tela se rasga y las pajas saltan. Las mantas las arrojan a la hoguera, y encima el jergón. Las llamas se ahogan, buscan salida por los lados.

Los restos de la escopeta van a estrellarse contra el fondo de la chimenea ennegrecida por hollín, y desaparecen entre la paja y el humo.

En el corral hay una tinaja llena de agua. El Mamporrero coge una piedra gruesa y la arroja con brío. La tinaja se despanzurra y el agua se extiende y entra en la casa mojando el pavimento. El sobrino del Soldado, de un garrotazo, derriba una alacena con ollas y escudillas. Quiñones, que se ha desabrochado el cuello y lleva la corbata en desorden, aparta a patadas las mantas y el jergón, que empezaban a arder dando mucho humo.

—¡Lástima que se nos haya escapado! Pero ése no volverá...

Coge la bandolera que descubre en un rincón, le arranca la chapa y la lanza contra el suelo.

El Mamporrero ha encontrado una orza llena de vino; la levanta con ambas manos sobre la altura de su cabeza.

—¿Nos lo bebemos a su salud?

—¡No! —grita Quiñones.

—¡Rómpela! Que se derrame todo —dice rabioso el Peatón.

—Reviéntala, como si fuese la cabeza de ese cabrón —grita el hijo de la tía Mecachis.

Estrella la orza contra el suelo, saltan los añicos, salpica el vino, y se esparce por la habitación un olor ácido que contrasta con el tufo acre del humo.

Todos ríen, saltan, destrozan cuanto encuentran, insultan, amenazan, gritan...

XXIX

Está sentado en un sillón, detrás de una mesa negra con numerosos cajones adornados con escudetes de bronce. A la derecha hay un escritorio americano cuya persianilla levantada deja al descubierto carpetas, papeles y un libro mayor. La estancia permanece escasamente alumbrada. De las paredes cuelgan algunos cuadros ennegrecidos, con marcos ostentosos, y litografías enmarcadas por listones dorados o de tonos oscuros. Entre las dos ventanas corre una estantería con archivadores, varios rimeros de libros, y una colección de la revista *El Cultivador Moderno.*

Los visitantes están sentados en sillas o en butacas, formando una amplia elipse que ocupa toda la habitación.

Don Froilán viste de gris oscuro; sobre su blanca pechera destaca una breve corbata de lazo. Habla con voz pausada, sin inflexiones.

—Ya ven ustedes lo que sucede tan pronto como la autoridad relaja. Pero no es malo que se den cuenta; todos andarán así más prevenidos. Es necesario que pongamos los medios para que los desmanes no se repitan; a la larga resultan peligrosos.

—Tiene usted, pero que muchísima razón.

Balbino Horcajuelos permanece muy tieso, con la

espalda apoyada en el respaldo de la silla; su cabeza se proyecta sobre una lámina que representa una erupción del Vesubio. Para subrayar la frase inclina el cuello hacia delante en una actitud que podría ser de afirmación o de reverencia.

—Reconozcamos la verdad, ya que estamos entre amigos: el Tartajoso es un vulgar delincuente. La ley no puede estar representada por un desalmado —afirma don Froilán.

Los ojos turbios y los párpados relajados de don Ceferino denotan que el sueño está a punto de vencerle, pero da un respingo y dice con precipitación:

—Muy bien hablado, don Froilán. La Ley, ante todo.

—Mantener al Tartajoso como guarda jurado era un error, un descrédito para la autoridad. En fin, señores, en lugar de lamentar lo ocurrido podemos felicitarnos, porque esos inconscientes revoltosos nos hayan sacado las castañas del fuego al desembarazarnos de un tipo semejante. La impunidad de que gozaba el Tartajoso era una de las primeras anomalías que se nos hacía imprescindible corregir...

—Lo mejor sería que se estableciera un puesto de la Guardia Civil.

Don Froilán mira severamente a don Paciano, que le ha interrumpido, y no le contesta.

—El momento no es oportuno para hablar mal del difunto; pero ustedes saben tan bien como yo las irregularidades que se han cometido en estos últimos años. Son, pues, ustedes mismos quienes deben aprovechar la oportunidad del entierro para exponerle al señor Gobernador lo que pasaba en el pueblo, los abusos que padecíamos, y darle a entender que conviene remediar una situación semejante y volver a los cauces de la legalidad...

Don Eloy, que ha cruzado una pierna sobre la otra, queda en una postura incómoda a causa de su abultado vientre. Mientras habla, acciona con la mano de dedos gruesos y sonrosados.

—Nada peor y de efectos más contraproducentes que las rivalidades entre vecinos una vez que se desatan. Hemos de inclinarnos a la concordia y al justo gobierno de la cosa pública. La recta administración y el respeto de los unos hacia los otros son propicios a la concordia. Los abusos engendran nuevos abusos; todos estamos impacientes por acabar con ellos.

El chaleco del tío Vivo es de un color pardo y verdoso y se abrocha muy cerca del cuello. Entre los dedos sostiene la boina, que hace girar sin descanso.

—Lo principal es poner coto al desorden. Han visto lo que acaba de suceder; esa taberna es un nido de conspiraciones. Los hombres se emborrachan y Sancho los azuza. Sin ley, sin orden, no podremos vivir tranquilos. Podría ser cierto que el Tartajoso se excediera; la culpa habría que atribuirla a quien le dio demasiada manga ancha. Pero, repito, sin ley ni orden no hay paz ni trabajo, y no puede darse la prosperidad.

Reposadamente, con voz pastosa y segura, vuelve a tomar la palabra don Froilán.

—Ustedes, señores, me han honrado con su visita. Por mi parte haré cuanto pueda. Mañana estará aquí el señor Gobernador; le conocen mejor que yo, expónganle claramente los remedios que se les ocurren.

—Insisto en la conveniencia de que se establezca un puesto de la Guardia Civil. Los peones y la gente baja son poco inclinados a someterse al imperativo de la ley...

—Puede que usted tenga razón, Paciano —responde don Froilán—, pero todo llegará por sus pasos contados. El Tartajoso cometió algunos desmanes, no íbamos a arriesgarnos las personas de orden para evitar que otros, con razón o sin ella, le ajustaran las cuentas. Lo prudente es que nosotros nos lavemos las manos. Tengo entendido que el Tartajoso ha puesto pies en polvorosa. Tanto mejor. De producirse derramamiento de sangre, se hubiera seguido un sumario, trabajo para ustedes, los del Juzgado, y tal vez se hubiese hecho imprescindible desenterrar historias viejas.

Las manos de Paciano se agitan; cuando habla, su voz ha perdido aplomo.

—Yo me refería, sobre todo, a esos que viven en la Claustra: cazadores furtivos, gente pendenciera y rebelde. Ocupan esa ruina que no les pertenece y amenazan a quien intente desalojarlos. Llegaron en su osadía a injuriar al alguacil y a encañonarle con la escopeta.

Don Eloy se echa hacia atrás y tose; el vientre le comprime el pecho y le sofoca. Se estira los puños, y abre y cierra los párpados por tres veces.

—Escúcheme, Paciano. Ese asunto de la propiedad de la Claustra vamos a dejarlo como está. Es cierto que a raíz de la Desamortización, fue atribuido... pero le hablo yo, que he estudiado durante años... es una historia antigua. Esa familia, que ni sé como se apellidan, no hacen ahí ningún mal. Yo mismo le aconsejé al difunto que los dejara tranquilos. Usted, don Ceferino, está enterado de mi punto de vista particular...

Estaba al borde del sueño; la hora es avanzada y ha madrugado para venir al pueblo.

—Sí... sí... Los títulos de propiedad no están suficientemente claros...

Don Froilán sonríe y hace un ademán vago.

—Mejor que esa familia viva apartada del pueblo, y cuanto más lejos, tanto mejor.

El único de la reunión que calza alpargatas, es Jacinto Palomares, dueño, a medias con el difunto según se cree, de la serrería. Después de carraspear con insistencia, interrumpe la pequeña pausa que se ha producido tras las palabras de don Froilán.

—Lo que deseamos es que se obligue, de grado o por fuerza, a respetar las leyes. Dentro de unas leyes justas todos nosotros podremos vivir honradamente y medrar.

Se hace un nuevo silencio. Paulino el Indiano, cuyo perfil afilado y cuya tez oscura destacan sobre la pared blanqueada, añade ceceando ligeramente:

—Eso es. Y que cada uno ocupe su lugar sin que nadie pretenda salirse de su esfera. Un pueblo es una comunidad compuesta por cuantas personas viven en él, sean ricos o pobres. La envidia y el descontento corroen a la sociedad. Todos los estados son igualmente dignos; que cada cual se resigne a ser lo que es.

—Lo que Dios le ha hecho —corrige Balbino Horcajuelos.

—Dios, la Naturaleza, o quien sea... —termina el Indiano—. A ese respecto que cada uno opine y crea según su conciencia.

Nicasio Zabala se mantiene rígido, con los brazos pegados al cuerpo y las manos colgando. No se ha atrevido hasta el momento a intervenir en la conversación. Traga saliva por dos veces, y dice:

—El señor Alcalde no había ido aún al velatorio. ¿Le habrá sucedido algo?

Todos vuelven la cabeza hacia don Eloy, que se ha agitado en su silla. Le prestan atención porque comprenden que algo va a decir.

—Sin ánimo de criticar, opino que el señor Alcalde es un intrigante. Un intrigante de esos que ni siquiera saben disimularlo.

Al terminar la frase mira a don Froilán. Éste le contesta con aplomo, aunque aparentemente se dirige a Zabala:

—Usted no se preocupe; que haga lo que quiera. La misión de un alcalde es exclusivamente municipal. Las personas que contamos en este pueblo hemos de ponernos de acuerdo y cortar de raíz cualquier abuso que se pretenda. Esperemos a que termine el entierro. Honremos a los muertos como se merecen, con el respeto a que se hicieron acreedores; después nos ocuparemos de los negocios. Si estamos de acuerdo en que por parte del difunto se favorecieron algunas irregularidades, eso no significa que vayamos a consentir que toda su obra se deshaga. El señor Alcalde quiere mucho a su sobrino y desea favorecerle, loable empeño, me parece, pero nosotros no toleraremos que se atropelle a uno de nuestros convecinos que tiene ya derechos adquiridos.

Un murmullo de asentimiento sucede a las palabras de don Froilán. Zabala se distiende, cruza las piernas, hace una mueca y se sonríe mostrando la dentadura hasta los colmillos.

Don Eloy resopla, apoya ambos pies en el suelo y los codos en las rodillas, bascula el cuerpo hacia delante, eructa con disimulo cubriéndose la boca con el dorso de la mano, y levanta la cabeza para mirar a los contertulios.

—Don Gabriel parecía muy preocupado por la marcha que ha seguido la enfermedad, como si dudara de haber acertado con el diagnóstico y el tratamiento.

—Don Gabriel me parece un excelente médico; será una suerte para este pueblo poder contar con sus servicios en lo futuro. Como ustedes saben, no éramos lo que se dice buenos amigos; sin embargo, cuando el accidente de mi hija demostró que era un facultativo capaz, eficiente, y sobre todo, honesto.

—Quizá se haya fatigado excesivamente estos días; era mucha la amistad que le ligaba al difunto. Demostró su pundonor profesional solicitando él mismo la consulta con el doctor Barbudo.

Ceferino sacude la cabellera y se frota las manos.

—Barbudo es un charlatán. Cuando enfermó mi padre le llamamos también a consulta; ya conocen la fama que le da la cátedra. Para empezar nos cobró un riñón. Salió de la alcoba diciéndonos a mí y a mis hermanos: «Gracias a Dios tienen padre para muchos años. Les felicito a ustedes». Aquella misma noche mi padre fallecía.

—Nadie está libre de error, pero en toda la provincia y aun en España entera está reconocido como un sabio.

—Verdad, señor Balbino, pero eso sin desmerecer a don Gabriel, que como bien dice aquí don Froilán, es una suerte que no nos abandone; y parece ser que el señor Alcalde tiene también sus miras al respecto.

Después de hablar, Zabala se suena y por último escupe en el pañuelo, que luego dobla cuidadosamente y se guarda en el bolsillo del pantalón.

—A lo que yo me refiero —dice don Eloy— es a que don Gabriel parecía preocupado. Le he recordado que quien hace lo que puede hace lo que debe, y que aquí no se dispone de los mismos medios que en una ciudad.

Don Froilán se asienta el lazo, que se le había desviado. Avanza el busto autoritario sobre la mesa donde tiene apoyados los codos, y levanta un dedo. Todos lo escuchan en silencio.

—Lo que sucede, es que cuando uno se muere, pues se muere. Eso es todo, la triste verdad.

XXX

—¡Cómo me desprecio, señor Maestro! Me considero el más indigno de los hombres; estoy medio borracho. Y fue mi amigo, si es que del difunto puede decirse que tuvo amigos... Su caso es distinto, señor Maestro. Usted, como hombre soltero, está en su derecho de venir al Casino a tomarse un café, pero yo he venido con el propósito de emborracharme, porque estoy harto y aburrido, y mañana, se lo advierto, no tengo intención de asistir al entierro. ¡Soy así! ¡Ah!, por favor, no me contradiga; me ofendió gravemente después de lo muy amigos que habíamos sido, después de los miserables papeles que me había obligado a representar y que yo aceptaba a regañadientes, por pura amistad. Imagínese, usted que observa a los chiquillos en la escuela, imagínese cuán fuerte es la amistad que viene de la infancia; hecha de golpes, alianzas, de prestarse una pluma, de cambiar canicas, de robar nidos o fruta, de arrojar piedras a los perros... No, señor Maestro, no pienso ir al entierro aunque usted insista, aunque el propio difunto se presentara aquí y me lo mandara. Todos tenemos nuestra dignidad... hasta yo mismo aquí donde me ve. Sesenta años largos de amistad destruidos en un instante. ¡Como si yo no fuese un hombre tan honrado como el que más! Y ve lo que sucede, él allá, en la Casa, solemnemente entre cuatro cirios, y yo su amigo, bebiendo para emborracharme. Y este casino hoy debería estar cerrado. ¿Acaso no era él su Presidente? Entonces, dígame, ¿por qué no está cerrado? Usted está aquí tomando su café como cada noche, y allá están Honorio García, López el del Juzgado y ese viajante forastero, jugando a la brisca. Si en este pueblo hubiera un ápice de vergüenza, que no la hay, señor Maestro, que no la hay, este Casino se cerraba hasta mañana después del sepelio. Claro que a mí me trae sin cuidado; si cierran me traslado a la taberna de Sancho y ¡tan fresco!

El nudo de la corbata se le va aflojando y cayendo, el chaleco y la americana, desabrochados, le cuelgan por ambos lados de la silla. El sombrero y el bastón con puño de plata están pendientes de la percha. A intervalos, da un papirotazo en la contera del bastón y éste se balancea durante un instante.

—No hará más de mes y medio, le dije: «Aunque estés de cuerpo presente no he de poner más los pies en tu casa». Él se calló; en lugar de darme excusas, se calló. Era malvado y soberbio. ¿Lo sabré yo que le conozco como si le hubiera parido? Desde párvulos anduvimos juntos. Mi padre era entonces más rico que el suyo. ¿Conoce usted los campos que hay según se va a Tobajuela a mano derecha, más allá de las tierras del tío Mecachis? Todo aquello, hasta cerca del pantano, pertenecía a mi padre, que en paz descanse. Mi padre era manirroto y aficionado al juego. Ya sabe cómo eran antes, se pasaban horas y horas dándole a la baraja. Y un día ganas y mañana pierdes. Empezó a tomar dinero prestado, y de ahí le vino la ruina. Los intereses se le comían vivo. Llegaron malas cosechas. Entonces yo estaba en la ciudad. Por cinco mil duros, fíjese bien, el difunto le compró a mi padre toda aquella extensión que da gloria verla. Sólo heredé la casa donde vivo, que se cae de vieja. El finado, entretanto, se ha ido apropiando poco a poco de lo de todos; tonto no lo ha sido, miraba para su casa y no para la de los demás. De jóvenes, andábamos siempre juntos. ¿Usted conoce, aunque sea de oídas, a la madre de Rosita la modista? Está imposibilitada, no sale a la calle; hace una eternidad que no la veo, como si se hubiera muerto, igual, o como si me hubiese muerto yo, que para el caso es lo mismo. En aquel tiempo era una real moza, alta, morena, bien plantada. El difunto gozaba de un paladar fino, hay que reconocérselo. La madre de Rosita tenía una íntima amiga de su misma edad, y... ¿para qué voy a contarle? No puedo decirle su nombre; la pobre murió, pero sus hijos viven y usted les conoce... Los cuatro éramos jóvenes; los sábados por la noche saltábamos por la parte de atrás de la casa y allá nos quedábamos hasta las tantas. Mucho nos reíamos entonces, que no hay nada comparable a la juventud, y ellas, las dos, eran alegres como cascabeles.

Se sirve una copa de agua y se la bebe a grandes sorbos. En las comisuras de los labios le blanquea la saliva. Los dedos son largos, nudosos, rematados por uñas descuidadas y sucias; profundos surcos corren entre las venas, azules e irregulares. Las solapas están manchadas de la ceniza que le cae de un cigarrillo apagado, que tan pronto lo tiene entre los labios, tan pronto lo coge con el pulgar y el índice izquierdo.

—Cuando uno es joven, pues todo tiene su disculpa, pero ya estará enterado de lo que sucedió después... ¡Una vergüenza! Cuando la Rosita, que usted ya conoce, llegó a edad de mujer, la sedujo sin respeto a su juventud, ni a su doncellez, ni a las relaciones que sostuvo con la madre. Un monstruo de maldad: eso era el difunto. A mí me había empleado en el almacén de granos con un sueldo de miseria. ¿Y a que no se imagina qué hizo para degradarme? Una infamia, señor Maestro, una infamia... Y yo, pobre de mí, claudiqué. Si quisiera, podría contarle detalles que sólo sabemos yo y ese cochino de Zenón que Dios confunda. En mi casa, señor Maestro, en mi propio lecho, hasta que arreglaron la habitación del parque. ¡Señor Maestro, un hombre como yo, cuyo padre era más rico que el suyo! Y si no lo era, poca diferencia de fortuna habría. Cuando el viejo rijoso empezó a cansarse de la Rosita, y después de buscar carne fresca arrimándose a esa zafia hija del tío Deogracias, le dejó en testamento la renta de los molinos. Y el muy desvergonzado me lo comunicó: «Hay que reparar el mal que se causa. Cuando yo falte, deseo que Rosita pueda vivir dignamente, o tomar marido si le acomoda, que con la renta que le dejo, no faltará quien la quiera por esposa». Pero a ella no le dijo nada, y hasta los propios hijos lo ignoraban. ¡Así era de falso y taimado! Ahora que ha hecho nuevo testamento empieza a cundir la voz, y según me han informado, ya se ha discutido sobre esto en la Casa. Yo le pedí que me cediera algo que me permitiera vivir con dignidad, como amigo suyo que fui, y que me pagara la compostura del tejado, que en invierno las goteras lo deshacían... Permítame ahora que me sirva otra copa, que de tanto hablar se me seca el gaznate y le aseguro que es un placer hallar un caballero en quien poderse confiar. Usted y yo somos las dos únicas personas con cultura y discernimiento que hay en este pueblo.

Hace un alto para beber la copa de aguardiente y se sirve más agua. En la otra mesa, el viajante debe de explicarles chistes a los jugadores, porque han interrumpido la partida y se ríen con estrépito y regocijo.

—Toda mi desgracia y nuestra enemistad vino por culpa de la Basalia del Deogracias; se ve que si el viejo era roñoso con los amigos, al reblandecérsele la medula, se volvía pródigo con las mujeres. Esa palurda no sé qué le daba, pues aparte de que es joven y que de cuerpo no anda mal, yo no la veo gracia, aunque podría ser que a mis años los ardores se templen, por lo menos a quienes somos personas decentes, que a él por lo visto le sucedía lo contrario. Otra vez se empeñó en que tenía que utilizar mi alcoba, yo me negué, o por lo menos me resistí. Se presentó en mi casa, y cuando advirtió que estaba en mal estado, envió al albañil y al carpintero y les hizo componer el tejado y la habitación que tiene entrada por el corral, y mandó traer una cama con colchón de muelles, y sábanas y todo lo necesario. Yo, puede usted creerme, protestaba por aquella intromisión, y le hacía presente que mi casa no era un burdel, pero entonces el muy astuto hizo que Agripino me subiera el sueldo cincuenta pesetas mensuales, y yo, pobre viejo, volví a consentir. Cada vez que me encontraba con el tío Deogracias, se me caía la cara de vergüenza, y a pesar de que el enredo se llevaba con cierta discreción, me comportaba como si todos estuvieran al corriente. Hará un par de meses me dijo: «Quiero que le compres una finca a la Basilia. Te encargas tú. La inscribirás a nombre de ella en el Registro, que nadie sepa que es cosa mía. Si por tu culpa alguien se entera, haré que te despida Agripino; a ver cómo te las compones. Si cumples con lo que te pido, no te arrepentirás. Te regalaré cien duros por lo menos». Él me hablaba de la Huerta del Pozo, que tiene en venta un hermano del Soldado que vive en la ciudad. Pedía tres mil duros y no los vale; yo sabía que estaba también en venta la tierra que fue de Matías el de las Mantas, que ésa sí que da buena renta, lo menos trescientos duros al año, y se lo comuniqué. Y él, que era un cabezota, contestó que era demasiado cara. Le hice ver que además de los campos había una huerta con agua propia que podía trabajarla el tío Deogracias, y que era muy rica en frutales. Los hijos del tío Matías el de las Mantas, lo dejaban todo en cuatro mil duros, querían malvenderlo para irse a la ciudad. Pasaron varias semanas en discusiones, hasta que un día nos disputamos y me dijo que lo que yo quería era estafarle mil duros, y que con ese propósito me había conchabado con los hijos del tío Matías. ¡Figúrese, señor Maestro, decirme a mí, a su amigo de la infancia, que quería estafarle! Afrentar a un hombre que peina canas, que le ha servido toda la vida en los más ruines menesteres. Fue en ese momento cuando le juré que ni vivo ni muerto pondría más los pies en su casa; y hasta hoy. No vaya usted a suponer que no me duele que haya muerto tan de repente, sin tiempo para pedirme perdón... Precisamente quiero emborracharme porque estoy triste. ¡Llegar a viejo, y hallarse reducido a esta necesidad, señor Maestro! Y mi padre era más hacendado que el suyo. En el pueblo se murmura de mí, pero él no tenía derecho a insultarme como lo hizo, que la propiedad del finado Matías es de las mejores. Usted quizá la conozca; queda algo a trasmano, pero con camino carretero y una fuente propia que mana como esta muñeca de grueso. Si yo le aconsejaba adquirirla, era porque sabía que valía más dinero, mucho más de los cuatro mil duros; si la cedían barata era, como creo que ya le tengo dicho, porque los hijos querían partirse la herencia, y estoy convencido de que otro cualquiera aprovechará la ganga. Mentía al llamarme estafador, mentía como un alma sórdida que siempre ha sido. ¡Que yo me ganaba mil duros! ¡Qué más hubiera querido este pobre viejo! Se lo juro, señor Maestro, que todo era calumnia; quinientos duros me prometieron los hijos de Matías si yo les vendía la finca, y no mil, que hay mucha diferencia. Por su maldita culpa he perdido esos quinientoe duros, una pequeña fortuna, señor Maestro, para un pobre viejo como yo, a quien quedan pocos años de vida. Y aún hay más: la Basilia ha quedado pobre y deshonrada, que no es poca injusticia. Pero Dios nos ve a todos y nos juzga, y cada cual recibirá su merecido...

XXXI

A MEDIDA QUE LA NOCHE AVANZA, la gran sala ha ido vaciándose. Todavía permanecen unos diez o doce hombres acompañando a los hijos del finado. La atmósfera está cargada de humo. En una mesa colocada junto a la puerta de entrada hay bandejas con copas, vasos para el agua y diversas botellas de licores.

En la cámara mortuoria, don Humberto dirige el último rosario; le acompañan la hija del difunto y algunas señoras que están arrodilladas en reclinatorios. La madre de Daniel se ha situado junto a Isabelita, al otro lado están la hermana del difunto y su hija Luisa. Algo más apartadas del catafalco, están arrodilladas doña Adelaida Escorihuela, la mujer del tío Hisopo, doña Florita, que se muestra muy compungida, y la mujer de Palomares, el de la serrería, que es la única que viste como las mujeres del pueblo, aunque muy limpia y cuidada.

Terminadas las avemarías están rezando la letanía, que suena monótona y soñolienta.

—Máter amábilis...

—Ora pro nobis...

—Máter admirábilis...

—Ora pro nobis...

—Máter boni consilii...

—Ora pro nobis...
—Máter creatoris...
—Ora pro nobis...

El cadáver está colocado ligeramente en alto, y los que rezan arrodillados apenas alcanzan a verle. Según avanza la noche, la palidez del rostro del difunto ha ido trocándose en un tono amarillo de limón. El vientre ha ido hinchándose, y de no ser por la gran cantidad de cera que arde y porque han dejado abierta una rendija, el hedor se haría insoportable. En el dedo anular de la mano derecha el solitario refulge a la luz de los cirios. Largos paños negros, dispuestos sobre una invisible pértiga, enlutecen la estancia.

Hasta la sala donde se hallan reunidos los hombres, llega amortiguada la cantilena de la letanía. El vicario de Palazuelo saca la petaca del bolsillo de la sotana y se la ofrece a don Cristóbal, que está a su lado. Don Cristóbal se pone a liar un cigarrillo.

Don Simeón, vestido de negro, tiene el sombrero acomodado sobre las rodillas. El cuello postizo, alto y almidonado, apenas le deja mover la cabeza.

—¡Quién lo hubiera creído! Parece que fue ayer cuando llegué a este pueblo... Tan pronto como levantaban la veda, y a veces bastante antes, corría incansable por esos montes tras las perdices. ¡Si entonces me lo hubieran dicho! ¡Y es que no somos nadie!

Se hace un silencio largo. El Soldado, embutido en sus ropas domingueras, no ha conseguido cruzar bien los brazos porque las sisas le tiran. Hace mucho tiempo que dormita; a intervalos irregulares emite un ligero ronquido. Junto a él está Celso, con el pelo blanco y un traje de pana oscura y botas de ciudad. Celso no sabe de qué hablar, pero como tampoco desea estar callado, en varias ocasiones a lo largo de la velada, ha exclamado con voz suspirante:

—¡Ay, Señor! ¡Cuánto sufrimiento!

Don Fernando, que abandonó el velatorio antes de la hora de cenar pretextando que iba a hacerlo a la fonda, acaba de regresar y está enjugándose el sudor de la frente.

—He paseado un rato para despejar la cabeza. A pesar de que ha refrescado, hace una noche apacible —traga saliva y prosigue—: ¡Quién lo diría! Uno se afana, trabaja, lucha, en una palabra se siente vivo, formando parte del mundo, llega a creer que el mundo es él mismo, y ¡zas!, luego... nada.

—...Nada, polvo, viento...

Don Indalecio se diría que habla consigo mismo. Ha bebido bastantes copas de licor y su rostro aparece abotagado y afligido.

Antes de hablar, el vicario de Palazuelo expele hacia arriba el humo del cigarrillo que acaba de aspirar con fruición.

—Dios es inescrutable en sus altos designios... ¡La muerte! Una palabra, ni más ni menos; una palabra...

Don Pablito le mira irritado, pero calla. Como advierte que Zenón está apoyado en actitud negligente en el quicio de la puerta, le hace una seña para que pase de nuevo ofreciendo licores a los presentes.

Zenón se sobresalta. Sostiene la bandeja de las copas en la palma de la mano izquierda, y con la derecha empuña una botella por el gollete. Los pantalones, entre las rodillas y los pies, forman como un acordeón. Las botas, que deben de molestarle, las lleva sueltas, y los cordones le arrastran por el suelo.

Monótonas y rítmicas llegan las preces de la alcoba.

—Regina sine labe originali concepta.

—Ora pro nobis...

—Regina sacratísimi Rosarii.

—Ora pro nobis...

—Regina pacis.

—Ora pro nobis...

—Agnus Dei, qui tollis peccata mundi.

—Parce nobis, Dómine...

Daniel, sentado junto a don Onofre, le susurra:

—¿Y del Lebrel no se sabe todavía nada?

—Nada; yo le supongo durmiendo a pierna suelta en casa de cualquier pariente o amigo.

—¡Quién sabe!

A la derecha, en una butaca tapizada de verde oscuro, don Pablito deja correr la velada entre bostezo y bostezo, que disimula con ambas manos. Se vuelve hacia don Onofre y se inclina para hablarle junto al oído.

—Convendría que saliera usted a averiguar qué ha sido ese incidente del Tartajoso...

—Aprovecharé para zafarme cuando termine el rosario. Parece que después del alboroto han quedado tranquilos y se han retirado a sus casas. Andarían algo bebidos...

—Ya les daría yo a esa taifa de destripaterrones.

En un extremo de la sala, un forastero vestido de oscuro está fumando con una boquilla excesivamente larga. Nadie le conoce, se presentó añadiéndose a uno de los grupos que acudieron a dar el pésame. Por la tarde también estuvo encargándose del arreglo y decoración de la capilla ardiente y le entregó un poema a don Cristóbal. Cuando Zenón se le acerca, coge la copa y la apura, y antes de que se retire, le hace señas de que se la vuelva a llenar.

Con sus ojillos, sagaces y amedrentados, Juan Nepomuceno Santillán, a quien todos llaman el tío Hisopo, está observando a los concurrentes. Rechaza la copa de licor que el criado le ofrece, y no pierde de vista ninguna de las expresiones de los hijos del finado, de don Fernando y de don Onofre, a quienes escudriña con la mayor atención. Apenas despega la boca, y cuando el Veterinario, que está sentado a su lado, termina de explicarle prolijamente el método de castración llamado de «vuelta y pulgar», se ha limitado a asentir con un mohín ambiguo.

El oficial del Juzgado viste una chaqueta raída y lleva el cuello de la camisa bastante sucio y desplanchado. Como fuma sin parar y no ha perdonado ninguna de las rondas de licor desde que ha llegado, la lengua se le va soltando paulatinamente.

—Ni doce días hará que le encontré por última vez. Su aspecto era saludable. «Adiós, López», me dijo, tan amable como siempre lo fue conmigo.

Con entonación melancólica, exclama don Pablo al tiempo que baja la cabeza:

—¡Ha sido un golpe muy duro para nosotros! ¡Ninguno esperaba un desenlace tan cruel y tan rápido!

—¡Pensar que cuando me despedí de mi padre era un hombre pletórico de vida, y que esta tarde, al llegar, me lo he encontrado de cuerpo presente!

El vicario de Palazuelo se vuelve hacia don Cristóbal.

—Resignación, hijo. ¡Si me hubieran dicho a mí,

la última vez que estuve en este pueblo, que la próxima sería para tan triste ceremonia...!

Cuando el forastero rompe a hablar todos le miran, salvo el Soldado, que continúa dormitando.

—Yo no he tenido la dicha de conocer en vida a tan ilustre caballero, pero puedo asegurarles a todos ustedes que la huella que cada cual deja en este mundo pecador es únicamente la de sus buenas obras, la liviana huella de nuestro paso por la vida en el corazón de nuestros semejantes. ¡Un gran hombre, señores; que Dios le dé eterno descanso, amén!

—Amén.

—Amén...

Los demás han ido repitiendo la palabra amén aunque lo hayan hecho con desgana. El vicario de Palazuelo contempla al intruso con expresión entre curiosa y severa. Don Fernando, que apenas había advertido su presencia, le examina inquisitivamente, fijándose en su chalina, y en las desgastadas suelas de sus zapatos. El forastero, con las manos recogidas entre los flacos muslos, baja los párpados, y calla.

Tras algunos padrenuestros y avemarías suplementarios, don Humberto se levanta del reclinatorio, se pasa las manos por las rodilleras de la sotana y entra en la sala. Las mujeres continúan en los reclinatorios, frente al catafalco. Don Humberto se llega hasta la puerta del corredor para desentumecer las piernas. Saca el reloj y lo observa atentamente. Con cierto apresuramiento que no trata de disimular, cruza hacia donde está Zenón.

—Sírveme un vaso de agua...

Cuando se lo entrega sobre una bandeja, añade:

—Zenón, échame por lo menos unas gotitas de anís.

El criado abre una de las botellas y deja caer en el vaso un corto chorrito que enturbia el agua. Sin darle tiempo a colocarle el tapón a la botella, don Humberto le reprende:

—No mezquines el anís, Zenón. Es cierto que te he dicho unas gotas, pero no es imprescindible tomar las frases tan al pie de la letra.

XXXII

La Sixta se acerca con un pucherete cubierto por una tapadera de hierro y lo planta sobre la mesa. El tío Raposo reclina hacia atrás la silla, que sólo descansa sobre las patas posteriores. El Voluntario permanece con ambos antebrazos apoyados en el hule de color verdoso que cubre la mesa. Los fogones y la pila del agua se hallan atestados de ollas, vasos, escudillas, cubiertos sucios, y platos con restos de huesos, pedazos sobrantes de pan y grasa fría.

A la Sixta le brilla la mirada, se le han desprendido algunas horquillas y unos mechones de cabello le cuelgan sobre las sienes y el cogote. Todavía lleva un delantal con rayas negras y azules que se ha puesto para cocinar.

Destapa el pucherete bajo las narices del Voluntario. Un humo gris y perfumado se eleva hacia el techo de la cocina.

—¿Qué te parece el café?

—Huele bien, señora Sixta...

El tío Raposo empuja hacia el Voluntario una caja de cartón repleta de tabaco de picadura, mientras él se aplica a atacar una cachimba quemada por los bordes.

—Fuma.

—Gracias, Raposo; creo que esta noche vamos a

reventar. El café nos caerá bien en el estómago. La señora Sixta ha tenido una buena concurrencia.

La Sixta saca de la alacena dos tazas, unas copas de tamaño pequeño y un frasco de aguardiente de hierbas. El Raposo enciende la pipa.

—Yo me retiro a dormir; es tardísimo y mañana vosotros os quedaréis como troncos, pero yo he de madrugar igual que cualquier otro día.

—Fue un banquete, señora Sixta, un verdadero banquete...

—Díselo a él, Voluntario, que fue quien lo dispuso. Un poco tarde se nos hizo, pero así nadie nos ha molestado durante la cena. Hasta mañana y buen provecho...

Se retira con un mohín amable dirigido a medias al Voluntario y a su propio marido.

—Mira —le dice el tío Raposo a su ayudante cuando se quedan solos—, no tenemos prisa; hasta que nos tumbe el sueño, acá estamos bebiendo y haciendo lo que se nos antoje. Como si te apetecen más rosquillas; te levantas y las coges.

—De comer sí que no me entra nada más; líquido, todavía... Y este café calentito reajusta el cuerpo.

—A última hora le mandé a Sixta que matara el pato. Un poco tarde era y un pato quiere su tiempo para cocinarse como Dios manda; pero ya habíamos merendado lo nuestro y nada nos apresuraba. ¿Es verdad?

—Cierto, tío Raposo...

—Nada me desasosiega tanto como la prisa. Hay que comer con reposo, y la faena hacerla con reposo. Al trabajo de hoy nadie puede ponerle un pero; pues a pesar de todo, entre nosotros, te confesaré que podía mejorarse. ¿Cómo? Echándole más tiempo. Pero estos encargos te llegan con precipitación, y hay que cumplir a la ligera.

—Los ricos, que tanto desean lucirse, deberían encargar el ataúd estando en vida, y gozarlo ellos mismos contemplándolo. Nosotros echaríamos los días que hicieran falta y podríamos barnizar en varias pasadas, dejando que las capas se secaran, lustrándolo con esmero...

—Hablas con seso, pero olvidas que los ricos no hacen nada a derechas. No son previsores; gustan más del boato que del arte.

—Mientras metíamos dentro al difunto, y el tipo aquel de los versos le daba tantos tirones que parecían irrespetuosos, a las narices me venía un hedor tan fuerte, que me dije para mis adentros: «¿Y éste es el rico, el todopoderoso, el hombre que tuerce las voluntades? ¡Bah! Carroña pura, igual que los pobres, los vagabundos o los gitanos».

—Razón llevas que así es; pero no olvides que hasta el instante de morir es muy otro. Cuando me encargaron todo el trabajo de carpintería que se hizo en el Casino, tú no estabas aquí entonces, fue Marcelino quien me ayudó, yo no tenía bastante dinero. Las obras eran importantes y requerían madera, herramientas, adelantar los jornales y pagar los transportes. Como el difunto era presidente del Casino, me armé de valor y un día que topé con él le expliqué el caso. Si me prestaban el dinero o me lo anticipaban, podría hacerme cargo de las obras, y si no, me resultaría imposible. Él me contestó: «Raposo, el Casino no adelanta un céntimo. Tú cobrarás cuando el trabajo esté cumplido; es lo justo. Si tropiezas con dificultades son cosa suya, compóntelas tú mismo. El carpintero de Tobajuela, que tiene buenas manos como sabes, nos ofreció hacerlo más barato; pero a mí me gusta que cuando hay algo que ganar se lo ganen los de aquí, no los de Tobajuela». Como yo volví a insistir y a quejarme con el fin de conseguir que me adelantasen algunos duros, me espetó cuando ya me retiraba: «Vete de mi parte a visitar al tío Hisopo...»

—Dicen que andaba metido en líos de préstamos por cuenta del difunto...

—Al dos por ciento mensual que aunque me di prisa, los intereses se me comieron los beneficios de la obra y al final, trabajé de balde.

—El Hisopo prestaba por cuenta del finado; fue una añagaza...

—No sabría decírtelo; lo que sí puedo jurarte es que me esquilmaron los muy ladrones. Me juré nunca más pedir dinero a rédito. Más vale reventar de hambre que caer entre las uñas del Hisopo.

—El señor Froilán aseguran por ahí que exige menos interés.

—Ni lo sé ni lo quiero saber. El difunto se fue apoderando de las tierras de medio pueblo, y don Froilán, aparte de la hacienda, se supone que tiene grandes intereses en los Bancos. Y hasta el bribón del Hisopo, aunque vive como un pobre, no lo es.

—¿Y para qué querrá los duros si no los gasta y tampoco tiene hijos...?

—Para ser rico. ¿Te parece poco?

—Si algún día yo fuera gobierno, a los usureros los mandaba capar.

—Tú no mandarás nunca, ellos mandarán siempre. Y si no caparte, por lo menos te esquilarán como a mí me esquilaron entonces.

—Lo peor es el desvalimiento en que vivimos...

—La ignorancia nos perjudica, y también el andar tan desunidos.

—Pues al Tartajoso parece que ya le han dado su merecimiento...

—Traerán para acá otro peor y todos agacharán la cabeza. Y si no, al tiempo.

El tío Raposo apura el café y vuelve a llenarse la taza; parte del líquido se derrama sobre el hule y corre formando un reguero. Con el dorso de la mano empuja el líquido hacia el borde para que caiga al suelo. De nuevo se recuesta hacia atrás y se aplica a encender la cachimba.

—Sírvete, Voluntario, hemos de acabárnoslo, que el café al día siguiente ha perdido lo mejor de su aroma. Y el aguardiente ahí lo tienes a tu entera disposición.

—La señora Sixta se ha lucido en tono...

—Como me gusta hacer justicia, te diré que el difunto emprendió ciertas obras beneficiosas. La electricidad, por ejemplo, y esas casas que construyó en el Arrabal, que antes vivían allí hacinados como salvajes. Cuando los inviernos eran crudos en demasía, también entregaba algún dinero para los pobres. El pueblo ha mejorado y ahora hay más trabajo. Ha puesto nuevas tierras en cultivo. Prestó dinero y formó sociedad con Palomares para la serrería...

—Una de cal y otra de arena. Ya pueden irle rezando, que poco han de valerle las oraciones según mis escasas luces.

—Dan dinero para la iglesia... Por dinero todos bailamos, hasta tú y yo.

—El mundo es injusto, tío Raposo.

—Cuando hacíamos las obras del Casino, ya te he dicho que me ayudaba el Peatón; es trabajador, y entonces aún lo era más. Según como van los correos, ha de madrugar mucho, unas noches más que otras. En aquel tiempo iba a pie, con su cartera al hombro, dale que dale por los atajos. En Pedernales dejaba la correspondencia y esperaba al tren que viene del Norte. Conmigo trabajaba hasta bien entrada la noche. Poco dormía el pobre, pero ninguna semana le faltó su jornal. Las agonías que me hacía pasar el tío Hisopo, me las pasaba yo solo.

—Estuvo casado el Peatón, según me han contado...

—Ahí quería yo ir a parar. Se casó con una mujer, alegre que no quieras saber. Elvira se llamaba la pobre y era prima de la Dominga casada con Julián. No tenían hijos, pero se avenían, y ella era hacendosa y limpia. Y pasó una desgracia...

—Ahora recuerdo; murió de la rabia.

—Por aquellas fechas, el difunto era aficionado a la caza, que de eso que te cuento se han cumplido años y todos éramos más jóvenes. Era dueño de varios perros que compraba en la ciudad. A la Elvira, cuando tenían invitados en la Casa, la llamaban para ayudar a la cocina. Un día le mordió una perra que andaba suelta por el parque. Primero nadie hizo caso, a pesar de que Elvira dijo que la perra parecía rabiosa. Tanto insistía, que Marcelino fue a la Casa; la perra se había metido en una cuadra abandonada, en el último rincón, y nadie se atrevía a arrimarse a ella. El veterinario dijo que había que matarla de un tiro, cortarle la cabeza y enviarla a la ciudad para hacer un análisis. El Peatón trató de hablar con el difunto y éste le mandó que volviera otro día. Entonces fue a decirle al Hortelano que tenía que matar a la perra, que lo había mandado el veterinario, y el Hortelano respondió que sin permiso de su amo nadie la tocaría, que estaba encerrada y que no hacía mal. Otra vez Marcelino que va al veterinario y le pide que le haga un papel conforme hay que matar a la perra, y el otro se niega. A Elvira la visitó don Gabriel, fueron a hablarle al difunto y contestó que la rabia no les daba a sus perros, que eran de raza y estaban cuidados y limpios. Pasaron varios días y al final a la Elvira hubieron de llevarla al hospital de prisa y corriendo. Allá nadie supo bien lo que pasó, pero lo cierto es que en cinco días la enterraron. Acá todos murmuraban que murió de rabia, y que si la hubieran cogido a tiempo se habría salvado. A la perra la mataron de un tiro de escopeta. Don Gabriel, el médico del hospital y el veterinario se callaron y le echaron tierra al asunto. Y al pobre Marcelino, el finado le regaló una bicicleta para que se consolara.

—Mala cosa es la rabia, pero yo puedo asegurarle que tiene cura. En el cuartel, un can le mordió a un quinto de mi compañía. Le trasladaron al hospital militar y allí le hicieron curas horrorosas, pero, eso sí, al perro hay que matarlo; si no lo matan, no pueden sanar los atacados; nos lo explicó un enfermo.

—La verdad no llegó a saberla nadie. Cuando el día de visita el Peatón se trasladó al hospital, ya se la encontró amortajada. A mí me dio mucha lástima; desde entonces Marcelino no ha levantado cabeza, parece un hombre cambiado.

Sacude la pipa en el borde de la mesa, con la otra mano va barriendo las partículas de tabaco a medio quemar que expulsa la cazoleta.

El Voluntario se pone en pie y se estira, bosteza y vuelve a estirarse. Se levanta las solapas de la chaqueta de pana y se encasqueta una boina que saca del bolsillo.

—Me voy. La jornada ha sido larga.

—Larga y provechosa, Voluntario; un trabajo lucido y bien pagado, según espero, y una cena abundante. Lo que sí te digo es que hoy por hoy no me cambio por el difunto a pesar de todos sus dineros.

—Ni siquiera me cambiaría por sus hijos contando con lo que van a heredar; prefiero ser como soy y vivir como vivo. Llegaré a mi casa; me quito la chaqueta y los pantalones, me descalzo, me meto entre las mantas, y cinco minutos después ya estoy roncando como un bendito.

—Razón no te falta; tú eres joven, tienes buenos brazos y buen estómago. Y la conciencia tranquila es la fortuna de los pobres.

—Hasta mañana, y muchas gracias por el banquete...

XXXIII

Las calles estaban desiertas y no se han cruzado con nadie. De propósito han formado por la parte de atrás de las coralizas, eludiendo la plazuela, y han desembocado en la carretera más allá del ejido.

Montada a mujeriegas, Basilia lleva el fardo sobre el regazo; la maleta va atravesada sobre la cruz de la caballería trincada a la albarda por medio de cuerdas. El tío Deogracias camina junto al muro, sujetando la maleta para evitar que se tambalee.

La Casa permanece cerrada; sólo se divisa la claridad que sobre las hojas de los árboles del parque proyectan las bombillas que iluminan el camino.

Han traspuesto el Cabezo y están acercándose a la primera curva, donde se inicia la subida y comienza el pinar.

Cuando oyó la algazara que promovían los hombres que iban a agredir al Tartajoso, el tío Deogracias se asomó alarmado a la ventana. Pasaron por la parte de atrás, enarbolando palos y hoces; él procuró ocultarse y permaneció vigilante. No se oyeron disparos; sólo, muy lejano, el alboroto. Después escuchó cómo algunos regresaban riéndose y comentando las incidencias. Si Basilia se durmió después de acostarse, ni siquiera los oiría; no quiere contárselo para no inquietarla.

Basilia va balanceando la cabeza al compás del paso de la caballería, pero no dormita, sino que lleva los ojos muy abiertos.

—Es muy triste, Basilia, lo que nos está pasando...

—Sí; nos vamos a separar, no nos queda otro remedio. Lo demás, no me acongoja. Esta noche pensaba... Un hombre con el cual, al fin y al cabo... Padre, ahora podemos hablar claro. ¡Qué nos importa lo ocurrido! Le aseguro que ni me avergüenzo... Un hombre con el cual... bueno... más de cuatro años... Y sé que está muerto y no siento ningún pesar; como si fuese la persona más extraña. No siento ni ternura ni tampoco odio; hasta la repugnancia se me está olvidando.

—Parece como una pesadilla.

—Era malo, yo bien lo sé. Avaricioso... Sólo pensaba en apoderarse de lo que no le pertenecía; cuidaba que los demás sufrieran el peso de su fuerza. Si yo, padre, le contara a usted... pero ¿para qué? Recordarlo me aflige. Me humillaba cuanto podía, y cuando advertía mi repugnancia, más me pinchaba. Otras veces me decía: «¿Sabes las tierras de...? —de quien fuera—. Pronto serán mías. No ha podido pagar los réditos». Y se las apropiaba con sus artimañas.

El camino asciende trazando amplias curvas. El tío Deogracias se emboza en el tapabocas. Basilia va arropada con un abrigo oscuro y se cubre la cabeza con un pañuelo.

—Me preguntaba por capricho: «¿Te gustaría que comprara alguna tierra para ti?» Yo le contestaba: «Me da igual; ya sabe usted lo pobres que somos y cómo mi padre empieza a envejecer». Y él, entonces, decía: «A tu padre no le faltará trabajo mientras viva, si tú te portas conmigo como es debido». Yo callaba, pero a él le gustaba martirizarme: «Se me alcanza que lo que tú esperabas de mí era dinero. Un día me dijiste que te gustaría comprar la casa en que vivís, no me lo negarás ahora...» Yo me excusaba: «A todos nos agrada que la casa en que vivimos sea nuestra». Se ponía furioso sin más ni más: «Basilia, si yo te pagara, si yo te diera dinero, aunque fuera para comprar la casa, ¿sabes lo que serías?» Yo no le contestaba, pero él seguía preguntando: «Di, ¿sabes cómo se llama a las mujeres que les piden dinero a los hombres, a las mujeres que, como tú, pretenden que los hombres las paguen?» Yo callaba; me subía por la garganta mucha rabia y mucha pena. Me insultaba con las peores palabras y cuando me echaba a llorar, él se reía y empezaba a decirme que todo aquello eran bromas, que yo era una buena chica, que me compraría una casa o que me haría dueña de la serrería.

—Si me hubieses contado a tiempo esas miserias, hubiera hecho con él un escarmiento.

—No, padre, no podías. Yo sé que él era más fuerte que tú, más que nadie.

—Un padre siempre encuentra fuerzas para defender a su hija...

El camino, que atraviesa el pinar, está llegando al punto más elevado, por donde pasa a la vertiente opuesta. Se oye el rumor del río que corre entre los peñascos hacia la presa. La noche está muy oscura. Las luces del apeadero no se descubrirán hasta coronar el último repecho.

—Era un hombre raro. Porque a veces parecía tierno y bondadoso. Yo no sé, no le comprendía; era demasiado viejo. Se ponía a hablarme y a hablarme de cosas; pero era como si charlara solo, como si yo no estuviera allí. Prefería que me hablara sin ton ni son, que cuando se ponía cariñoso conmigo.

Oyen por detrás un chirrido monótono que se aproxima. Aunque no lleva farol encendido, saben que es Marcelino el Peatón, que sube trabajosamente la cuesta. Tarda aún un instante en alcanzarlos. Se hacen un poco hacia la cuneta y la bicicleta los adelanta. Marcelino levanta la mano derecha a manera de saludo.

—¿Nos habrá reconocido?

—Me contaba que construirían una gran presa, ahí a la salida de las gargantas, no lejos de la que hicieron para la fábrica; que luego llevarían el agua por un canal entre la Cañada y el río, pero sin la curva que entra hacia la Claustra. Un canal muy largo, hasta Santa Marta, que convertiría todos esos campos en una vega de frutales y huertas. Decía que las obras las pagaría el Gobierno.

—Ya se habló de ese canal hace años; de ser cierto, haría muy rico al pueblo.

—Me decía que él se iría quedando primero con todas las tierras y que si no se las vendían, pues no se haría el canal. Todas las tierras tenían que pertenecerle a él o a sus amigos. Le gustaba esta conversación...

—Son proyectos... El regadío da mucha riqueza...

Han iniciado el descenso hacia la vertiente norte del collado. Sopla un vientecillo frío. Sobre la ermita de San Antón y las ruinas del castillo que se dibujan confusamente a contraluz, asoma el lucero del día. Hacia el lado opuesto, perdidas en la llanada, se divisan las lucecillas del apeadero de Pedernales, y más allá las casucas apiñadas del pueblecillo.

—No hace mucho, también me prometió que me regalaría la huerta del Pozo con su casa; me dijo que lo menos valía cuatro mil duros, que la compraría a mi nombre y que tú podrías trabajar la huerta, y que si preferíamos darla en arriendo, le sacaríamos ciento cincuenta duros y aun más.

—Es de mucho rendimiento aquella huerta si se trabaja bien.

—Para que después no me insultara, le contesté que no la quería, que no quería nada. Se reía, y me dijo que podría casarme, que la propiedad atrae marido; lo decía para hacerme sufrir. De la huerta del Pozo me habló poco antes de caer enfermo. Pienso que, de no morir, a lo mejor hubiese cumplido su promesa. Con una renta de doscientos duros, trabajando además en algo, podríamos habernos ido a vivir a la ciudad.

Una luz lechosa va apoderándose del paisaje. Montado a caballo, con la sotana remangada y los pies asentados en los estribos vaqueros, el señor cura de Peciña avanza hacia ellos por la carretera. En la claridad confusa del amanecer, las cuatro puntas del bonete parecen otros tantos cuernos puntiagudos.

Cuando se cruzan con él, el padre y la hija inclinan la cabeza para saludarle. El señor cura de Peciña, con el brazo en alto, traza una cruz en el aire para darles su bendición matutina.

XXXIV

TRAS DE APURAR la última copa que él mismo, con desparpajo, se ha servido, el forastero de la chalina, desde la puerta de la sala, se dirige a los hijos del finado:

—Con su permiso voy a retirarme. Ha sido para mí alto honor velar a tan ilustre extinto, un honor con el cual he sido favorecido por el Destino, y del cual me sentiré orgulloso cuantos días me queden de vida...

Insinúa una reverencia subrayada por un amplio movimiento del sombrero negro que traza en el aire una curva caricaturesca.

—...a sus queridos hijos, a sus familiares, les digo resumiendo las acertadas frases de los reverendos tonsurados: resignación, resignación, resignación...

Gira sobre los talones, y a pasitos cortos se aleja en dirección a la escalera.

Don Pablito se vuelve hacia don Onofre con expresión interrogante.

—Pero ¿quién es ese tipo?

Para comunicarse con su hermano, don Cristóbal adelanta el cuerpo sobre la butaca.

—Yo le di cinco duros por la tarde; me entregó unos versos que no he leído.

—No sabría decirles —aclara don Onofre—. Se

presentó con el tío Raposo, dio órdenes, hizo comprar diez metros de paño negro, ayudó a todos los preparativos, y he de reconocer que se mostró muy dispuesto y atinado. Desde luego se trata de un forastero, yo no le he visto en mi vida.

El Soldado continúa adormilado. Celso, como ha venido acompañándolo, no se atreve a marcharse solo, pero también da algunas cabezadas.

Don Humberto y el vicario de Palazuelo se han ausentado pasada la medianoche. Las mujeres también se fueron retirando. Se han presentado algunas otras visitas. Las conversaciones, en un momento, parece que se animan; después languidecen. Pasan las copas, se distribuyen y encienden cigarrillos, se hacen alabanzas del difunto, se habla de las cosechas, se trata de enfermedades y de muertes, se recuerda a otros difuntos, se repiten las mismas frases e idénticos propósitos; alguien, para salvar un silencio que se prolonga, aventura un discreto chascarrillo. La noche avanza muy lentamente.

Por la ventana del corredor penetra una luz pálida, pero en la cámara mortuoria y en la sala no hay otro alumbrado que el de los cirios y el de la lámpara que pende del techo con seis brazos coronados por bombillas de escaso voltaje.

—...No podemos olvidar que este pueblo, gracias a los desvelos del difunto, y ¿para qué negarlo?, a sus influencias, fue uno de los primeros donde se instaló la electricidad. Siempre nos mantuvimos en la vanguardia del progreso; así lo quería él. Desde aquí se llevó la electricidad a Pedernales, y luego a Santa Marta y a Tobajuela, que de no ser por nosotros aún se alumbrarían con candiles. Ustedes estaban por entonces en el internado. Su padre fue un hombre muy grande, verdaderamente notable, preocupado de continuo por el bienestar de sus convecinos.

—Estamos de acuerdo, señor Agripino. Y con las obras de la carretera general, que si nadie las entorpece, comenzarán en breve, mejorará mucho la comunicación automovilística, que según decía el difunto en sus últimos tiempos, será la del porvenir.

—¿Por qué iban a entorpecerse los proyectos que están aprobados por el Gobierno?

La pregunta del tío Vivo, que se ha desabotonado el chaleco, que le oprimía, va dirigida a Nicasio Zabala; éste contesta con un tono incisivo:

—Hay personas que han nacido para la intriga, y en todo creen ver malevolencia por parte de los demás.

Agripino, el almacenista de granos, frunce el entrecejo, y aunque los otros le miran esperando que hable, tarda un instante en tomar la palabra.

—¡Vaya por Dios! Ya me imagino a quién se refiere usted. Tenemos una calamidad por Alcalde. Pues ya verá lo que sucede cuando salga a subasta el ramal que ha de unir la general con el pueblo. Ya verán ustedes lo que ocurre.

—Se rumorea que forma sociedad con su sobrino...

Don Pablito arroja al suelo la colilla y la aplasta con la punta del pie.

—Me ocuparé personalmente de eso; que no se crea que es el amo y que va a hacer y deshacer según su antojo. Este Alcalde nos va a resultar como el tío Risueño, y conste, señores, que lo digo sin ánimo de ofender a nadie...

—Mientras su señor padre permaneció entre los vivos, tuvo atado corto al Alcalde y frenó todas sus tentativas de abuso. ¡No habrá otro como él, qué vacío más grande! Todavía esta tarde recordábamos que sus molinos fueron los primeros que funcionaron con electricidad. ¿Se acuerdan ustedes de aquel montador alemán que instaló la fábrica? De toda la parte de acá de la provincia venían para ver la turbina. A pesar de los años transcurridos, recuerdo, como si fuera ahora, que me dijo: «Agripino, aquí querrían que nada cambiase, pero yo, por narices, les voy a traer el progreso; nada perjudica más que la ignorancia». Y tenía mucha razón; lo peor es la ignorancia, la incultura, el analfabetismo que padecemos.

Con disimulo, el tío Hisopo ha ido maniobrando hasta ocupar la silla vecina a don Fernando.

—¡Era muy generoso el pobre! No se olvidaba de nadie; quien le servía en lo que fuese, tarde o temprano tenía su recompensa. ¡De cuántos hizo la fortuna! ¡A cuántos había protegido con el mayor desinterés...!

Mientras se mira distraído las puntas de sus botas, ligeramente cubiertas de polvo, don Fernando asiente con la cabeza y disimula los bostezos. El tío Hisopo espía todos sus movimientos y permanece atento a cualquier cambio de expresión.

—¡Pensar que un hombre tan bondadoso tuviese enemigos! Y que la maledicencia no siempre le respetara...

—La maledicencia se ceba en los mejores.

—Y que lo diga usted, don Fernando, y que lo diga usted...

Don Pablo se levanta de la butaca y se estira solapadamente, sin extender los brazos. Se pasa la mano por el rostro y se aleja por el pasillo. Por la ventana abierta se ven los campos iluminados por la luz del alba, y el río que traza una amplia curva abrazando las huertas.

Protegido por una cortina y sentado en una silla, está Zenón descabezando un sueño. Le empuja con la mano y casi le derriba. Zenón se despierta sobresaltado, se pone en pie y, sin pronunciar palabra, comienza a frotarse los párpados, que se le han adherido a causa de las legañas.

—Zenón, ¿qué ha ocurrido con el herrero?

Parpadea, tose, contempla al señorito con expresión alelada.

—¿No me oyes, o estás idiota? ¿Cómo no se ha presentado el herredo? ¿Lo mandaste llamar?

—Vino acá, sí, señor, a primera hora de la noche. Estaban rezando el rosario todas las señoras y la sala repleta de personal. No podía mandarle pasar; traía el cortafrío y unos alicates fuertes y afilados. Me pareció imprudente dejarle entrar en presencia de las visitas.

—Por lo menos podías haberme consultado; es a mí a quien corresponde decidir.

—Me acerqué a usted; estaba de coloquio con don Froilán y otros señores, y no me determiné a interrumpirle. Despedí al herredo con la condición de que volviera antes del entierro, por si se presenta mayor oportunidad.

—Si se marcharan todos ésos, te mandaba a que le despertaras. Pero sospecho que van a quedarse para hacernos la pascua. Y del Lebrel, ¿qué hay?

—Nada, señor. Envié al Hortelano que saliera a indagar, y nada...

Don Pablito regresa hacia la sala. Desde la puerta hace un gesto imperioso a don Onofre, que se levanta y acude a reunirse con él junto a la ventana. Las paredes de la Claustra están tiñéndose de rosa pálido. El agua del río parece azul.

—Hay que tomar medidas con respecto al Lebrel.

—Todavía es temprano; esperemos un par de horas.

—Onofre, ¿está seguro de que mi padre no le entregó a usted alguna cantidad en metálico...?

—Pero, ¡don Pablito!

—No dudo de su honradez, pero estos días han sido de tanto ajetreo que podría haberlo olvidado. Mi padre no estaba jamás desprovisto de dinero contante y sonante.

—Le juro a usted, don Pablito...

—Pudiera ser que se lo hubiera dado a guardar a Isabel, y ella, con el dolor de lo ocurrido, no lo recordara momentáneamente.

—Verá usted...

—En momentos tan desdichados como el que nos aflige, se produce la confusión; nadie da pie con bola...

—Ya hablamos de lo del dinero con la señorita Isabel...

—Entonces ha sido el Lebrel, no hay que darle más vueltas. Ha tenido que ser ese ladrón y se nos ha escapado. Papá lo tendría guardado en la cartera y el Lebrel se lo robó. Hay que dar parte inmediatamente a la Guardia Civil. Ocúpese usted, en cuanto salga el sol, de que le busquen por todo el pueblo. Si no aparece, que López, que está ahí, haga la denuncia. El Lebrel no puede hallarse muy lejos; le echarán el guante.

—Ahora mismo prevendré disimuladamente a López, y que disponga lo necesario. Primero que vayan a comprobar si le encuentran durmiendo en casa de sus tíos; estaba muy fatigado y dijo que no resistía más.

—No se fíe, Onofre; los ladrones son astutos y eso

me huele a coartada para ganar una noche y poner pies en polvorosa.

Los tejados color de melocotón se han encendido. Los campos se extienden hasta el horizonte, cortados por innumerables caminos que los aprisionan en una red. Destacan las ruinas de la Claustra y el arbolado que jalona el camino de los olivares; en las orillas del río se alzan los chopos. El resplandor que anuncia la salida del sol, ilumina las nubes hacia oriente y pone una pincelada intensa a lo largo de la línea horizontal que limita el paisaje.

XXXV

Adelaida se revuelve arrebujada entre las sábanas y cubre su rostro con el brazo para protegerse de la luz. El cabello suelto se derrama sobre la almohada. Sus palabras suenan soñolientas y perezosas.

—¿Has dormido bien, Gabriel?

—Tomé una dosis de luminal. Y después de visitar a don Froilán, te soy franco, me quedé más tranquilo.

—No me gusta nada don Froilán. Creo que no conviene que te vean con él, ni que se sepa que tenéis demasiados tratos.

—Adelaida, con el difunto y con su familia me he portado bien, pero este asunto ya está terminado. Gracias a Dios, cuando a don Froilán le ocurrió la desgracia de la hija, yo acudí a tiempo. Si no llego a hacerlo, te aseguro que mañana mismo perdía la plaza. Ayer se mostró muy deferente conmigo. Aparte de todo, don Froilán tampoco pierde de vista que estoy bien considerado por el vecindario, que mis consejos se escuchan, y que cuento entre las personas influyentes.

—Pero don Pablito...

—Regresará a la ciudad. Aquí nadie le haría caso. Por mi parte voy a necesitar el apoyo de don Froilán; pueden ahora sobrevenir cosas desagradables; y no las tengo todas conmigo...

—A don Froilán nadie le quiere...

—Eso era antes. Hubieses visto ayer cómo le bailaban el agua. Lo único que convendría prever es si el Alcalde ha conseguido alguna ventaja en la capital. La actitud del Gobernador, que esta tarde vendrá al entierro, lo aclarará todo. Yo he jugado mi carta. Don Fernando y don Eloy me han aconsejado. Don Ceferino y don Eloy han comenzado a entenderse, y confío que gracias a esa componenda el desdichado caso del pobre Poncio no se remueve más.

Gabriel Escorihuela se ha enjabonado la barba frente al espejo colocado sobre la palangana de porcelana blanca ornada de flores azules. Con movimientos rápidos pasa la navaja de afeitar sobre el suavizador. Por las ventanas, abiertas, penetra una luz viva que ilumina la estancia y deslumbra a Adelaida.

—Voy a apresurarme durante la mañana para hacer las visitas que estos días he descuidado. Parece que todo quisque se haya puesto de acuerdo para enfermar mientras me resultaba imposible visitarlos.

—Anoche, antes de cenar, estuvo aquí por tercera vez la mujer del molino, quejándose de que a su marido le apretaba el cólico.

—Ya me ocuparé de todos ellos; todavía faltan más de seis horas para el entierro. Después de la ceremonia pasaré aquí la consulta; nadie puede quejarse. A los que se presenten, les comunicas que cuando terminemos del cemenetrio pueden venir acá.

—¿Sabes lo que contaron a última hora, cuando ya me retiraba del velorio?

—¿Qué?

—Que un grupo de hombres fueron a buscar al Tartajoso, que le destrozaron la casa y que querían prenderle fuego. El Tartajoso escapó y no se sabe adónde ha ido. Los hombres llevaban palos y herramientas...

—Ése no volverá, y será mejor para todos.

—Si llegan a dar con él, le matan.

—¡Sólo eso nos hubiera faltado para liar más la madeja!

—Se emborracharon en la taberna y allí comenzó la gresca. ¿Sabes quién iba con ellos? No lo dirías. ¡Quiñones, el dependiente de la tienda de tejidos...!

—A mí no me sorprende; es un revolucionario, un anarquista. Pero que se ande con cuidado, porque algún día le van a sentar la mano.

—No comprendo cómo una persona tan recta como don Simeón le tiene empleado. Si le pusiera de patitas en la calle no le quedaría más remedio que trasladarse a otro pueblo o a la ciudad; lo que es aquí, nadie le daría trabajo.

—Es listo ese tipejo, y don Simeón mira por sus intereses.

—Tienes razón; vender sabe, es un marrullero.

—Y el Maestro, ¿se quedó en la Casa hasta muy tarde?

—No sabría decírtelo; desde luego le vi por allá entre los demás. Me parece que ése cojea del mismo pie que Quiñones.

—Pero es de los hipócritas; no desea indisponerse con nadie. ¡Figúrate, cobrando del Estado...!

—Si no se muere de hambre se lo tiene que agracer a las cuatro familias pudientes que le pagan para que dé clases especiales a sus hijos.

—Yo, Adelaida, soy partidario de la libertad; que cada cual tenga las ideas que quiera mientras las disimule. Si consiguiera casarse con alguna mujer con posibles, que es lo que busca el muy tunante, cambiaría de parecer. En cuanto tienen arrinconadas cuatro perras, se vuelven conservadores. El caso de Quiñones es distinto, es un amargado. Su mujer está enferma un día sí y otro no. ¡Si vieras en qué casa vive!

—Pues debería estarle agradecido a don Simeón. De no ser por el sueldo, ¿de qué viviría?

—Se ha llegado a rumorear que el Alcalde le protege en secreto.

—¡A saber si no le mandó el propio Alcalde organizar este alboroto del Tartajoso con objeto de desacreditar al difunto y buscarle las cosquillas a don Froilán...!

—No me parece del todo imposible... Voy a advertirte que, por el momento, lo mejor será que escuches y calles. He tomado mi partido, pero tampoco tengo necesidad de enemistarme con el Alcalde, mientras lo sea, y ni siquiera después. Yo soy aquí el médico, y tengo que procurar mantenerme a bien con todos. Mi deber profesional es asistirlos en caso de enfermedad. Fíjate si obré cuerdamente cuando el accidente de la chica de don Froilán. Nunca se sabe lo que puede ocurrir.

—Don Froilán me da miedo. ¿Tú crees que es cierto que pueda ser masón?

—¿Y a mí, qué? Te repito lo que dije antes: cada cual que piense como quiera de la boca para adentro. En eso consiste la verdadera libertad.

Cuando termina de afeitarse, limpia la navaja en un pedazo de papel de seda. Luego se inclina sobre el lavabo y se restriega la cara con agua, frotándosela con energía y dando resoplidos.

—...Y de Barbudo, nada. Ése ya no se presentará.

—Barbudo es un piernas. Me gustaría que se atreviera a discutir conmigo. Ni aun presentándose a tiempo hubiese evitado el desenlace. Un caso de septicemia estreptocócica en un anciano diabético; ni Barbudo ni nadie es capaz de salvarlo. Se luchó, se hizo cuanto se pudo, pero la ciencia tiene unos límites. Dios dice siempre la última palabra.

Se dirige hacia la cómoda y abre el cajón más alto. Adelaida, que se ha incorporado, le observa cómo revuelve entre los pañuelos, los cuellos y los puños.

—No te mudes ahora de cuello, mejor que esperes a la hora del entierro; si andas por esos caminos llenos de polvo, te lo pondrás perdido.

—Tienes razón, me cambiaré después de comer. Sólo que este cuello está demasiado sucio...

—¡Para las visitas que vas a hacer! Un par de labradores, el molinero, y lo demás, peones...

—Estoy de buen humor. ¡Ya ves lo que son las cosas! Todo gracias a haber dormido a pierna suelta. A pesar de que el luminal me ha dejado un poco de pesantez en la cabeza. Y ayer parecía que el cielo y la tierra se me venían encima.

—Nunca hay que descorazonarse. Estabas fatigado; te portaste muy bien con los de la Casa. Desde luego hemos de reconocer que tenías motivos de estarle agradecido al difunto. Ahora ya has cumplido.

—¿Mandaste que me cepillaran el traje?

—Sí, todo ha quedado a punto.

—¿Has oído algo de lo que se murmura de Rosita la modista?

—¡Que si he oído! No se comenta otra cosa, aunque nadie lo sabe a ciencia cierta. Florita asegura que ella sí que lo sabe de buena tinta. Le deja en testamento la renta de los molinos; un buen pellizco. Florita está indignada.

—Más le valdría a ésa callar...

—¡También tú, Gabriel! No sé cómo das crédito a semejantes habladurías. Envidia, pura envidia. Don Indalecio es todo un caballero, y el muchacho, no digas, es el vivo retrato de su padre.

—Dejemos eso, yo tengo mi opinión formada. Las mujeres sois unas inocentes, sobre todo cuanto se trata de las amigas.

—No tanto... Ya ves, el caso de la modista es otro. Y sin embargo, no sé, pero Rosita no me resulta del todo antipática. Además, cose muy bien y a un precio razonable.

—Pues ahora, con la renta de los molinos, no ha de faltarle marido.

—¡A sus años, por Dios, y con la mala fama que tiene!

—¿Conoces el refrán? «A virgo perdido nunca le falta marido.»

—¡Gabriel! No hables así...

—Lo menos rentarán mil duros al año, y nadie le hace ascos a mil duros.

—¿Y si resulta que no es cierto? Hasta que se lea el testamento...

—Pues si no hay renta, tampoco habrá marido.

—¡Que desvergüenza corre por este pueblo!

Se abotona la americana ante el espejo, se anuda la corbata, coge el maletín y el sombrero, y se dispone a salir.

—¿Quieres cerrarme la ventana? Me acosté tan tarde y estoy tan cansada, que de buena gana dormiría un rato más.

—Hasta luego. Vendré a comer temprano. A la hora del entierro quiero haber terminado la digestión. Con el paseo y el calorazo va a hacerse muy pesado. ¡Y tanta gente forastera!

Cierra la ventana y los postigos; la alcoba queda en penumbra, casi a oscuras. Adelaida introduce el brazo bajo la almohada, se ladea y bosteza a placer. Gabriel Escorihuela, al salir de la alcoba, entorna la puerta con cuidado.

XXXVI

SE HA COLOCADO frente al Palacio, del lado de la iglesia, que es el lugar donde da el primer sol de la mañana. Tiene los miembros entumecidos y tose con frecuencia. Ayer se quedó hasta muy tarde en el parque de la Casa, aguantando el relente. Las rodillas le duelen, nota la garganta enronquecida y la espalda le molesta.

La recaudación de anoche fue la más sustanciosa de toda su vida de mendigo. Como si las gentes hubiesen enloquecido. ¡Qué excelente resultó la idea del amable forastero que encontró junto al mostrador del tío Vivo! Era bien entrada la noche cuando terminó de contar las monedas, y supone no haberse equivocado. Las ha juntado con las recaudadas a lo largo del día de ayer. Si se muriera a menudo un pez gordo, acabaría por comprarse tierras y vivir como un señor. Tres monedas de a duro, diez de a dos pesetas, veinte monedas de a peseta, cincuenta de diez céntimos y sesenta y tres de cinco. Total, sesenta y tres pesetas con quince céntimos, más las catorce pesetas con veinticinco céntimos de la mañana, que tampoco se dio mal, hacen en total, setenta y siete pesetas y cuarenta céntimos; más de trescientos reales; quince duros y medio si se cuenta en duros. Un jornalero pone para ganarlos un mes trabajando de sol a sol. ¡Si cada día se muriera un pez gordo! Pero ahora se acabó, hasta que le llegue el turno a don Froilán, cuya vida conserve Dios.

Algunas mujeres acuden a la misa. Los pasos de las campesinas, calzadas con zapatillas o alpargatas, suenan templados, si bien suelen caminar de prisa. Las señoras meten más ruido con los tacones, pero andan con más sosiego, excepto cuando se retrasan y aprietan el paso después del tercer repique de la campana.

—Una caridad, buenas señoras, para el pobre ciego.

A estas horas la recaudación es menguada; monedas de cinco céntimos, y aun escasas.

—¡Que un hombre no pueda ganarse la vida con sus brazos, qué desgracia, hermanitas!

Faustina, la criada de la Viuda, cruza en dirección a la abacería; la conoce porque arrastra ligeramente el pie izquierdo desde que de niña, regresando del campo con su padre, se cayó de una caballería.

—Anda, Faustina, que estáis de enhorabuena. Va a entrar la prosperidad en vuestra casa...

—Ya veremos lo que ocurrirá, hasta el fin nadie es dichoso. La señora y el señorito se las prometen muy felices. A él antes no le permitían entra en la Casa, y desde ayer por la mañana no ha salido de allí.

—Que se porte como debe con los pobres, con quienes le ayudaron cuando la suerte le volvía la espalda.

—Simón, acuérdate de lo que te dice Faustina; aún no se ha casado con la señorita Isabel; puede haber sorpresas.

Pasa Sixta, la mujer del tío Raposo. No se atreve a llamarle Raposa, como sería natural, porque se ofende mucho. Afirma que raposa y zorra es lo mismo, y que la palabra zorra es grave ultraje para una mujer honrada.

—Buenos días, señora Sixta.

Cierra la mano y aprieta la moneda para distinguir su diámetro; cinco céntimos.

—Dios te ampare, Simón; suceda lo que suceda, te mantienes en tu sitio.

—¿Ha oído por ahí las alabanzas que se hacen del féretro? Desventurado de mí que no he de verlo. Cualquier precio pagaría porque Dios me hiciese la gracia de poder ver, aunque sólo fuera un minuto, esa maravilla que todos ensalzan.

Tiende la mano; ha oído una agitación de monedas en la faltriquera. La mano de la señora Sixta roza la suya; diez céntimos más. Nadie es insensible al halago.

—Gracias le sean dadas y recompensa eterna, que quien socorre a sus hermanos pobres recibe del cielo el ciento por uno, y quizá más...

Las llantas metálicas de un carro golpean el pavimento. Huele a estiércol. Los cascos acompasan su batir sobre los cantos. El carro desciende por la calle de las Ánimas.

—Hermanos, una limosna, que a quien se la da a un pobre, Dios le recompensa en esta tierra con el doscientos por uno...

Por la calle Mayor se acercan unos pasos; dos hombres calzados con botas que pisan con energía. Unos pasos firmes y forasteros. Junto a ellos, otros vacilantes, medrosos, de alguien que lleva zapatos pero que no está acostumbrado a andar calzado así; unos pasos furtivos, tímidos. Las pisadas de los tres hombres se aproximan. Se hace un silencio en la plaza; no comprende lo que ocurre, pero algo extraño pasa. Presiente que el tío Vivo se ha asomado a la puerta de la abacería; un labriego que cruzaba la plaza se ha detenido; una mujer se ha inmovilizado en las mismas gradas del templo. No se atreve a preguntar en voz alta, y espera.

El hombre desacostumbrado a los zapatos marcha entre los otros dos a zancadas largas, apoyándose mal sobre los pies; los de las botas caminan rítmicamente, aunque cansados. Cruzan no lejos de él y se encaminan hacia el Palacio. Ante la puerta que da acceso a la escalera del Juzgado, vacilan, y acaban por detenerse. La voz del tío Vivo resuena en la quietud de la plaza.

—Sí, ahí es... Suban ustedes.

Una voz ronca, segura, autoritaria, se pierde escalera arriba.

—¿Hay alguien ahí?

Después se oyen las pisadas de los que suben. Los de las botas pisan fuerte sobre los desgastados peldaños; los pasos del otro apenas ya se oyen. Chirría una puerta y se cierra con estrépito. Tras un silencio, alguien dice en voz alta pero velada:

—¿Ha visto usted, tío Vivo?

Unos cuantos curiosos que seguían a distancia a los tres hombres, desembocan en la plaza.

—Le cazaron merodeando la estación de Pedernales...

—¡Dios Santo! ¿Quién podía imaginar semejante deslealtad?

—Le mandarán a presidio...

El viento que levanta la bata del tío Vivo pasa junto a él; huele a bacalao y a jabón de cocina.

—¿Será posible? Pero ¿de qué se le acusa?

—Le encontraron encima muchos miles de duros.

—¿Muchos miles de duros? ¡Qué me cuenta!

—¿Lo saben ya en la Casa?

—El tío Deogracias venía de la estación en una caballería y los alcanzó en el camino. Los guardias le han contado que merodeaba por la estación en actitud sospechosa y que al darle el alto intentó huir. Tuvieron que disparar al aire y entonces se dejó atrapar como un conejo.

—¡Y le llamaban el Lebrel...!

—Tiene gracia, ¿eh?, el chiste...

—Ni me di cuenta; no me gusta bromear con las desgracias del prójimo.

—Ha resultado ser un facineroso. Los duros se los robaría al difunto; hace falta tener estómago. ¡A su propio amo!

—A saber si no le ahogaría o algo semejante...

—Lo hubiera advertido don Gabriel; los dedos dejan señales.

—¡Qué desgracia! Parece como si fuera a acabarse el mundo.

Frente a la puerta del Juzgado se ha formado un corro. El alguacil baja las escaleras y sale apresurado a la plaza. Los reunidos le dirigen preguntas.

—¿Qué se dice arriba, Paco?

—¿Es verdad que le robó al difunto muchos miles de duros?

—¿Los llevaba en plata o en billetes?

—¿Qué creen los civiles, que lo mató él?

—Tienen que hacerle cantar de firme. Le arrearán una buena...

Paco el alguacil no contesta y se escabulle por la calle Mayor.

—Ése lleva prisa; seguro que va a buscar a Paciano. ¡Menuda faena les ha caído! Y esta tarde estarán aquí el señor Gobernador y todos los demás.

De nuevo se acerca el olor a jabón y a bacalao; camina en zapatillas y se frota las manos.

—¿Te has enterado, Simón? No puede uno fiarse de nadie. Suerte hemos tenido de que la Guardia Civil vigilaba. Si no es por eso, el pajarraco se nos escapa y toma el tren; y una vez en la ciudad, no hay quien lo encuentre.

—¡Cuánta maldad, tío Vivo! No me canso de predicarlo, el mundo es propicio a los infames. Ya ve lo que nos ocurre a las personas honradas. Un hombre como yo, obligado a vivir de la caridad pública, y con la mezquindad que corre. De tener mejor suerte, muchos miles de duros hubieran sido la recompensa de una deslealtad, de una villanía...

—Llevarías razón, si no fuera porque la Guardia Civil le ha echado el guante. No me gustaría estar ahora en su piel, ni que mis costillas fueran las suyas. Simón, créeme, a la larga la honradez recibe su galardón. Los miles de duros a que te refieres ya se los han arrebatado; ahora le caerán unos años de presidio. Y unas cuantas tundas nadie se las quitará de encima. Simón, amigo, más vale ser honrado como tú y como yo lo somos.

—Hablaba por hablar...

Abre la mano; su instinto no le engaña. El tío Vivo ha sacado una moneda de cinco céntimos del bolsillo de la bata, y se la ha dejado suavemente sobre la palma de la mano.

—Simón, Dios recompensa las buenas acciones y castiga las malas. Más han de valerte a ti estos cinco céntimos que al Lebrel sus miles de duros. Te lo digo yo, y por algo me llaman el tío Vivo...

XXXVII

LLEGA A LA TIENDA cargado con las dos enormes valijas que componen el muestrario, y se detiene a la puerta para tomar aliento. Las asas metálicas le han lastimado las palmas de las manos. Estira y encoge los dedos repetidas veces y se frota ambas manos. Coge de nuevo las valijas, y entra en el establecimiento.

—Buen día nos dé Dios, don Simeón.

—¿Qué hay de nuevo, Verdera? Tendrá que disculparme por lo de ayer, pero andamos como locos con esta desgracia que ha ocurrido.

—Me hago perfectamente cargo, no tiene por qué excusarse; el cliente siempre tiene razón. Pero como he perdido el día, no quiero continuar viaje sin su pedido; no me lo perdonaría nunca y usted tampoco me lo perdonaría. Traigo algunas novedades que le van a interesar, géneros de primera calidad.

Abre ambas valijas y va ordenando los muestrarios mientras sonríe a don Simeón, que permanece al otro lado del mostrador, y que para mejor examinar las muestras acaba de encender la luz eléctrica.

—Para empezar, liemos un pitillo. Tenga, es buen tabaco, de Gibraltar.

Don Simeón coge la petaca que le alarga el viajante; sacan papel, y comienzan a liar los cigarrillos.

—No puede usted quedarse desprovisto de estas novedades. Un género a cuadros escoceses que esta temporada es lo que más se está llevando en Madrid, en Barcelona, y, desde luego, en París... Tenemos un gran surtido de colores. Los «Almacenes La Primavera» se han quedado con una pieza de cada color. No es por decirlo, pero como usted sabe son los mejores almacenes de la capital. Me proponían comprarme el doble de piezas, en caso de comprometerme a no vender esta temporada a ningún otro cliente de la provincia. Usted comprenderá que me negué en redondo. Por muy buenos compradores que sean, yo no puedo hacer eso a mis antiguos parroquianos. Observe, por ejemplo, este género en verde. Es el éxito bomba; el preferido de las muchachas jóvenes. Y aquí tiene este otro tono para las señoras de más respeto. Toque, don Simeón, por favor; usted entiende...

El viajante se pasa el pañuelo por el cogote. Simeón se ha sujetado los lentes a la nariz, y examina la tela haciendo gestos dubitativos.

—Y aquí los mismos cuadros en azul marino...

Sin advertir que la pintura del mostrador no está suficientemente seca, el viajante Verdera ha apoyado la mano derecha. Los dedos, por efecto del calor, se le han quedado pegados, y cuando los separa advierte que las yemas están sucias de pintura. Con disimulo intenta limpiárselas con el pañuelo, sin conseguir hacer desaparecer del todo las manchas.

—Y ahora en rosa intenso, que tiene mucha aceptación...

De la trastienda sale Quiñones cargado con unas piezas, que distribuye en diferentes estantes.

—Buen día, señor Quiñones...

—¿Qué tal está usted, señor Verdera?

Quiñones se aproxima a mirar el muestrario. Don Simeón, cuando comprende que el dependiente se ha hecho cargo de las novedades, sale a la puerta para examinar los colores a la luz del día. Verdera le sigue, y Quiñones, despacio, acaba por juntarse a ellos.

—Este gris parecería que no estuviera mal. ¿Qué le parece, Quiñones?

—Mejor el gris que el verde; las parroquianas se inclinan por los tonos discretos. El azul marino también podría venderse...

—No cabe duda que ustedes tienen gusto y que saben lo que se llevan entre manos. El verde es chillón, demasiado chillón para mi manera de ver. Observen la calidad del acabado. Y a la luz del día el color mejora, se realza.

El viajante saca del bolsillo un talonario de pedidos con su correspondiente papel carbón para la copia, y un lápiz tinta.

—¿Cuántos metros ponemos de cada clase?

—Todavía no hemos hablado del precio, amigo Verdera.

—Ni merecía la pena; está marcado tan barato, que hasta olvidaba decírselo. A usted se lo puedo dejar, en caso de que se quede la pieza entera, a ocho pesetas... Y ya ha comprobado de qué calidad se trata...

—Sea, pero no vamos a quedarnos más que con media pieza de esos dos colores. Y tiene que ponérnoslas al precio que dice.

—Perdone, don Simeón, pero no era eso lo acordado. Puedo poner el género a ese precio vendiendo piezas enteras. Por metros sueltos es a ocho cincuenta, y no resulta caro...

—Señor Verdera, yo entiendo que si nos quedamos con dos medias piezas, no es comprar por metros. Dos medias piezas hacen una pieza completa, y se trata del mismo tejido en dos colores distintos. Esta temporada estoy muy cargado de género, no puedo excederme en las compras. Observe usted mismo las estanterías. Las cosechas sólo han sido medianas, la parroquia anda remisa.

—No exagere usted, don Simeón. Ayer por la tarde, cuando vine y usted había salido, me quedé aquí un rato, esperándole, con el amigo Quiñones. ¡En mi vida he visto vender tantos metros de paño negro! Por cierto, quiero enseñarle el que traigo este año; mejor no se fabrica en el extranjero; y el precio de lo más ajustado...

—Bueno, señor Verdera, ¿cómo quedamos en lo del tejido de señora?

—Depende de que me haga un buen pedido de luto.

—Algo sí que voy a necesitar; casi he agotado las existencias.

—¿Qué anotamos? ¿Cuatro piezas?

—Ni pensarlo; una; a lo sumo, dos.

—Pero ¿no observó cómo se llevaban el género? Se lo arrebataban de las manos.

—Ya conoce usted las causas, señor Verdera. Pero no fallece todos los días un personaje.

—Naturalmente que no, sería una calamidad para el país. Pero le digo a usted, que como comerciante, debe estar provisto como si fuera a suceder. No debe permitir que las circunstancias le cojan desprevenido, y que su clientela se viera obligada a recurrir al comercio de Santa Marta, o al de Peciña, donde hay unas tiendas que no se comparan con la suya, pero que no dejan de estar abastecidas en debida forma, que eso sí le puedo garantizar...

—¿Qué le parece, Quiñones, ponemos tres piezas? ¿No nos cogeremos los dedos?

—Tres piezas son suficientes. Todas las señoras se han hecho un vestido de luto. Y, aquí, ya lo sabe usted, señor Verdera: la buena época del negro coincide con el principio de invierno, que es cuando muere más gente. El resto del año apenas tiene salida...

—Vaya, anoto tres piezas. No deseo contradecirlos; en mis normas comerciales no entra el forzar las ventas. Y, a propósito, ¿Están enterados de que han detenido al ladrón que robó al difunto? Unos dicen que fueron diez mil duros en billetes, otros que doce mil...

—Hace un rato lo pasó por aquí delante la Guardia Civil. Le vieron merodeando la estación y se les hizo sospechoso.

—Examinen este género de caballero; no han visto cosa igual. Nadie lo distinguiría de un paño inglés.

Quiñones está tocando las muestras. El viajante, que ha dejado el cigarrillo apoyado cuidadosamente en el borde de un estante, acaricia también los tejidos con delectación.

—Palpe éste...

El dependiente endereza el busto, cruza los brazos y se dirige a su principal.

—¿Sabe usted, don Simeón, lo que se rumoreaba esta mañana?

Don Simeón sonríe y le dice al viajante:

—Este hombre no sé cómo se las arregla, pero se entera de todo. Ni que fuera periodista. Aunque he de advertirle, amigo Verdera, que no conviene fiarse demasiado; da crédito a cualquier rumor...

—A mí no me consta; pero cuando se rumorea con tanta insistencia, por algo será.

—Bien, ¿y qué se dice?

—Que en la cartera del difunto había mucho más dinero, y que don Pablito y los demás de quien desconfían es de don Onofre.

—Don Onofre es una persona respetable...

—Pues parece que ha habido serias discusiones en la Casa.

—Ya habrá notado usted, señor Verdera, que nuestro pueblo es un nido de escándalos. Y estos días anda revolucionado; todo son chismes y comentarios.

—Según tengo entendido, el difunto era una de las primeras fortunas de la provincia.

—Tenía aquí muchas propiedades, buenos campos, huertas, todos los olivos que hay en el término, las pocas viñas que se trabajan, mucho bosque, más de treinta casas de alquiler, Los Corrales con sus garañones y las dehesas, los molinos, la fábrica de electricidad, más de dos mil cabezas de lanar, parte de la serrería que está cerca de la presa, y sobre todo, influencia, aquí y fuera; y contratas de obras públicas, y mucho poder. Y se dice que posee además acciones de Compañías fuertes, y dineros en los Bancos puestos a elevados réditos...

—¡Caray! ¡Ya se conformaría uno con bastante menos!

—¿Y sabe usted, señor Verdera, a cuánto pagaba los jornales de los peones?

—Quiñones, ¿eso qué importa? No guarda relación con lo hablado...

—¡Claro que guarda relación! Pues en verano, en faenas de recolección, vaya y pase. Pero en las faenas de labranza les pagaba seis o siete reales, el pan y el aceite. Los peones padecen hambre todo el invierno. Los demás labradores, naturalmente, les pagan lo mismo porque es la Casa quien decide el importe de los salarios en cada ocasión... ¡Y así va el pueblo! Desconfíe usted, señor Verdera, de los pueblos donde vive gente demasiado rica; tenga por seguro que son los más míseros.

—Hay muchas desigualdades por aquí; ya se echa de ver. En mi tierra se pagan mejores jornales; la industria lleva más prosperidad.

—Quiñones dice lo que le conviene y lo demás se lo calla. Porque también es verdad que el difunto daba mucho trabajo, y que en este pueblo no hay desocupados como ocurre en otras partes. Cuando no hay faena en los campos, la hay en la carretera, o en el bosque. Ahora tenía en proyecto hacer un canal para regar todas sus tierras...

—Con el dinero del Estado, que debería emplearse para favorecer al común...

—Quiñones, ¿no querrá usted ahora volverlo todo al revés? Siempre ha sucedido lo mismo, y siempre ocurrirá. Él tenía mucho poder en la provincia y hasta en Madrid, y si gracias a su influencia se hace el canal, todos los del pueblo saldremos beneficiados. Más trabajo, más jornales, más ganancia, más prosperidad en suma.

El viajante arroja la colilla a una escupidera que hay en un rincón.

—Vean ustedes, lo de los canales sí me parece acertado. Lo que necesitan estas tierras es regadío, que produzcan más y de mejor calidad. Conviene construir canales, como en el extranjero.

—¿Qué hacemos, Quiñones? ¿Compramos de este color marrón? En todo caso, sólo nos quedaremos con diez metros. La próxima temporada veremos qué pasa. La futura cosecha promete, pero nos hallamos en un momento delicado, no sabemos lo que puede ocurrir; el comercio paga siempre los platos rotos, y no es prudente arriesgarse a cargar la tienda de género...

XXXVIII

—MADRE, ESTOY RENDIDO. Despiérteme hacia las dos; me afeitaré y volveré a la Casa. Ahora quisiera dormir un rato.

La Viuda se acerca a la mesa trayendo en un plato dos huevos fritos que nadan en un aceite oscuro y moteado.

—Ten; cómete también este par de huevos, que estás muy desmayado. ¡Toda la santa noche en vela! No podrán decir que no te comportas como un verdadero hijo.

—Lo hago por Isabelita; el difunto me trae sin cuidado. Procedió conmigo cochinamente...

—¡Quién se acuerda de eso, Daniel! No me gusta que seas rencoroso... Anda, ahora te traeré un vaso de leche, no vayas a debilitarte con tantas emociones y sin pegar ojo.

Parte el pan con los dedos y hunde un pedazo en la yema de uno de los huevos; después se lleva el pan a la boca y mastica con fruición. Los labios se le quedan manchados. De la botella de vino se sirve un vaso lleno hasta los bordes. La Viuda permanece en pie, junto a la mesa, observando a su hijo a través de los párpados, entornados. En la cocina canturrea la Faustina.

—Madre, mándela que se calle. No es de buen efecto

que en esta casa se cante, aunque lo haga la criada.

La Viuda abre la puerta y se asoma a la escalera.

—¡Faustinaaa! ¿No puedes callar de una vez? ¡Qué falta de respeto, estar cantando como si nada hubiera sucedido!

Cierra la puerta y regresa junto a la mesa donde su hijo come.

—¿Y qué hay del Lebrel?

—¡No me hables! López, el del Juzgado, nos ha comunicado la noticia. Parece que Pablo tendrá que declarar, y quizá don Onofre, y los demás criados. ¡Yo qué sé! Un lío tremendo...

—¿Y cuánto dinero llevaba? La verdad, unos aseguran que eran diez mil duros; otros, más; algunos, menos. Hay quien dice que robó un anillo...

—No, el anillo todavía está en el dedo del muerto. Ahora los hijos se salen con que siempre lo llevaba y que es propio que se le entierre con él. Lo que yo creo, es que no han podido arrancárselo. ¡Bueno es Pablito para dejar nada en su sitio! Según me ha contado Isabelita, al Lebrel le han agarrado con cinco billetes de a mil pesetas. Los llevaba escondidos, pero la Guardia Civil le hizo cantar y se los encontró. Por eso le trajeron al pueblo.

—¡Mira qué suerte que estuviera allá la fuerza pública, tan oportunamente!

—El jefe de línea, como supuso que habría trajín por la carretera, dispuso que una pareja se estableciera de vigilancia entre Pedernales y aquí. El Lebrel, al verlos, se desconcertó y apretó a correr; eso le ha perdido.

—¿Quién lo iba a pensar? ¡Tantos años en la Casa!

—Pues yo, madre, no me fío de nadie. Don Onofre mismo me da mala espina. Demasiado contento se ha puesto cuando ha llegado la noticia de que atraparon al Lebrel. Para mí que don Onofre, por su parte, también ha arramblado con lo suyo. Y ahora, preso el Lebrel, aparecidos los mil duros, nadie se ocupará de averiguar cuánto dinero guardaba el difunto en la cartera.

—¿Y Pablito, qué dice?

—Está que bufa. No para de echarle indirectas a don Onofre, pero el otro, como quien oye llover. Venga a quejarse del Lebrel y a cargarle las culpas, y a dar a entender que el embrollo ya se ha puesto en claro.

—¡Anda, hijo, qué suerte tienes con Isabelita! Porque los demás todos son buenas piezas...

—No piensan más que en el dinero; en mi vida he visto una codicia semejante...

—¿Y los mil duros del Lebrel, que supongo devolverán, quién se los queda?

—Irán a repartir, con la herencia... Don Eloy ya se ha presentado en el Juzgado. Supongo que una parte le corresponderá a Isabel.

—A menos que no haya dispuesto algo en el testamento.

—Este testamento va a traer muchos disgustos.

—Tú, hijo, no te dejes atropellar en tu derecho. Siendo Isabelita mujer, procurarán arrebatarle lo que puedan si las particiones no son suficientemente claras.

—Don Fernando no suelta prenda; otro de quien tampoco me fío. Tiene más conchas que un galápago. ¿No sabe el escándalo de anoche?

—¿Te refieres a lo del Tartajoso? Era un canalla. Lástima que no le agarraran.

—¡Qué Tartajoso ni qué niño muerto! Me refiero a lo de don Fernando...

Daniel empapa en el aceite un pedazo de pan, con

la punta del pulgar le incorpora un trozo de la blanca clara, y todo junto se lo lleva a la boca.

—¿Qué de don Fernando? Estoy en ayunas.

—Anoche le vieron que entraba en casa de Rosita; luego regresó al velatorio muy sofocado, pretextando que después de cenar había estado paseando con el fin de despejar la cabeza.

—Esa buscona es capaz de cualquier indignidad. No sé cómo la saludan ni cómo las señoras decentes permiten que las vista.

—Pero es que usted ignora lo mejor... En el testamento le deja la renta de los molinos. ¡Casi nada!

—¡El viejo verde! Pero me parece atroz despojar así a los hijos para enriquecer a una pelandusca. No hay ni pizca de vergüenza.

—Teniendo en cuenta lo de la visita nocturna de don Fernando, yo me pregunto si no lo habrá urdido todo ese condenado notario, aprovechando que el viejo, en las últimas, debía de estar medio lelo...

—¡Cuánta desvergüenza, Señor! Lo que tendremos que ver, oír y soportar. ¿Y no puede impugnarse el testamento si resulta cierto que contiene una cláusula tan descomedida e injusta?

—Pablito y Cristóbal se suben por las paredes. Isabelita, la pobre, está más resignada...

—Pues que no sea tonta. Tú aconséjala, hijo, que para ti haces.

—Ya procuro guiarla, por la cuenta que me tiene.

—¡La renta de los molinos! Y ese puerco de don Fernando visitándola de noche.

—Hasta que no se abra el testamento no sabremos nada de cierto.

—Cualquier disparate puede esperarse de un viejo

crápula. ¡Qué historia más sucia la suya! Hijo, has tenido suerte de que Isabelita no se le parezca; ha salido tirando más a su madre, que era una santa y que murió a fuerza de disgustos.

—Reconozco que los hombres, en cuestión de faldas, tienen más disculpa...

—Hasta cierto punto, sólo hasta cierto punto. La madre de Rosita, que está paralítica, ya se entendía con él. Es una vieja historia que conoce todo el pueblo. Y luego, el muy asqueroso, se lio con la hija. Zenón, que tiene madera de celestina, les dejaba la casilla del parque. Había allí una cama que no quieras saber. ¿Quién iba a tragarse que aquella cama era propia para un criado? Un criado no necesita más que un jergón de paja...

—Pero de todo eso hace ya tiempo

—No mucho, seis o siete años. En los últimos tiempos, el viejales buscaba carne joven; ya sabes a quién me refiero.

—Sí, pero hay que reconocer que Rosita tira más a señora.

—¡No sé cómo todavía la defiendes! Y espérate, que no haya sido igual de generoso con la Basilia, que le creo capaz de todo.

—Por ahora no he oído comentar nada, y desde anoche todo el mundo me viene con cuentos.

—¿No te bebes la leche?

—No me apetece. Lo que tengo es sueño. Y quiero estar descansado para la tarde. ¡Buena se me prepara!

XXXIX

A PESAR DE QUE HOY tampoco hay clase, ha ido a la escuela. Se aburría no sabiendo qué empleo dar a las horas libres, y además deseaba consultar en la Enciclopedia el significado exacto de la palabra «óbito». Resulta que, como bien suponía él, es sinónimo de fallecimiento, y ahora lamenta que la palabra no le acudiera ayer a la memoria. «Óbito muy sentido», hubiera podido titular la crónica; y óbito es una palabra más elegante que fallecimiento. Mañana se publicará la nota en el periódico de la provincia; todo el mundo la leerá y comentará, y en el pueblo, y aun fuera del pueblo, saben que quien firma «Corrresponsal», es él.

Al salir de la escuela cierra la puerta con llave. Por la calle, en dirección contraria a la suya, ve venir a Tartufo, con una caja de madera en forma de maletín. Unos pasos detrás le sigue Rufinillo, el aprendiz de barbero, que hasta el curso anterior era alumno de la escuela. Se pasa la mano por las mejillas; a la hora del entierro todavía tendrá la cara relativamente limpia; la barba no le crece muy aprisa.

Tartufo se detiene. Le cuelgan las bolsas de los ojos, la sotabarba, las mejillas; le cuelgan la camisa y los pantalones. Le cuelgan las pupilas dentro del acuoso globo ocular.

—¡Qué mal rato pasé anoche, señor Maestro! ¿Se daba usted cuenta? El tío Deogracias, allí, y los otros soltando barbaridades a diestro y siniestro.

—Es un desdichado; más que nada me inspira compasión.

—Son unos salvajes inciviles. ¿Ya está enterado de lo que hicieron después?

—El Tartajoso es un mal sujeto; suerte tuvo de escapar.

—El jaleo se inició en la barbería. Fueron a la taberna y allá se calentaron. Sancho, que no puede tragar al Tartajoso, porque una noche le hizo una descarga con postas y le reventó una cuba llena de vino, los azuzaría. También estaban allá para excitarlos los de la Claustra, y no digamos nada de Quiñones y del primo de Poncio...

—El Tartajoso es un sádico.

—Yo no le quería ver aparecer por mi establecimiento. En cuanto entraba le ponía una mala cara... Pero ¿qué quiere usted? El mío es un establecimiento público...

—No sé si me convendría una pasada... ¿Abrirás después de comer?

—Está usted muy requetebién... Ahora me llego a la casa rectoral. Saturio ha venido a llamarme; tengo trabajo hasta la hora de comer. He de hacer las barbas a don Humberto, al vicario de Palazuelo, al cura de Peciña, al de Hontanar, al de Tobajuela, y creo que también ha llegado el de Santa Marta...

—Habrá comilona, ¿eh?

—Según opina Saturio, almorzarán ligero; se reservan para la cena. La van a armar gorda. Han matado un par de cabritos, y al Telesforo le han comprado varias perdices.

—Entonces, ¿tú opinas que puedo pasar con esta barba?

—Por descontado...

Rufinillo se ha quedado a la sombra apoyado en la pared. Mira a los que están hablando, pero sin prestar atención a las palabras.

—Vamos para allá, niño; no te duermas...

—A propósito, Tartufo, ayer no te pagué el servicio.

—Lo arreglaremos otro día.

—De ninguna manera. Ten, lo que sobre para ti...

—Gracias, señor Maestro.

Sigue por la calle abajo, dobla a la derecha y continúa hasta alcanzar una puerta grande, de madera, que da a un zaguán. Al fondo del zaguán está el almacén de granos de Agripino. Aunque la luz es escasa, se distinguen altos montones de sacos. Huele a trigo, a cebada y también a harina.

A la derecha hay una escalera de madera que conduce al piso, Agarrándose a la baranda va ascendiendo sin prisa; los escalones son empinados y desiguales. Llama a la puerta con los nudillos. Cuando la puerta se abre, Rosita le recibe con cordialidad.

—¡Ah! ¿Es usted, Cosme? Pase, pase...

—¿De verdad no molesto? Mi visita puede parecer intempestiva...

—De ninguna manera, aunque ando de cabeza con este trajín. Siéntese. ¿No le importará que siga trabajando? Estoy dando las últimas puntadas a estos vestidos que vendrán a recoger dentro de un instante...

—Si tiene demasiado trabajo, vuelvo en otro momento...

—Usted es siempre bien recibido; no faltaba más.

—Hace pocos días me preguntó usted por su sobrino, el hijo de Lorente, y vengo a darle cuenta de la marcha de sus estudios. Como hoy, a causa de lo ocurrido, no tenemos clase, me he dicho que era el mejor momento para cumplir con su encargo.

—¿Y va bien el muchacho, se aplica?

—Muy bien; es un alumno satisfactorio y obediente. Destaca en Geografía, en Gramática y en Aritmética. Algo menos fuerte en Historia, tanto en la de España como en la Sagrada. Pero hay algo en que sobresale de manera notable: en buena letra.

—Eso es importante, ¿verdad, Cosme? Para emplearse, lo primero que se exige es buena letra.

—No sé lo que piensan ustedes decidir sobre el chico; por mi parte le creo apto para cualquier estudio.

—Eso es lo que deseaba saber. Su padre y mi hermana... querrían... A mí, si el chico vale, me gustaría que estudiara algo de porvenir. Que hiciera unas oposiciones, o mismamente la carrera de maestro. Usted ya comprende que en este pueblo un chico listo no tiene salida.

—Este pueblo es muy atrasado, hay poca vida. Yo mismo, tantos años... ¿Y qué? No, no le aconsejo que le hagan estudiar el Magisterio, a menos que cuenten con influencias para conseguirle una buena plaza.

—Tenía ganas de hablar con usted para que me diera su opinión sobre las aptitudes del muchacho.

—Le considero capacitado para lo que sea. Ya le digo, salvo la Historia Sagrada y la de España... y aún podría achacarse a falta de interés o afición, en cuyo caso con voluntad y estudio podría corregirse. Pueden contar conmigo para prepararle en lo que deseen.

—Hablaré con sus padres...

—¡Qué bien cose usted, Rosita! Da gusto ver cómo mueve las manos con agilidad, y al propio tiempo, tan seguras.

—Es mi oficio; coser no es difícil. Cualquiera que tenga práctica puede hacerlo mejor que yo.

—De ninguna manera. A mí coser me resultaría más difícil que aprender el griego. Y usted lo hace con tanta gracia, con tanta armonía en los movimientos...

—¡Oh, no diga!

—Los hombres somos torpes por naturaleza, y en cambio ustedes, las mujeres, todo lo hacen con salero. Si volviera a nacer no cometería el error de permanecer soltero. Transcurren los años y uno se va quedando solo, cada vez más solo. Se pierde mucho la alegría.

—Pero usted, Cosme, es joven. Un hombre siempre está en edad de matrimonio.

—No lo crea; eso será en las ciudades, o cuando se trata de alguien con fortuna... Aquí, en el pueblo, ni siquiera cabe el recurso de quitarse años; ni de teñirse las canas como hacen en las grandes capitales.

—Sería ridículo; a mí no me gustaría un hombre teñido.

—Lo decía en broma... Quiero significar que el disimulo huelga. Por ejemplo, usted pensará: «Cuando hice la Primera Comunión, Cosme ya había dejado de ser monaguillo». Y con ese dato calcula usted mi edad. Y otra puede decirse: «Cuando me puse medias, había entrado en quintas». Delante de usted ni de nadie, resultaría ridículo y vano que tratara de disimular la edad.

—¿Y por qué tenía que disimularla? Para un hombre su edad es perfecta. ¡Qué distinto para una mujer!

Una se queda para vestir santos y nadie vuelve a decirle por ahí te pudras.

—No hable así, Rosita...

—Hace años que ya no pienso en casorios; se vive bien soltera. Y además, la gente es tan mala, tan envidiosa...

—¿La gente?... ¡Que vayan diciendo! El chismorreo siempre me ha parecido propio de personas incultas y cargadas de prejuicios.

—¡Si lo sabré yo! Las señoras que visten en mi casa no hacen más que ponerse verdes las unas a las otras. Y ¡figúrese cómo me despellejarán a mí!

—Incultura es lo que sobra; falta de comprensión y demasiado atraso. Y los que se llaman señores, no son mejores que los demás. Viven obsesionados por sus tierras, por sus rentas, por sus negocios. No leen un libro, no piensan, no meditan. La iglesia y la baraja son sus distracciones. En el caso de usted, me preocuparía bien poco de lo que dijeran.

—Mientras viva mi madre, yo aguanto, pero si un día, y Dios quiera que tarde mucho en llegar, la pobre me faltara, soy capaz de marcharme a la ciudad, y aquí queda todo esto.

—No se marche usted; no nos deje solos.

—Nadie ha de echarme de menos...

—Tiene aquí buenos amigos, Rosita, no lo dude; personas que la estiman como se merece.

—Bueno es saberlo.

—Ahora que la veo tan hacendosa, ¿puedo pedirle un favor? No se lo tome a mal...

—Usted dirá...

—¿Ve usted ese botón? Está a punto de caerse...

Es lo que nos ocurre a los solterones... Si usted fuese tan amable...

—¡Claro que sí! Precisamente tengo la aguja enhebrada en hilo negro... No; deje, no hace falta que se quite la americana. Acérquese...

—¿No le parece mal que me haya tomado la libertad...?

—Nada malo habrá en que le cosa un botón... supongo.

El Maestro se pone en pie y se sujeta los lentes a la nariz. Rosita inclina la cabeza. Va bien peinada, con el pelo recogido en un moño. La nuca es blanca, redonda, el escote descubre por atrás la iniciación de la espalda. Se advierten algunas canas, las orejas tienen un lóbulo carnoso y rosado.

Se oye el tictac de un reloj de pared que está colgado frente a la ventana; las manos de la modista se mueven ágilmente.

—Rosita... usted... ¿No ha pensado nunca en casarse? ¿No lo ha pensado seriamente?

XL

Al coronar la altura, el chófer ha cambiado la marcha. El automóvil se desliza a bastante velocidad cuesta abajo. El pavimento de la carretera está deteriorado, pero las curvas son amplias, de trazado generoso. Los neumáticos delanteros levantan bastante polvo y algunas partículas se filtran a través de las ventanillas, que a pesar del calor llevan cerradas.

—Usted, señor Alcalde, ¿tiene alguna información sobre las alteraciones de orden público acaecidas esta noche?

—Señor Gobernador, no sé más que los informes telegráficos que usted conoce mejor que yo, puesto que me han sido comunicados en su secretaría. En mi calidad de alcalde y conocedor del pueblo, quizás esté en condiciones ventajosas para interpretarlos. El guarda jurado era hechura del difunto. Había cometido numerosos abusos que yo me atrevería a calificar de delitos. Usted, señor Gobernador, está al corriente de la anormal situación en que este pueblo ha vivido, y hasta qué punto mi propia autoridad se ha visto mermada en todo momento. Por fortuna, en los sucesos de esta noche no se han producido muertes ni lesiones.

—Conviene que recoja usted una información de primera mano; después del entierro, me la transmite.

—Sí el señor Gobernador me autoriza a expresar mi opinión como alcalde, creo que lo más oportuno es que en nuestro pueblo se establezca un puesto de la Guardia Civil, que garantizando el cumplimiento de la ley, sea capaz de aplicar la mano dura cuando sea preciso para mantener el orden y la estabilidad social.

—Ya se trató de eso en otra oportunidad...

—Permítame que le recuerde que el difunto se opuso siempre. Afirmaba que bastaba con un simple guarda jurado. Su opinión era que el principio de autoridad se sostiene gracias al prestigio de quien la ejerce, que las personas importantes del pueblo con su ejemplo y rectitud se bastaban... Yo no sé si se trataría de ironías, pero si hablaba en serio acabamos de comprobar hasta qué punto se equivocaba.

—No tanto como usted supone, señor Alcalde; la alteración del orden público se ha producido precisamente después de muerto él, no antes.

—Tiene muchísima razón el señor Gobernador; éste ha sido hasta la fecha un pueblo muy tranquilo.

El secretario lleva un bigote negro y poblado, y corbata azul claro. Va sentado delante, en el transpontín, y se ladea para no dar la espalda al señor Gobernador y al Alcalde. Los tres viajeros permanecen aislados del chófer por medio de un cristal que los separa.

—Tranquilo sí, pero aunque me esté mal el decirlo, y si lo hago es porque caían fuera de mi jurisdicción, se han cometido abusos, se han multiplicado las irregularidades.

—¿Municipales acaso?

—Señor Gobernador, en ese aspecto he vigilado personalmente para que no las hubiera. Me refiero... por ejemplo, a la concesión de las obras de la carretera.

Afecta al Ministerio, ya lo sé, pero me consta que ha desaparecido uno de los pliegos de la subasta, y que la contrata le fue concedida...

—Lo que procede en estos casos es formalizar la oportuna reclamación, siguiendo el trámite administrativo correspondiente.

Empieza a clarear el pinar y a descubrirse la llanada; el sol cae de plano sobre los campos y reverbera en el río.

—Fíjese, Palomo, qué hermosa vista. Allá lejos, ¿usted lo distingue?, aquello es Santa Marta. A nuestros pies, lástima que no podamos verla desde aquí, está la presa, y aquel edificio de ladrillo es la fábrica de electricidad. El difunto fue uno de esos hombres que honran una provincia. Dotado de un espíritu de empresa como se dan pocos, esto es obra suya; la comarca entera se ha electrificado gracias a sus desvelos, a sus esfuerzos. Ya estamos llegando al pueblo... Todos esos campos le pertenecían. Ese cercado próximo al río que nosotros vemos a la derecha del cementerio, es donde se crían las célebres mulas que usted conoce, reputadas entre las mejores de España.

—Hermosa vista, señor Gobernador; observo mucha huerta junto al río.

—Y los pastizales; ahora pasaremos junto a ellos. Verá qué magníficos garañones para las yeguas. Un hombre emprendedor, salido prácticamente de la nada.

—Bueno, de la nada... Señor Gobernador, si me permite, le informaré que su padre fue uno de los hacendados más ricos; poseía buenas tierras, más de diez yuntas, rebaños...

—Desde luego. Me consta que el padre no era ningún pobretón; pero el hijo ha llegado a ser uno de los propietarios más fuertes de la provincia. Un ejemplo de tesón y de saber aprovechar al máximo los recursos locales. Detrás de cualquier empresa estaba él. Vamos a echarle de menos, y usted también, señor Alcalde. Patrocinó la construcción de las escuelas, pagó de su propio bolsillo el alumbrado público. ¿No es cierto, señor Alcalde? A él se debe ese grupo de casas que llaman el Arrabal, que alquila a precios módicos a personas de condición modesta. Es el socio principal de la serrería, que da trabajo a varios obreros y valoriza los recursos locales. Ha prestado dinero a los labradores en épocas de malas cosechas, ha roturado considerables extensiones de tierra, ha propugnado en Madrid la construcción del canal de riego que, por el momento, no pasa de proyecto, y que yo mismo he apoyado con el mayor entusiasmo...

—¿Cree usted, señor Gobernador, que el proyecto seguirá adelante?

—No sabría decirle. Los pueblos necesitan personas que conciban proyectos y que tengan influencias para empujarlos en los Ministerios, personas que cuenten con el apoyo de las fuerzas vivas. Tal era el caso del difunto, que como a usted le consta, contaba con el apoyo popular más decidido; desde usted mismo, pongamos por caso, al último de los destripaterrones, pasando por el señor cura, los comerciantes, los artesanos, los demás labradores... todos sus convecinos, ricos y pobres sin distinción. Un hombre que supo granjearse amistades y apoyos, que pronunciaba un no cuando era preciso, pero que sabía ser liberal y generoso en el momento oportuno...

El automóvil rodea el Cabezo, y después se embala por la recta que conduce al pueblo.

—Observe, Palomo. Fíjese en el campanario. ¡Qué nobleza de líneas! Plateresco; uno de los mejores de la provincia en su estilo. Le recomiendo que si dispone de un instante, no deje de visitar el altar mayor; merece la visita. El señor Alcalde tendrá mucho gusto en acompañarle; él podrá explicárselo mejor que yo.

—La ermita debe de quedar muy lejos...

—Sí, señor Palomo; peor que lejos, está situada en lo alto. Hay que ascender en caballería. Queda elevada a unos quinientos metros sobre la plaza. Yo sólo subo allí cuando las fiestas.

El señor Gobernador se descubre y se enjuga el sudor de la frente. Se introduce brevemente el meñique en uno de los orificios de la nariz; se suena y se guarda el pañuelo en el bolsillo del pantalón, operación que le obliga a una serie de movimientos que fuerzan a ladearse al Alcalde.

—Y, dígame, ¿cómo está conceptuado entre los vecinos don Froilán?

—¿Don Froilán? ¿Usted le conoce, señor Gobernador?

—Personalmente, poco; me han hablado favorablemente de él... Me consta que se trata de una persona de orden, aparte de que se murmura de que es algo descreído; pero tiene el buen gusto de no hacer gala de sus opiniones religiosas. Me lo contaba el señor Magistral, que también vendrá esta tarde al entierro. A pesar de sus ideas, y cada cual es libre de pensar como le plazca, no está del todo mal visto en el Obispado, ellos sabrán por qué, y eso conviene tenerlo en cuenta.

—Es el tercer contribuyente del pueblo. Hombre casado, de conducta recatada, aunque yo en cuestiones personales no me meto... Sostuvo con el difunto un pleito que dio mucho que hablar y que les enemistó. Parece que presta dinero con usura, y se rumoreó que proyectaba instalar una fábrica de curtidos contando con las pieles de los rebaños de la parte de acá de la provincia.

—Me han hablado de él propiciamente... Usted, Palomo, ¿ha oído algo?

—Señor Gobernador, aunque no le conozco, eso de la fábrica de curtidos me parece un tanto quimérico. Tengo noticia de que andan unos agentes acaparando pieles de cordero, pero son para un comerciante valenciano. Y don Froilán debe ser de aquí...

—Supongo que sí. Usted lo sabrá mejor, señor Alcalde.

—Sí, nació aquí... A su padre le llamaban el tío Risueño y fue alcalde hará treinta o más años. Ustedes ya habrán oído hablar de aquel escándalo. ¡Qué calamidad para el pueblo! Entonces no se les daba valor a las antigüedades. El tío Risueño vendió a los americanos la biblioteca del señor Marqués, que pertenecía en propiedad al Municipio. Y seguramente la vendió por mucho menos de su valor. La biblioteca completa, que era una de las mejores de España, fue a parar a los Estados Unidos. Se dice, sin que yo haya podido comprobarlo, que le pagaron cien mil duros. ¡Cien mil duros de entonces! ¡Era un verdadero tesoro aquella biblioteca!

—He oído hablar de esa historia. Aunque, siempre se exagera... Serían diez mil duros en todo caso, y aún me parecen muchos. Ustedes, en los pueblos, tienden a magnificarlo todo. En España hay centenares de espléndidas bibliotecas; lo cual, desde luego, no quita importancia al hecho ni en manera alguna lo disculpa.

—Le cuento lo que oí contar; por entonces era yo demasiado joven. Vinieron al pueblo un extranjero, a quien llamaban el Míster, y un escritor de Madrid. Cargaron más de diez galeras de libros valiosos. Más adelante se abrió un expediente. El tío Risueño ya había empezado a adquirir tierras —las que ahora pertenecen a don Froilán—, pero tuvo que huir al extranjero. Se decía que presentaron una denuncia y que le habrían encarcelado. Luego, allá en América, volvió a casarse, a pesar de que su mujer vivía aún en el pueblo; no hace muchos años que falleció.

—Ustedes se aferran al pasado; no advierten que el tiempo pasa, y que de las historias antiguas conviene olvidarse. Me parece oportuno que usted, como alcalde, critique la gestión de un antecesor suyo que privó al pueblo de parte de su tesoro cultural, aunque me pregunto qué haría usted con esos libracos en el desván del Ayuntamiento, y cómo los preservaría de la polilla, carcoma, ratones y demás. Y dejando las cosas en su punto, don Froilán nada tiene que ver con lo que pudo hacer su padre, y aun, repito, me inclino a creer que se exagera.

Llegan a las primeras casas del pueblo. Los chiquillos y las mujeres se asoman a las puertas, las gallinas escapan cloqueando, los perros se guarecen. Un viejo, montado en una pollina, tiene que darle un fuerte tirón del ronzal y refugiarse en un callejón.

—Señor Alcalde, usted podría hacerme un favor. Desearíamos ir a comer a una fonda que me han dicho que se llama del Soldado; me han garantizado que dan muy buenas perdices, y no es razonable desaprovechar la ocasión...

—En ese caso, conviene que giremos en la plaza.

Baja el cristal de la ventanilla, asoma la cabeza y se dirige al chófer.

—Al llegar a la plaza gire por la calle que hay al otro lado de la iglesia. En la tercera casa hay un portalón; deténgase allí.

Mete la cabeza en el interior del auto y habla de nuevo al señor Gobernador.

—Buena cocina, desde luego. En cuanto a las perdices, no sé si habrán llegado tarde. Vendrán al entierro por lo menos ocho o nueve curas; no me extrañaría que las hubiesen acaparado todas. Esta noche habrá cena por todo lo alto.

—¡Vaya por Dios!

—Si no le molesta a usted, señor Gobernador, bajo con ustedes y le pregunto a la mujer del Soldado. De no quedarle alguna perdiz, yo me encargaré de buscarla. De algo me tiene que servir ser Alcalde, ya que no me ha servido para que aceptara mi invitación...

—Ese ofrecimiento sí que se lo acepto; cuando uno se ha hecho ilusión de algo... Y ésos de la sotana son capaces de zamparse un par de ellas por barba. Apresúrese usted, amigo mío, que como el señor Magistral llegue, no va a quedar una perdiz en cinco leguas a la redonda.

XLI

Con los pantalones y los calzoncillos remangados hasta las rodillas, tiene sumergidos los pies en un lebrillo de agua caliente. Sus pantorrillas son blancas, con largos y escasos pelos, y parciales granulaciones rosáceas.

Agitando un soplillo de colores, la mujer activa el fuego del hornillo, donde hierve un puchero de barro. Su voz suena agria, y mientras habla acciona con la mano que le queda libre.

—Lo siento, pero tengo tomada mi decisión. En la iglesia lo he pensado detenidamente; he rezado para que me viniera la inspiración de arriba, y Dios me ha advertido bien claro que no podemos apropiarnos de un dinero que no es nuestro...

—Calla, mujer, no digas sancedes. Dios no te ha dicho nada, son fantasías de beata. Otro trabajo tiene Dios que ocuparse de tus monsergas.

—Mi conciencia ha escuchado la voz de lo alto. Ese dinero pertenece al difunto, o en todo caso a la Basilia; pero si tú te lo quedas, yo no acepto que llegue hasta mí un solo céntimo, me quemaría las manos.

—¡Mira con lo que ahora me sale ésta! Por explicarles a las mujeres lo que debería callarme; me está bien empleado.

—La religión nos manda...

—¿Qué sabes tú de religión, desgraciada? ¿Cómo puedes hacerme creer que en el cielo van a ver con buenos ojos que una zorrona sea recompensada? ¿Cómo vas a decirme tú, que te las das de enterada, que lo moral es que yo, un hombre que vivo de mi trabajo, sirva de alcahuete para enriquecer a una mujerzuela en pago de haberse refocilado con un viejo? Anda, contéstame a lo que te pregunto, si eres tan lista...

—Te entregaron un dinero para ella, a ella debes dárselo; y si tienes escrúpulos, lo devuelves a los herederos, o se los cedes al señor cura para que lo distribuya entre los pobres.

—¿Te crees que soy idiota, o qué? ¡Al señor cura! Mayor pecado fuera que el señor cura sacara provecho de la putería. Nunca pensé haberme casado con una mujer tan cerril... Si tú tienes tu conciencia, yo tengo la mía, y he recapacitado mucho sobre este negocio. Lo malo es habértelo contado; ahí me equivoqué yo. Cuando me llamó el viejo, ya tenía la muerte dentro; la prueba es que no ha durado más de una semana. Chocheaba; yo hice mal en aceptar el encargo, pero lo acepté, y la cosa no tiene remedio. ¿Es cierto, o no? Bien; los duros los tengo yo guardados; lo que me pregunto y no ceso de preguntarme, es qué hacer con ellos. ¿Entregárselos a la Basilia? ¡Nunca! Haría gran perjuicio al alma del difunto, que si es cierto que se confesó, debía acusarse de semejante pecado, y aunque no le quedara tiempo de comunicármelo, hubo de desear que no se pagara con largueza una acción pecaminosa hecha en perjuicio de la salvación de su alma.

—Algo de razón no te falta, que no soy cerril como

tú dices, ni lo he sido nunca. Pero si no le entregas los duros a la Basilia, y de eso casi me tienes convencida, bien se los has de devolver a los hijos del difunto.

—¿Por qué? ¿Acaso el propio difunto no separó de la herencia esos duros? De tener voluntad de que fueran para sus hijos, no lo habría hecho. ¡Bien conocía él a sus hijos! ¡Valiente caterva! La única buena es la señorita Isabel, de ésa nada tengo que objetar, pero ya tiene a sus costillas, como un perro de presa, al holgazán de Daniel, el hijo de la Viuda. El difunto le tenía prohibida la entrada en la Casa, y aún no le habían cerrado los párpados y ya se colaba allá en dueño y señor. ¿Un vago de siete suelas va a aprovecharse de los dineros que me entregó el difunto? Ni lo pienses que yo favorezca tamaño desvarío...

—No digo que le entregues los duros al señorito Daniel, pero pienso que, al fin y al cabo, y dejando aparte lo que sea, la Basilia es muy desgraciada y no encontrará marido, y el tío Deogracias tampoco tiene la culpa...

—Calla, mujer, calla; un padre es responsable de los males que le vienen a su hija. ¿De quién si no es la culpa? ¿Mía acaso?

Saca los pies del lebrillo y se los enjuga con una toalla que colgaba de la silla. La mujer pone dos platos sobre la mesa, los cubiertos, medio pan y un par de vasos. Va a la alacena y saca una botella de vino. Agarrándolo con un delantal, para no quemarse retira el puchero de la lumbre.

—¿Terminas ya?

Descuelga el cazo, saca el caldo del humeante puchero y lo distribuye en los platos.

—Mucho llevo cavilado sobre este menester. Durante el velorio me he dado cuenta de que no saben nada; creo no equivocarme. Era un secreto del difunto, un secreto pecaminoso. Hay que estudiar la manera de cumplir su voluntad y no perjudicar a nadie, y menos a nosotros. Verás qué podríamos hacer para que nuestra conciencia tampoco se resienta. Si la voluntad expresa del difunto fue comprar el huerto del Pozo, nosotros podemos comprarlo. Si la voluntad del difunto era recompensar a Basilia por sus desvergüenzas, ahí es donde no podemos transigir. ¿Que el difunto quisiera remediar un mal que hizo con sus porquerías y ayudar al tío Deogracias? Me parece razonable y no debemos oponernos. Tampoco hay que consentir que el tío Deogracias viva a costa de su hija. Entonces, yo he pensado que puedo ir al tío Deogracias y proponerle que se cuide de la huerta; es un trabajo que él puede hacer, que no es tan duro y esclavo como labrar los campos. Le arrendaría la huerta y trataríamos de alquilarle a otro la casa. Bien nos daría entre lo uno y lo otro doscientos duros, a más de todas las hortalizas que consumimos al año, y fruta si te apetece, y hasta tendrías para confitar para el invierno. El tío Deogracias y la Basilia vivirán honradamente, ganándose el pan como Dios manda, sin tener que avergonzarse...

—Esta componenda ya me parece mejor...

—Te juro que si alguna vez te vas de la lengua, y hablas, aunque sea así, de todo esto, te he de deslomar a palos. Tan obligados estamos a respetar la voluntad del difunto como su secreto. Punto en boca, pues.

Termina de secarse el otro pie, se pone los calcetines y se calza las botas de los domingos.

—Este calzado me está reventando los pies. Y por si fuera poco, por la tarde no hay más remedio que ir al entierro.

—Y si el tío Deogracias no aceptara trabajar la huerta, ¿qué pasa?

—Que habría que achacarle la culpa a su holgazanería, que tiempo le sobrará. Unos jornales en el olivar durante el invierno y la recolección de la uva son sus únicas faenas conocidas. Porque en la Casa, muerto el amo, ya no le encargarán las chapuzas de que iba viviendo, y las comisiones de la venta de la lana también se le han acabado, eso seguro.

—¿No maliciará si compras la huerta y se la arriendas para que la trabaje?

—Es un alma de cántaro...

—¿Crees que no será pecado todo esto?

—Calla, mujer, beaterías tuyas, que de tanto ir a la iglesia se os olvidan hasta los Mandamientos. Pecado, y gordo, sería lo contrario. Porque has de saber que de ese dinero, aunque la casa del pozo la compraré a mi nombre, ante Dios y ante la memoria del difunto, no soy más que el depositario; y a nadie conozco que pueda cumplir ese papel con tanto derecho como yo mismo.

—¿Y si lo consultara con el señor cura?

—¿Quieres callar? O te voy a sentar la mano... Al señor cura se le confiesan los pecados, y aquí no los hay. Lo demás son chismorreos, fanatismos; y no los tolero en mi hogar. Mi mejor consejero está aquí, en mi propia cabeza, que Dios mismo nos la ha dado a los hombres para que pensemos.

Se sienta a la mesa y hunde la cuchara en la sopa; se la lleva a los labios y sorbe ruidosamente el líquido. La mujer también va tomándose la sopa, callada, con los ojos bajos, y en actitud rencorosa.

—Esto ha de enseñarme para otra ocasión. No hay que contaros nada a las mujeres; carecéis de discernimiento.

—Sí, eso que proponías ahora me parece más justo. Lo que deseo es poder dormir con la conciencia en paz.

—Pues no se discuta, y déjame tranquilo con tus escrúpulos, que tú, lo que es a conciencia, no me aventajas.

XLII

Envuelve las herramientas en un trapo, y deja, al salir, entornada la puerta de la herrería. Como hace calor, camina protegido por la sombra de los muros. Desde lejos ve a Simón, que sale de la abacería limpiándose la boca con el dorso de la mano. Cuando el ciego llega al Palacio, se apoya en el muro y extiende la mano.

—¡Hermanitos, hermanitos, hagamos un acto de contrición; más nos valiera no haber nacido...!

Simón debe de haberse emborrachado. Cuando bebe es capaz de los mayores excesos, y su lengua es larga y desvergonzada. Él nunca le da limosna; Simón es un parásito, embustero, intrigante, malintencionado y adulón.

Para evitar pasar junto al ciego, cruza de acera y luego toma por la subida de San Antón. Horcajuelos, el ferretero, está sentado a la puerta de su establecimiento.

—Buenos días, señor Balbino...

—Te mandaré la factura un día de éstos...

—Cuando usted quiera, pero hasta fin de mes no le pagaré.

—No te retrases, que el Banco a mí me aprieta; no guardan miramientos con el comercio.

Sigue calle arriba hasta penetrar en el parque de la Casa. Las verjas de hierro están abiertas de par en par. Los árboles dan una sombra fresca que alivia la subida. Junto a la Casa están estacionados tres automóviles; dos de ellos llegaron de la ciudad trayendo forasteros. También hay dos coches de caballos. La Casa permanece abierta y nadie vigila a quienes entran o salen. Busca a Zenón, o a cualquiera que pase recado al señorito Pablo de que acaba de llegar. No encuentra a ningún criado. Entra hasta el fondo y empuja la puerta de la cocina. Zenón dormita apoyado sobre una mesa. Martina, la cocinera, le hace señas de que está rendido de fatiga.

—Despierta; sube a comunicarles que estoy aquí con las herramientas.

Zenón se levanta; tarda un momento en reconocerle. Los párpados se le cierran perezosamente.

—Ven tú conmigo.

Suben por la amplia escalera de piedra. Balcones y ventanas permanecen cerrados; en el interior de la Casa parece que sea de noche. Huele a cera, a incienso, a iglesia; se respira una atmósfera cargada, mareante. El herrero se detiene en el rellano. Los pasillos, la sala del fondo se distinguen repletos de gente enlutada; muchos son forasteros. La hora del entierro se aproxima y los parientes, los íntimos y las autoridades que han ido llegando de la ciudad y de los pueblos vecinos, están reuniéndose en la Casa.

Zenón avanza por el pasillo tropezándose con cuantos se cruzan con él. Más gente llega por la escalera. Visten de oscuro; negro, gris o azul marino. Él, con su blusa de trabajo, se nota extraño entre los forasteros bien trajeados.

Por una puerta lateral sale don Pablito seguido de Zenón. Está ojeroso, cansado; se frota las manos nerviosamente.

—¡A buena hora te presentas!

—Vine anoche, cuando me llamaron.

—No veo manera de intentar nada. Esto está lleno de bote en bote. Daríamos un espectáculo. ¡Que se vaya al diablo! Dentro de nada vendrán a cerrar el ataúd. ¡Y es lástima, de verdad! Pero no doy con un pretexto para echarlos fuera. Al Magistral ¿cómo le digo que se marche, y cómo vas a ponerte a trabajar delante de él? Me han avisado que dentro de un momento vendrá el Gobernador, y están los alcaldes de Tobajuela, Santa Marta, Palazuelo... ¡Yo qué sé! Si te hubieses presentado hacia el amanecer... esto se ha quedado más despejado, y hubiéramos podido inventar una excusa. ¡Qué mala pata!

—Yo en cinco minutos estaría listo...

—¡Nada! El Magistral se ha plantado como un papanatas delante del catafalco. No hablemos más; no hay solución. Puedes marcharte.

—Lo siento, don Pablo...

—¡Más lo siento yo, caray!

Don Pablo se retira hacia uno de los grupos. Cuando el herrero comienza a bajar la escalera, Daniel le ataja.

—¿Qué, ya está?

—No puede ser; hay demasiado personal en la alcoba.

—¡Maldita sea! Podrían irse todos a paseo.

—Don Pablito me ha dicho que no se puede ni intentar.

—¡Parecen idiotas! ¡Haberlo dejado perder por esperar al último momento! ¡Una lástima, una verdadera lástima!

—Tiene razón, señorito Daniel, a nadie ha de aprovecharle; pero hay que respetar a los difuntos. Antiguamente era costumbre enterrar a los parientes con alguna joya; pero de menos valor, claro...

—Si llego a estar presente cuando estiró la pata, a cualquier hora permito que ocurra. Sentimentalismos estúpidos; puro atraso. En todo caso se le pone una baratija de bisutería y asunto concluido.

Daniel lleva la camisa limpia y los zapatos recién lustrados. No consigue dominar su contrariedad, ni siquiera lo intenta. Cuando el herrero llega a la planta baja, vuelve a entrar en la cocina. Martina está preparando unas tazas de caldo.

—¿Qué? Supongo que hoy no se come en esta casa.

—Yo sí lo hice. Esto es un refrigerio para los señoritos; lo sirvo un poco a escondidas por decoro. Si no comen algo con substancia van a desmayarse. A la noche ya cenarán de tenedor.

—Martina, nombrándome el jerez me has desencadenado la saliva; trae para acá una copita.

—Toma. Aunque el jerez es bebida delicada, hoy nadie va a preocuparse ni que se termine la botella.

—Es muy rico, Martina, restituye las fuerzas.

—¿Y tú dónde las has perdido?

—Trabajando...

—Pues no trabajes tanto, que te vas a envejecer y no te mirarán las mujeres.

—Mientras me mires tú, me basta...

—Las mozas quise decir, que las casadas ya tenemos a quién mirar.

—Dame otra copa y no me tires de la lengua...

—Ten, que eres un borracho como todos los hombres. Y no sé que tengas nada que decir.

—Si algún día quieres escucharme a solas...

—Tú eres como los demás; ni mejor ni peor que mi marido. Y si con uno me basta y me sobra, nada tienen que decirme los solteros.

—¡Ay, Martina, que nos conocemos! Que las palabras van por un lado, y los ojos y los pensamientos por otro.

—Los pensamientos, cada cual se los sabe.

Zenón entra en la cocina arrastrando los pies y se sienta junto a la mesa. Coge un pedazo de pan, corta un trozo de morcilla, y se pone a comer en silencio. La cocinera elige cuatro huevos de la alacena después de mirarlos y sopesarlos.

—Martina; me voy, pero he de verte a solas, tenemos que hablar.

—¡Bueno estás tú! Lo que tengas que hablar conmigo se lo cuentas a mi marido; para algo sois amigos...

—Tu marido que se quede tranquilo, no va nada con él...

Por el parque se cruza con más personas que van hacia la Casa: don Indalecio con traje negro, corbata negra, sombrero negro, y el Soldado, acompañado por Celso y su hijo, que visten de pana oscura. Detrás de ellos la mujer y la hija del Soldado, con velos de luto. Un poco después suben don Cosme el Maestro, Lorente y Jacinto el de la serrería.

Por la calle de San Antón se encuentra con Balbino Horcajuelos, vestido de fiesta y tocado con un sombrero de alas anchas. También se cruza con el tío Raposo, que se ha puesto una boina nueva; el mango de un martillo le asoma por el bolsillo lateral de la chaqueta. El Voluntario le acompaña; lleva chaqueta de pana y unos pantalones grises que le quedan cortos.

—¿Qué, Raposo, a terminar la faena?

—Sí... Vamos para allá a darle los últimos toques...

—¿Te esmeraste, eh?

—Te diré; se hace lo que se puede...

Cuando atraviesa la plaza, por la puerta de la iglesia sale el clero; delante marcha Saturio, con la cruz procesional reluciente y lustrada. Se cubre con una capa pluvial que le arrastra; debajo luce un roquete planchado con almidón. Hasta seis monagos le dan escolta; uno de ellos maneja un incensario recién bruñido.

Don Humberto, alto, flaco, con su bonete y su capa negra bordada en oro, rompe la marcha. En dos filas van el Vicario de Palazuelo, y los curas de Santa Marta, Tobajuela, Peciña, Palomares, con sus capas funerales, con sus bonetes. Algo retrasado de los demás, renqueando, el señor cura de Hontanar forma pareja con uno muy obeso, con la capa torcida y el roquete en mal estado, que ha venido de una parroquia de la ciudad. Dos sacerdotes jóvenes que llegaron acompañando al señor Magistral, también se han sumado al acompañamiento y cierran la marcha.

Les siguen hasta veinte pobres con blandones, todos ellos bien afeitados y con las manos limpias.

Con un pañuelo negro atado al cuello y unos zapatos desclavados, que alguien ha debido de regalarle para la ocasión, el ciego sigue al clero, canturreando el «Dies Irae».

El herrero llega a su taller, empuja la puerta y entra. Él no irá al entierro. No depende de nadie ni obedece a nadie, ni espera nada de nadie, y menos de los muertos.

XLIII

El tío Raposo y el Voluntario se han quedado discretamente apartados del catafalco y de las personas que están situadas ante el difunto. El carpintero ha sacado del bolsillo el martillo y se ha guardado la boina para que no le estorbe. En la mano que le queda libre, aprieta las pequeñas puntas.

Daniel, con paso cauteloso, se les acerca por detrás.

—¿Ha de meter mucho ruido?

—No. Media docena de puntas para fijar la tapa porque aunque encaja bien, hay que prevenir un percance.

El Gobernador, con el sombrero en la mano, está junto a Isabelita, al otro lado se hallan don Pablito, Palomo, don Cristóbal, la hermana del difunto y la sobrina Luisa, el Alcalde, don Fernando y unos primos lejanos que han venido de Palomares. En otro grupo, don Eloy, don Ceferino, don Gabriel, los alcaldes de los pueblos vecinos y un brigada de la Guardia Civil con uniforme de media gala.

El Magistral avanza hacia el catafalco y traza con la mano el signo de la cruz. Luego le hace un gesto discreto al tío Raposo.

Daniel le dice al oído:

—Venga, ya está...

El Voluntario agarra la tapa, que se hallaba colocada verticalmente detrás del catafalco, apoyada en los paños negros que cubren la pared, y se acerca paso a paso hacia el ataúd.

Se oye la voz del Gobernador, una voz grave, emocionada.

—Fue un hombre ejemplar... Uno se queda mudo ante el enigma, siempre planteado y jamás resuelto, de la muerte.

—Que Dios le haya acogido en su santo seno... —contesta el Magistral con voz ligeramente atiplada.

—¡Hermosa sortija! —dice el Gobernador.

—Un regalo de nuestra difunta madre; nunca se la quitaba de encima. Los hijos hemos decidido que le entierren con ella; así le hará compañía eternamente.

Después de pronunciadas estas palabras con las manos cruzadas sobre el vientre y los ojos bajos, don Pablo se echa hacia atrás. El hedor resulta insoportable; han derramado sobre la mortaja agua de colonia, pero el efecto ha sido contraproducente.

Entre el tío Raposo y el Voluntario ajustan la tapa. Isabel, de cuyos ojos caen gruesas lágrimas, se santigua. Sus hermanos la imitan maquinalmente. Los demás, sin saber por qué, hacen lo mismo, excepto el Magistral, que tiene el brazo derecho ocupado por el manteo.

De cada martillazo, el tío Raposo hunde una de las puntas; a pesar de este alarde de eficacia los martillazos resuenan.

A una señal de don Onofre, que se mantenía cerca de la puerta, entran seis hombres con unas blusas negras, arrugadas y desteñidas; se quitan las gorras y rodean el ataúd. Uno de ellos, el que parece su capataz, da con sordina la voz de «¡Aúp!», y el féretro es izado sobre los hombros.

La tía Amadora solloza y se abraza a Isabelita; la prima Luisa se aproxima y apoya la mano sobre el antebrazo de la huérfana. Los que han cargado con el ataúd cruzan la sala arrastrando los pies. Doña Florita está lívida junto a doña Adelaida, que le agarra la mano y se la aprieta. La mujer del Soldado tiene los ojos enrojecidos, y su hija, asustados. Algo separada de las demás, la mujer del Alcalde permanece sola, estirada, con un rosario y un devocionario entre las manos. Están Sixta, la del Raposo; la madre de Daniel, cubierta con crespones negros que le llegan hasta cerca de los pies; la mujer de don Onofre y la de Nicasio Zabala; la mujer del tío Hisopo con la tía Mecachis; la esposa de Balbino, el ferretero y la del tío Vivo, acompañada de su hermana, ambas rozagantes y sonrosadas. También se hallan presentes la Dominga y la tabernera, cuyo labio superior presenta un leve bigote que la afea, la señora de Paciano, que viste hábito castaño con cordones blancos, la de López, y junto a ellas la de Agripino, el de los granos, y la de Palomares. Hay también mujeres forasteras a quienes nadie conoce ni atiende, y campesinas enlutadas, con tocas negras sobre la cabeza. Las campesinas se mantienen retiradas de las señoras y las menestralas, apoyadas en la pared a lo largo del corredor, se retuercen las manos o se llevan pañuelos a los ojos.

Las autoridades y los hombres de la familia e íntimos han salido tras el féretro. Los que estaban en la sala van incorporándose a la zaga del duelo. Descienden apelotonados por la escalera.

Abajo, a la puerta de las habitaciones del servicio,

está arrodillado el viejo Zenón, con la cabeza abatida, enseñando una calva lechosa. También están, aunque algo apartados, el Hortelano, de cabello gris blanquecino, corto y duro, y Martina, que se ha bajado las mangas y cubierto la cabellera con un velo negro. Las demás criadas se cubren también con pañuelos oscuros. Salvo Zenón, los otros forman un grupo compacto; al pasar el féretro, se santiguan. Zenón, de pronto, rompe a llorar con desconsuelo, ruidosamente, y se golpea el pecho con el puño.

El clero se halla desplegado en la plazuela que forma el jardín frente a la puerta de la Casa. Sobre el pescante de la carroza fúnebre dormitan los cocheros; han salido de la ciudad de madrugada, y están fatigados. Las chisteras deslucidas se les han torcido pero al advertir que van a cargar el féretro, primero se las enderezan y tras una vacilación se las quitan y las colocan sobre las rodillas. Los de la blusa negra suben el ataúd sobre la plataforma del coche y lo fijan con correas. Terminada la operación se cubren y se sitúan a ambos lados.

Don Humberto inicia el cántico mientras con el hisopo asperja el ataúd. Los demás curas cantan con voces no muy acordadas. Saturio, disimuladamente, los acompaña.

En el jardín, situado delante de la Casa, han ido reuniéndose numerosas personas. Don Froilán, vestido de luto, está rodeado de amigos. El Maestro se junta a otro grupo donde están Nicasio Zabala, don Simeón con el viajante Verdera, Lorente que, salvo los alcaldes, es el único que usa bastón, y Paulino el Indiano, que se abanica con su jipijapa.

El centro del duelo lo ocupa el Gobernador, que

tiene a la derecha a los hijos del difunto, y a su izquierda al señor Magistral y al brigada de la Guardia Civil; el extremo lo ocupa Daniel, el de la Viuda.

Inmediatamente detrás, se sitúa el Alcalde, y a ambos lados los alcaldes de Palazuelo, Santa Marta, Tobajuela, Peciña, Palomares, y el pedáneo de Pedernales, que se ha presentado a última hora.

En otra fila, el secretario del Gobernador, con don Fernando y don Onofre, y a la izquierda el juez y el empleado de Correos. Después de ellos vienen los parientes lejanos y algunos forasteros que nadie sabe quiénes son.

Don Eloy y don Ceferino, que departen en voz baja, se agregan al grupo de don Froilán.

La comitiva se pone en marcha; uno de los monagos va incensando el aire. Al salir del parque, los pobres, que estaban esperando junto a la verja con los blandones recién encendidos, se distribuyen a ambos lados del coche fúnebre, obligando a replegarse a los de la blusa. Como son numerosos y viejos, y caminan con escaso orden, crean cierta confusión y sus dos filas se alargan demasiado llegando a rebasar al duelo por la parte de atrás y alcanzando a Saturio por la vanguardia.

Las mujeres se asoman a portales y balcones. La bajada es pronunciada y el empedrado muy liso; uno de los cocheros desciende del pescante y se aplica a sujetar la zapata del freno que no funciona bien. De la zapata de la otra rueda se hace cargo uno de los de blusa negra.

La ferretería está cerrada, como casi todos los demás establecimientos del pueblo, pero las hoces y las cachavas penden a ambos lados de la puerta. En el balcón del Casino la bandera cae a media asta, recogida en su centro por un crespón negro.

Desembocan en la plaza; numerosas mujeres y bastantes hombres se aprietan en las aceras. En el Palacio del Ayuntamiento cuelga también la bandera a medio palo. La puerta del Juzgado se mantiene cerrada. Tras los cristales del balcón se asoma un guardia civil destocado y observa disimuladamente la comitiva.

Cierran al marcha el tío Raposo y el Voluntario. Como el calor aprieta, el tío Raposo lleva abierto el cuello de la camisa. De uno de los bolsillos le asoma la boina nueva y del otro el mango del martillo. Mientras el acompañamiento entra en la iglesia, cuyas puertas se hallan abiertas de par en par, el carpintero y su ayudante se quedan fuera y aprovechan el descanso para fumar. Después de llenar la pipa, el Raposo le alarga la petaca al Voluntario.

Simón, que anda por la plaza, se aproxima a ellos. Huele a vino y anda con menos seguridad que de costumbre.

—¿No le ofrecéis tabaco a este pobre ciego? Voluntario, te agradezco la invitación de ayer: en esta condenada plaza se le seca a uno el tragadero.

Con sus torpes dedos huesudos, lía el cigarrillo que le brindan.

—¡Cómo lamento no poder ver, Raposo! Si no hubiera tanto público, hasta me acercaría a tocarlo; los ciegos tenemos ojos en los dedos, pero son unos ojos algo indiscretos.

—Haz lo que quieras, pero yo en todo caso me retiro. Hay gente en la plaza y además de los curiosos, ahí delante, mirándonos, está Paulino el Indiano, que es de los que no ponen los pies en la iglesia.

—Raposo, tú eres un artista; todos lo proclaman. Si me acerco al ataúd, creerán que me despido del difunto por la mucha devoción que le debo. Esa obra de arte tan alabada irá a parar bajo la tierra, y yo quiero recordar cómo era. Los ciegos tenemos derecho a palparlo todo... menos a las mujeres, se entiende.

—Haz lo que gustes. Éste y yo nos vamos poco a poco hacia el cementerio mientras los demás andan con el kirieleison; ya nos alcanzarán.

Simón avanza hacia la carroza, que ha quedado detenida ante la puerta del templo parroquial. Se descubre con fingido respeto y dobla el sombrero para metérselo en el bolsillo.

El Raposo y el Voluntario caminan despacio por la bajada de las Ánimas.

—Me parece que Simón la ha agarrado buena; el aliento le apestaba a vino.

—Se ha pasado la mañana haciendo viajes a casa del tío Vivo. Cuando la mujer le ha dicho que no le despacharían más vasos, se ha trasladado a la taberna de Sancho, y según me ha contado el hijo de Celso, se ha bebido un par de jarras. Dicen que anoche recogió muchos cuartos.

Simón se aproxima al coche fúnebre. Los de la blusa han encendido cigarrillos y charlan en corro sin prestarle atención. Avanza sus dos manos oscuras, que le tiemblan un poco, y va recorriendo las formas y adornos del ataúd. Para alcanzar la cruz, que está sobre la tapa, tiene que empinarse y alargar los brazos.

—¡Y tú nos abandonas, padre de los pobres, apoyo de los menesterosos, guía de los emigrados, amigo y luz de los ciegos...!

Desde lo alto del pescante, uno de los cocheros que

permanece con las piernas cruzadas y recostado, le dice:

—Buenas limosnas te daría, ¡eh! Mucho le vas a echar de menos.

Simón, que ya ha comprobado la buena factura de la obra, se retira, y alza el rostro en dirección al pescante.

—No sé quién eres, forastero que me hablas desde arriba, pero a cochero de ciudad me hueles.

—Soy quien conducirá hasta la última casa a tu querido amo...

—Amo no tengo y querer sólo me quiero a mí. Hablaba por hablar, alababa al difunto por puñetera costumbre. Lo que sí te digo es que el carpintero de este pueblo ha hecho una primorosa labor. ¡Lástima que la tierra se la trague sin provecho para nadie!

De un tirón saca el sombrero del bolsillo y, sosteniéndolo en la mano, sube de dos en dos las gradas de la iglesia. Llegan hasta él los cánticos latinos y perfume del incienso.

XLIV

Telesforo sale de la cantina del Arrabal y cruza a una tienda, situada en la misma calle, que ocupa la planta baja de un edificio de construcción reciente, pero cuya fachada aparece desconchada y sucia. Sobre la puerta se exhibe un letrero pintado en letras rojas: «Almacenes de Honorio García». Una cortina listada protege el interior del sol y de las moscas.

Sentado en una silla baja, Honorio está leyendo un periódico atrasado, y con la mano que le queda libre acaricia a un gato enroscado junto a sus pies.

—Hay tranquilidad esta tarde...

—Sí, las mujeres, menos las que fueron a lavar al río, han ido a ver el entierro. Les gustan los espectáculos; empezando por la mía...

—Hacen bien; así se convencerán de que está muerto.

—Después de éste, otro vendrá a apretarnos los tornillos.

—Bastaría con que no os los dejarais apretar.

—Eso según quién; yo no puedo escaparme. El difunto me advirtió que en el Arrabal no dejaría abrir más que un comercio; si yo lo quería, me obligada a pagarle cien duros al año, además del alquiler correspondiente. Todas estas casas le pertenecen.

—¿Escribiste algún papel?

—No...

—¿Pagaste ya lo de este año?

—Vence en invierno...

—Pues no lo pagues. Cuando se presenten a cobrarte, les dices que no das un céntimo más del alquiler.

—Don Onofre me amenazará con desahuciarme.

—Le contestas que no pagas y que tampoco te vas; que si te molestan te tomarás la justicia por tu mano.

—Me echará por el Juzgado.

—Le hablas sin testigos.

—Me gustaría tener coraje para hacerlo...

—Todos tenemos coraje si nos lo proponemos. Paga el alquiler que es debido, y andando. El comercio es tuyo. ¿Por qué tienes que apoquinar cien duros al año? ¿Tanto ganas acaso?

—¡Pobre de mí! Después de pagados los cien duros, sólo me queda para mal vivir. Menos mal que no tengo más que un hijo, que si mi mujer fuera tan paridora como lo son otras, aviado estaba. El barrio anda escaso de dinero; ya lo sabes tú, Telesforo. Fuera de dos o tres familias, lo demás son peones, y los del pueblo rara vez vienen a comprar; si alguno lo hace es porque aquí les vendo más barato.

—En el Arrabal no hay ricos, y los que viven en el pueblo esconden el dinero bajo las piedras o se lo dan a guardar a los Bancos de la ciudad.

—Te diré que, con todo lo malo que pudiera ser, el difunto era mi principal parroquiano, el que más me compraba.

—Claro, como que te pagaba con tus cien duros.

—No me los mientes, que me queman... Pienso que si de verdad construyesen ese canal, estas tierras ganarían; habría muchos jornales y no faltaría trabajo en todo el año.

—Para lo que pagan...

—Yo tengo observado que cuando escasea el trabajo los jornales bajan, y cuando faltan brazos los jornales suben; y eso ocurre en todo el mundo. Conque, si se ponen en cultivo más tierras, y se riegan más huertas, y se arregla la carretera y pasan camiones, y se instala una gasolinera en el cruce de Santa Marta, más dinero ingresará en el pueblo. Y con más dinero trabajan más yuntas, se consumen más herramientas y abonos, y el comercio prospera.

—Lo que has de hacer es negarte a pagar los cien duros a quien se atreva a reclamártelos; tuyos son, tú te los ganaste. Es demasiado peso el que habéis tenido la pachorra de aguantar sobre las costillas.

—Y que lo digas. ¡Maldito pueblo!

—Aquí falta cultura; hay muchos borregos.

—Y demasiados pastores...

—Ahora has hablado bien, Honorio. Si vas al entierro y cuentas, me dirás cómo un pueblo pobre como éste puede mantener a tantos ricos. Yo no lo comprendo.

—Y cuanto más ricos son los ricos, más pobres son los demás.

—¿Ahora te das cuenta?

La tienda es oscura y no grande; un mostrador corrido ocupa la parte del fondo. Sobre el mostrador hay una balanza con su juego de pesas y junto a la puerta una báscula. A un lado del establecimiento están los comestibles, metidos en sacos, cestos o cajones, dos pellejos de vino, barras de jabón, una orza con aceite y varias morcillas y lonjas de tocino colgadas de unos ganchos. Al lado opuesto están los hilos de coser y las agujas, alpargatas, calcetines, botas, puntillas, algunos paraguas, boinas, ropas bastas de confección, cayados, cubos, pucheros, tazas, platos, cántaros, lebrillos, bufandas, mantas, chichoneras, navajas, cencerros, cuerdas de cáñamo y esparto, corsés y ligas, pañuelos para la cabeza negros y de colores, camisetas de punto, calzoncillos de invierno y de verano, cartuchos, ratoneras... Las mercancías de venta más difícil se distinguen porque están cubiertas de polvo; con el tiempo se van ajando y hasta cambian de color.

—Vengo a comprarte unas medias; unas medias para mujer. Tienen que ser finas, pero para unas piernas más bien gordas.

—Telesforo... ¿Unas medias?, ¿qué mosca te ha picado?

—¿Las tienes o no? De seda o de lo que fuere; de las que usan las señoras.

—Tener sí tengo... Te las enseñaré...

Abre uno de los cajones que hay bajo las estanterías y saca una caja de cartón alargada. Desliga una cinta que la sujeta y la coloca abierta sobre el mostrador. Alzando los dedos, separados unos de otros, muestra un par de medias al trasluz. Telesforo las examina complacido, doblando la cabeza.

—Éstas son de calidad superior. Cuando las fiestas vendí cuatro pares. Seda pura, la mejor que se fabrica...

—¡Jolín! Ni en la ciudad se ven así. ¿Serán muy caras?

—Sí lo son, pero baratas si consideras la calidad; vienen del extranjero, me creo. Aquí dice el precio, no te engaño: siete reales.

—¿Cada una?

—¡No, hombre! Las dos medias, el par.

—¡Siete reales! Me gustan, pero...

—Son de mucha duración, te lo puedo garantizar.

—¿Quedarán bien para un regalo...?

—¡Qué generoso te has vuelto, Telesforo! Estas medias sólo puede llevarlas una señorona, te lo advierto, no hacen para mujer campesina.

—¿Y qué? Ya lo sé...

—Como dices que es para un regalo...

—¿Siete reales son su último precio?

—Aquí está marcado, en la misma caja; ya lo ves tú mismo.

—Vaya, envuélvemelas, me las quedo. Pero, escúchame, ¿serán de buen tamaño?

—Todas son iguales; tamaño de mujer que diríamos.

—¿Le caerán bien, crees tú?

—Con unas medias así todas las piernas están primorosas, y si son jóvenes, pues todavía mejor. Deben ser para alguna de la ciudad... ¿A que vas de viaje, Telesforo?

—Demasiado preguntas tú; te dije que eran para un regalo y no añado más.

—Es que aquí nos conocemos todos, y se me hace raro a quién puedes tú regalarle unas medias como éstas.

—La curiosidad que te mata, Honorio. Nada he de decirte, pero comprende que no me gastaría siete reales sin mi razón.

—A la ciudad debes ir tú... Allá es otra cosa, hay más mujeres.

—Oye, no se te ocurra contarle a mi hermana que compré estas medias; no son para ella...

—No se me hacía a mí ver a tu hermana con medias de seda. ¡Qué ocurrencia! Y descuida que no he de hablar si no quieres.

—Y con mi hermano Pedro, menos aún. Tú te has enterado porque no había otro remedio.

—Descuida, Telesforo, y siempre que tengas necesidad de hacer regalos, aquí estamos para servirte, no faltaba más. Tengo de lo mejor.

XLV

AQUILINO ESTÁ SENTADO al borde de una tumba de piedra sobre cuya lápida se yergue un ángel de mármol blanco del tamaño de un niño. Frente a él está el panteón, que ocupa un ángulo del cementerio; se halla abierto y mide en su interior unos doce metros cuadrados. Al lado opuesto del panteón se alza la capilla y entre ambos una construcción destartalada que sirve de depósito y de sala de autopsias cuando se presenta el caso.

El sepulturero se ha visto obligado a solicitar el concurso de dos peones para levantar la losa que cubre la sepultura. Junto a la tumba abierta está otra gemela donde descansan los restos de la esposa. Adosados al muro hay tres nichos vacíos, y al fondo un pequeño altar con cuatro candelabros de latón. Dos ventanas ojivales, con vidrieras de colores, dan paso a la luz. Algunos de los cristales se han roto y no han sido sustituidos. El panteón remata en una cúpula gris coronada por una cruz de piedra.

—Esta losa pesa lo suyo; aunque resucite no se la sacará de encima así como así.

—Amigo, nadie resucita. Si alguien lo hiciera, señal sería de que no estaba muerto.

Aquilino se levanta y penetra en el interior del panteón. Uno de los peones está barriendo el polvo y la arena que ha entrado por las ventanas rotas. El sepulturero, metido en la fosa, extrae con los dedos el yeso que ha ido cayendo de las paredes y partículas de cemento que se han pulverizado.

—¡Pensar que todos hacemos idéntico camino! Los ricos y los pobres, los sabios y los ignorantes. Lo mismo le da a uno que le entierren aquí, que allá afuera. En el panteón se está más amplio, más cómodo, pero para el caso da igual.

—Ustedes, los del oficio, salen tirando a filósofos. Por eso me agrada su conversación; se aprende mucho del trato con los filósofos. ¿La vida, la muerte? Somos cenizas con ansias de eternidad... como dice mi amigo Colibrí. ¿Quieren liar ustedes un cigarrillo?

Les alarga la petaca; el sepulturero se sirve tabaco en la palma de la mano, y se la pasa a los peones. Aquilino enrolla el último su cigarrillo. Interrumpen un momento su faena para fumar y proseguir la charla.

—Yo, señor, le diré que no sé lo que somos, ni me importa demasiado, pero prefiero estar vivo que muerto. Llevo muchos años en el oficio; los vecinos, uno a uno, van pasando por mis manos. Inclusive bastantes que eran más jóvenes que yo. Y otros, como éste que esperamos, que tenían riqueza, poder, orgullo... Lo que puedo afirmar es que la vida es corta y la muerte larga; y que mejor sería lo contrario.

—Discurre usted como un sabio.

El panteón se cierra con una verja que a su vez protege a una pesada puerta de madera de forma ojival. En la cerradura está puesta la llave de la cual pende un llavero con otras llaves de distintos tamaños. Aquilino acciona la cerradura; acaban de engrasarla y se abre y cierra con suavidad. Saca la llave, la examina, y vuelve a colocarla según estaba.

—Las llaves de San Pedro...

—Las de Saturio, que no es lo mismo; él dispone de las de todo el camposanto. Un servidor sólo guardó la de la puerta de entrada, que es igual que ésa, la mayor de las que cuelgan. Saturio es el encargado de la capilla, del panteón, del depósito de cadáveres...

—Cuidado conserva usted el camposanto, amigo.

—Se hace lo mejor que se puede, aunque el oficio está mal pagado para el trabajo que le da a uno.

—Por lo menos —salta el más viejo de los peones— él cobra todo el año.

Aquilino sale del panteón y pasando por el cementerio observa su disposición. En las paredes que cierran el norte, hay tres hileras de nichos cubiertos por un tejadillo. Las otras paredes, salvo donde están adosadas las edificaciones, son de ladrillo blanqueado. Hay bastantes tumbas, casi todas sencillas, con cruces de hierro forjado o de piedra, alguna de mármol. La parte sur del cementerio está ocupada por la fosa común. Sobre la tierra removida hay esparcidos algunos manojos de flores marchitas y botes de hojalata con plantas silvestres que se han secado. En un rincón se ven restos de ataúdes antiguos que amontonan para quemarlos una vez que el sol haya resecado las podridas tablas. La hierba crece en los huecos y en las paredes, y sobre algunas tumbas antiguas. En los ángulos se levantan copudos cipreses.

Aquilino, que esta tarde ha sustituido la gorra a cuadros por un sombrero de fieltro gris, sucio y pasado de moda, regresa hacia el panteón.

—No puede faltar mucho para que lleguen...

—Nuestra tarea ha terminado. El panteón está listo para recibir al huésped.

El peón más joven da los últimos golpes de escoba, y luego la deja fuera, apoyada en la pared.

—Ustedes le echan la losa encima, y asunto concluido. Nadie volverá a abrir el panteón hasta que traigan a otro de la familia ¿no es eso?

—Esto se cierra. ¿Quién va a entrar aquí? Si acaso, por Todos los Santos, digo yo, la familia pagará algunas misas. Tienen permiso especial para celebrarlas aquí dentro, en ese altar.

—¿Se cambiaría alguno de ustedes por el que van a traer? Tenía buena casa, no le faltaban mujeres, comía a cuatro carrillos, poseía un automóvil si no he entendido mal, gozaba de todo lo gozable, cuando él ordenaba algo no había más que contestar: así sea. ¿Qué, usted se cambiaría por él?

—Viejo soy, señor, y más pobre que las ratas; aquí, mi compañero y el sepulturero, ya saben que más miserable que yo no lo hay en todo el pueblo. Cuando reviente, me meterán en una caja de pino sin pintar y me enterrarán en aquella parcela; pues bien, hoy por hoy soy mucho más rico que el otro. Me corresponden siete reales de jornal, y la familia nos soltará una propineja. Esta noche me llegaré a la cantina del Arrabal a beber un vaso o dos a la salud del difunto. Después, en casa de mis sobrinos cenaré un potaje de patatas y coles. Y luego, a dormir. Descanso en el suelo, en un jergón, no tengo vidrios de colores como los de este panteón, pero mañana, aunque me dé coraje y pereza, me levantaré con mis propias piernas, y si no me sale trabajo me sentaré al sol; con lo ganado hoy, sé que por lo menos mañana no ha de faltarme de comer.

—Vivir, amigos, vivir lo es todo. Tener apetito y sueño, amar a las mujeres, contemplar los campos, hacer el bien a nuestros semejantes... Y esa condenada piedra debe pesar lo suyo, ¿no es verdad?

—Se necesitan tres hombres para moverla, y con cuidado de no atraparse los dedos. Es la más recia losa de todo el cementerio.

—Ya, ya... tres hombres.

Se encamina otra vez hacia la fosa común; las cruces están hechas con simples ramas cruzadas o con dos cañas ligadas con un cordel; algunas se han caído y se confunden con la tierra. Por encima de los nichos se asoma la torre del campanario, y detrás se ve la sierra y los pinares, y en lo más alto, la ermita de San Antón y los muros derruidos de lo que fue castillo.

El sepulturero y los dos peones se le acercan.

—¿Y usted, señor, que ha corrido tanto mundo, nunca piensa dónde van a enterrarle? Porque sin ánimo de parecer agorero, le diré que Dios nos tiene a cada cual señalado el día.

—No sé, nunca se sabe a ciencia cierta; no nos dan a elegir. Mi trabajo se cumple a lo largo de las carreteras, no paramos más que un día o dos en cada pueblo; cuando hay ferias, una semana, y de nuevo echamos a andar. Yo soy de lejos, de la parte del mar; hace años que salí de mi pueblo y no he regresado. Si me dieran a elegir... Les diré, amigos, que vivir se vive en cualquier parte; la vida la llevamos a cuestas. Para enterrarme no necesito ningún panteón, pero ocho o nueve palmos de tierra sí desearía poseerlos en propiedad donde yo me sé. Un pueblo pobre, pero muy blanco. Queda hacia allá, hacia donde sale el sol.

XLVI

En la taberna de Sancho se han reunido, después de comer, bastantes hombres. Son pocos los que esta tarde han ido a trabajar. Beben de pie, junto al mostrador, o están sentados alrededor de las mesas. La puerta permanece abierta.

Cuando llegan el tío Raposo y el Voluntario se quedan cerca de la puerta. Desde detrás del mostrador, Sancho les pregunta:

—¿Qué queréis vosotros?

—¿Has hecho café?

—Aquí lo tengo, al fuego.

—Ponnos dos entonces.

En un hornillo de gres blanco ceñido por flejes de hierro se calienta una cafetera de aluminio.

—Desde aquí —dice el tío Raposo— podemos ver pasar el entierro. Luego nos llegamos al cementerio, tras el acompañamiento, porque entiendo que tú y yo debemos asistir hasta el final.

—Por mí no hay inconveniente; y si hubiese que echar una mano, pues se echa.

Desde la mesa contigua, un labriego corpulento y velludo a quien llaman el tío Cachopán, les habla a gritos, pues es algo duro de oído.

—¿Cómo anda el entierro, ya vienen para acá?

—En la iglesia los dejamos...

—Vigilad bien hasta que le pongan la losa encima; no resucite el tío y nos vuelva a jorobar.

—La piedra no es faena de carpintero. Le hemos clavado la tapa con ocho puntas; en lo demás no me meto. Vete tú si tanto te interesa.

Cachopán está sentado con el castrador de puercos, con un labrador a quien llaman Matías, con Braulio, con un peón viejo y con el hijo del veterinario. Todos escuchan al hijo del veterinario, que es el único que va bien trajeado, al estilo de la ciudad.

—Esto se arreglaría como hacen en otras naciones. Vosotros podéis imponer el precio de los jornales. Si os juntáis todos los peones y declaráis: «No trabajamos por menos de cuatro pesetas», pongo por caso, pues tienen que pagaros cuatro pesetas. ¿Qué se resisten? No se trabajan los campos, no se recogen las cosechas, no se pisa la uva. Eso es lo que hacen en los pueblos adelantados.

De pie, están escuchando Miguelito el de la serrería y dos peones más. Uno de ellos, alto, desgarbado, con las mejillas grises y mal afeitadas, le interrumpe:

—¿Y cómo poner de acuerdo a la gente que tiene hambre?

—El hambre es precisamente vuestra fuerza; quien la padece, poco tiene que perder. Yo os digo que unidos no hay quien pueda con vosotros. Uno a uno le temíais y le acatabais, de ahí que os manejara como a borregos.

—Lo mismo nos pasará con don Froilán; lo habéis de ver.

El hijo del veterinario sacude la ceniza del cigarrillo y continúa con su voz machacona y convincente:

—Nadie puede forzaros a trabajar. Basta que todos

a una digáis que no. Antes de que se pierda la cosecha os pagarán lo que vosotros exijáis y desde ese momento os mirarán con más respeto.

El peón viejo lleva encasquetada una boina mugrienta. Dos únicos dientes, oscuros y sucios, destacan en el interior de su boca.

—Le explicaré a usted lo que ocurrió aquí hace muchos años. Hubo muy buena cosecha de aceitunas aquella temporada. Los olivos repletos, que daba gozo ver, prometían trabajo para varios días. Entonces vino un tal José, que le llamaban el Guapo, y que usted no recordará porque hace años que le enterraron, y nos advirtió que el amo no pagaría más que una peseta, el pan y el vino. Los hombres que estábamos en la plazuela de Abajo, que en la época era costumbre reunirse allá los que esperaban contrata, nos juntamos para protestar, y contestamos que no nos ocuparíamos por menos de seis reales. El Guapo nos insultó y amcnazó, y se volvió para la Casa. A los tres días se presentó de nuevo el Guapo y ninguno aceptó ir a la recogida. Don Onofre, que por entonces era joven, fingió como que pasaba por allá de casual y habló con uno que llamaban el Cuervo, que era forastero, y con el padre de la Gregoria, que todavía era una niña y estaba enferma, y no tenían dinero para la botica. Les habló a los dos en tono de amigo. Asimismo trató de atraerse al Faustino, que nadie le contrataba porque estaba mal del pecho y además era borracho y pendenciero. Pero ninguno de los tres cedió y don Onofre se marchó corrido. Pasaron más días y en el pueblo esperaban a ver en qué pararía aquello. Usted no lo recuerda porque debió ser por los años en que naciera, pero su padre sí que ha de recordarlo. Trajeron dos parejas de la Guardia Civil. El difunto las hizo venir diciendo que los braceros andábamos amotinados. Entonces, con todos los criados de la Casa, y el Guapo al frente de ellos, fueron a varear la aceituna. Mandó que las piaras, que también eran suyas, las trasladaran al olivar, y allí los cochinos comieron toda la aceituna hasta que no quedaron ni los huesos. El difunto dejó perder la cosecha, que valdría lo menos dos mil duros, antes que pagarnos dos reales más de jornal.

—Eran otros tiempos.

—Pasamos mucha hambre aquel año. Yo y otros marchamos del pueblo, porque el difunto, don Onofre y el Guapo nos hicieron la cruz, y acá hubiéramos reventado de hambre. En la Casa no nos contrataban, y nadie se atrevía a darnos trabajo. Dos o tres sentaron plaza y al licenciarse se quedaron de albañiles en la ciudad y no han regresado al pueblo. Requejo, que ya le conocéis, fue el único, con un servidor, que regresamos al pueblo. Habían corrido los años y el Guapo, gracias a Dios, ya había muerto de los tifus.

Matías es joven, sanguíneo, lleva un palillo entre los dientes y las mangas subidas hasta medio antebrazo.

—Este pueblo es un atraso. Yo y mis hermanos, en cuanto vendamos las tierras de la herencia, ahuecamos a la ciudad.

—Mi padre pretende que cuando acabe la carrera venga a ocupar su plaza; yo le voy dando largas por no contradecirle, pero veremos qué decido. Lo que os quiero advertir es que las cosas pueden cambiar, y ahora es la ocasión. A don Froilán ya le andan rondando los mismos que ayer le ponían verde. Todos necesitan apoyarse, necesitan alguien que los defienda aunque les pegue puntapiés en mitad del trasero, aunque los haga cornudos; ellos, aguanta que te aguantarás. Pero vosotros, tanto los que poseéis alguna hacienda como los que trabajáis a jornal, no tenéis nada que temer, no necesitáis más amo que vosotros mismos o el que os contrata a diario, pero sólo es vuestro amo las horas que trabajáis para él, ni una más.

—Mis hermanos y yo nos largamos del pueblo.

—Si no fuese por los hijos, también me marchaba. Los hijos atan y obligan a aguantar mucho. Los pobres no deberíamos tener familia.

—Pero es lo único que nos dejan tener...

Quiñones y el Mamporrero entran en la taberna. Quiñones se acerca a Sancho.

—¿Qué te debo de anoche? Cuando nos fuimos te dejé colgadas dos rondas por lo menos.

—Lo de anoche está todo pagado...

—¿Cómo pagado? Eran las dos rondas mías...

—Yo invito a los de anoche. ¿Pasa algo?

—¡Ah! Gracias... Si le llegamos a echar mano encima no se nos escapa.

—Todavía no habrá parado de correr. Ese cabrón no se acerca más por aquí.

—¿Creéis que pasará algo?

—Si nadie se chiva, no. Hoy ha estado la pareja que trajo al Lebrel y nada se ha dicho.

—El juez con Paciano fueron a casa del Tartajoso y levantaron un atestado.

—¿Y si detienen a alguien y empiezan a repartir leña?

—No lo harán. Está aquí el Gobernador; ninguno quiere meterse en líos. Ahora les conviene congraciarse a todos con todos. ¡Ya les daría yo morcilla!

Un viejo vestido de oscuro, con la camisa muy sucia y un bastón con puño de plata, entra tambaleándose ligeramente; el sombrero torcido le baila sobre la cabeza. Es el escribiente del almacén de Agripino.

Habla en tono alto para que le oigan, pero las palabras le salen vacilantes e inseguras.

—Desde aquí le veré pasar y me descubriré para decirle adiós. ¡Largo es el viaje hasta los Infiernos! Hace sesenta años éramos zagalejos, no había escuela entonces; don Acisclo nos enseñaba la tabla de multiplicar y nos tiraba de los pelos... No le daré hoy el gusto de acompañarle al camposano. Yo, aquí, celebrándolo. ¡Lástima que él no me verá!

Por un momento todos le miran y escuchan lo que dice, pero en seguida se desentienden de él. El viejo va a sentarse junto a la puerta, próximo al Raposo y al Voluntario, que se apartan para cederle lugar. Se le cae el bastón, lo recoge, lo pone entre las rodillas y apoya el mentón en el puño de plata. Se vuelve hacia Sancho y alarga una mano de abultadas venas.

—Hijo, sírveme una copita de anís y un vaso de agua. Aquí me quedo a ver la procesión y a despedirme de mi querido amigo.

XLVII

El cortejo desciende por la calle de las Ánimas, que va a salir a la carretera de Santa Marta. Esta carretera es la que cruza el río y pasa junto al cementerio.

Las mujeres del pueblo, casi todas enlutadas, se agolpan a lo largo del trayecto; bastantes de ellas sostienen en la mano velas o cirios encendidos. Las señoras, y algunas menestralas y campesinas ligadas a la familia por amistad, interés o bien por servidumbre o dependencia, permanecen en la Casa haciéndole compañía a la hija del difunto. Las que en la calle presencian el paso del entierro, presentan un rostro compungido, pero en sus miradas también se advierte curiosidad y admiración. Cuentan el número de sacerdotes; nunca se vieron tantos, van tres más que en el entierro de don Moisés. La presencia del Gobernador, del Magistral y del brigada de la Guardia Civil son también causa de admiración. El número de pobres es asimismo superior al de cualquiera de los entierros que ellas recuerdan; han contratado a la totalidad de los viejos del Arrabal. Y la carroza y los empleados de la funeraria contratados en la ciudad constituyen un espectáculo inesperado.

Como la calle de las Ánimas es estrecha, el acompañamiento se ha desordenado; los pobres se aprietan, dan carrerillas, se empujan, se echan goterones de cera, regañan entre sí y hasta gritan.

Las dos primeras filas que constituyen el duelo, al no ser posible mantenerlas dada la angostura de la calle, se han quebrado, el cortejo se alarga; los que van en cola forman en la plaza un nutrido grupo en espera de turno para meterse en el embudo de la calle. La doble hilera de mujeres enlutadas, que se aprietan contra los muros, contribuyen a aumentar la confusión, y con las velas encendidas churretean las mangas de los que desfilan; algunos, al advertirlo, protestan y se originan disputas. Detrás del clero marcha la carroza fúnebre; a su paso las mujerucas se santiguan. Dos de los empleados de la funeraria atienden a los frenos, y otros dos, obedeciendo a una orden del cochero, sujetan a los caballos de las riendas para evitar que caigan en caso de resbalar.

Tartufo se ha vestido con una chaqueta exageradamente estrecha, apenas puede abrochársela y le queda tan corta que va enseñando los lustrosos fondillos del pantalón. Los zapatos le obligan a caminar con dificultad, separando las puntas y pisando con los talones. Junto a Tartufo está Gumersindo, el estanquero, y tras una pugna que se prolonga tres o cuatro minutos, consiguen forzar el cuello de embudo que forma la embocadura de la calle de las Ánimas.

—Quería visitarle esta mañana, amigo Gumer, pero he tenido que afeitar a ocho sacerdotes y hemos terminado demasiado tarde. Deseo sostener con usted una conversación relativa a cierto asunto.

—Mientras andamos explíqueme de qué se trata.

—Supongo que nadie nos escuchará en medio de este barullo. ¿No le parece? Porque aunque el caso no sea secreto, tampoco conviene publicarlo en demasía...

—Explíquese usted, amigo Tartufo; y mejor que no levante la voz, que oído ya tengo, más bien soy corto de vista...

—He pensado en usted precisamente, porque además de la relación que nos une... le juzgo capaz de llevar a término las gestiones que hagan falta, y cuenta con amistades en la ciudad... por otra parte, entiendo que su establecimiento...

—¿Y de qué se trata?

—La idea, debo reconocerlo, vino de mi hijo, que no sé si usted está enterado, trabaja de mecánico en la ciudad. Al chico no le tiraba lo de la barbería, y a los jóvenes, en los tiempos que corremos, hay que dejarles seguir su voluntad. Yo no he querido iniciar nada hasta hoy. Hablemos claro, amigo Gumer, si uno tenía aquí en la cabeza una idea para ganar algún dinero poniendo en práctica cualquier negocio, resultaba imposible desenvolverla sin recurrir al difunto. ¿Y qué ocurría entonces? Que uno trabajaba y los beneficios se escurrían hacia otra parte. Es cierto que él resolvía las dificultades, se encargaba de las gestiones, manejaba influencias, y de convenir hasta añadía dinero, pero ya digo, los beneficios usted no llegaba ni a olerlos. Por eso, a pesar de que el chico me habló hará casi un año, me resistí a mover un dedo. Ahora es distinto; de ahí que cuente con usted. Nada referente al dinero, pues, gracias a Dios, tengo ahorrados unos durillos, que o mucho me equivoco o serán suficientes según lo tengo calculado con mi hijo. Como hemos tirado más bien largo, de presentarse gastos imprevistos, pues también alcanzo para cubrirlos. De usted querría que se encargara de las gestiones, del papeleo, quiero decir de cuanto sea preciso para conseguir...

—Pero todavía no me ha aclarado usted de qué se trata...

—Usted va a ver... Creo que la idea de mi hijo es excelente, hemos hecho nuestros cálculos y aunque sin experiencia por mi parte, estoy convencido de que merece la pena arriesgarse. En la barbería charlo con toda clase de gentes; tratantes, forasteros, viajantes de comercio. Más tarde uno rumía a solas; y no le diré nada a mi hijo, que gracias a su ocupación no le faltan ocasiones de enterarse de cuanto se refiere a los automóviles.

Uno de los viejos portadores de cirios resbala y cae al suelo. Está a punto de ser pisoteado por los caballos. Los hombres de la blusa, con esfuerzo y pericia, consiguen evitarlo, deteniéndolos a tiempo. El viejo gimotea y agita las piernas; el cirio, con el golpe, se le rompe. El clero, que va delante, continúa su marcha cantando, pero el coche fúnebre y la comitiva se detienen. Las mujeres levantan al viejo, que cojea, y lo entran en el portal de una casa. La carroza reemprende la marcha. Los pobres del Arrabal se arremolinan, recogen el cirio roto y acaban interponiéndose entre el coche mortuorio y el duelo. El clero, que se ha distanciado unos cincuenta metros, advertido por el público, hace un alto. Poco a poco el cortejo vuelve a ordenarse. Al viejo le sientan en una silla y le dejan arrimado a la pared; una mujer le saca un vaso de agua.

—En la provincia hay bastante pueblos que cuentan con servicios regulares, y según explican los viajantes, en las regiones más prósperas todos los servicios se hacen ya con autobuses; y van llenos. He pensado, porque para conseguir el permiso hay que solicitar lo que se llama concesión y la otorgan pagando lo que corresponda, establecer una línea para el tren correo que saliera, por ejemplo, de Santa Marta, que pasara por el cruce de Tobajuela, dando vuelta por el camino de Hontanar, que no es bueno, pero que permite circular a un autobús de ésos sin demasiado quebranto. Los de Tobajuela tendrían que llegarse andando hasta el cruce; menos de un cuarto de legua. Luego, el autobús vendría por aquí; pararía en la plaza diez minutos, pongamos delante del estanco de usted, que se encargaría de la administración y despacho de billetes. De aquí seguiría hasta el apeadero, donde esperaría el correo. Y de regreso el mismo camino pero a la inversa... ¿Qué le parece la idea?

—Habrá que pensarlo; por lo que a mí respecta no me agrada decidirme de sopetón. El proyecto me parece factible; yo mismo he subido en esos coches de línea. Se viaja rápido en ellos y no resultan caros en demasía. Donde los hay, casi nadie se traslada en caballerías o a pie; si acaso algún pobre campesino. Los que se desplazan para negocios o tratos, pagan su billete sin chistar, y entre el tiempo que ganan y la comodidad, lo dan por bien empleado.

—Lo que usted me cuenta ya lo había yo pensado. Si a un enfermo tienen que tirarle los rayos X en la ciudad, ¿cómo lo hace? A quien se le quiebra un hueso o está tocado del pulmón han de trasladarle en caballería... ¿Un coche de alquiler? Sólo los ricos pueden permitirse ese lujo. ¿Qué ocurre entonces? Que no se tiran los rayos, y don Gabriel es buen médico, pero no dispone de medios conformes. ¿No opina usted que tengo razón?

—Sí, amigo. Y más casos aún que se dan: hay quien iría al mercado y no lo hace porque para llegar al tren se ponen tres horas, y si por la edad las piernas no le dan para coger por los atajos, pues póngale cuatro.

—En la baca se transportan mercancías. Algo más caro que en carro habrá que costarles, porque ya sabe usted que la gasolina es costosa y un bicho de esos vale sus miles de duros. Pero el servicio no se compara y si quieren enviar un paquete, una caja, o lo que sea, pues se manda, y santas pascuas.

—¿Por qué no le habla usted a don Froilán? Una idea en beneficio del pueblo ha de satisfacerle y él cuenta con relaciones.

—¡Eso sí que no! No me fío de nadie; desconfié del difunto y ya veremos por dónde se nos sale don Froilán. Le cuento a usted mi intención, si le parece buena y se siente capaz me hace los trámites y me redacta los papeles cobrándome lo que sea justo más los gastos que se produzcan. Cuando tengamos el permiso o concesión, usted se me encarga de la administración de acá. En Santa Marta buscaré otro, ya me figuro quién, porque teniendo una cuadra desocupada puede servir de garaje durante la noche. A mi chico le dieron el título oficial de chófer, y para cobrador y bajar y subir los bultos buscaríamos a alguien. Podría convenirnos el Voluntario, que es despabilado y activo; el trabajo no le ocuparía todas sus horas. No quiero que don Froilán se entere. ¿Y si aprovecha mi idea, se me adelanta y le dan a él la concesión? Influencias tiene más que nosotros... El negocio me gustaría emprenderlo por mi cuenta, con la ayuda de usted se entiende. Mío sería el carricoche, pagado con mi dinero, y mía también la concesión oficial. Si gano, gano, y si pierdo,

pierdo. No acepto que otro me chupe los beneficios porque es más poderoso que yo, o porque me aventaje en amistades y apoyos.

—Lleva razón, amigo Tartufo, lleva razón. Mejor es no comunicar con nadie; haremos las instancias en la ciudad o en Madrid, donde convenga y sea de ley, que eso hay que averiguarlo, y cuando todo esté bendecido y resuelto, entonces que se enteren.

—Mi hijo buscará un coche en condiciones; los hay nuevos de fábricas y otros más económicos que han servido en las ciudades. Y usted, amigo Gumer, lo dicho; consulte con la almohada y ya me dará respuesta. El momento es propicio para emprender algo substancioso. Yo llevaba la idea metida aquí y hasta hoy no se la he descubierto a nadie. Usted es el primero en conocerla. Uno no podía fiarse del difunto; él iba a la suya y cuando se inventa una idea hay que respetarla. ¿No le parece, amigo Gumer?

La calle se ha ensanchado. El cortejo desfila ante la taberna de Sancho. La puerta de cristales está entornada, pero se ven arracimadas multitud de cabezas curiosas.

En el banco situado en el exterior, junto a la puerta, está sentado el empleado del almacén de granos. No se ha afeitado; entre las piernas sostiene el bastón y las manos le tiemblan. Cuando pasa ante él la Cruz, se lleva la mano al ala del sombrero. Don Humberto, que marcha detrás de Saturio, le mira severamente. Al llegar la corraza fúnebre, el viejo vacila y acaba poniéndose en pie y destocándose. Vuelve a vacilar, masculla unas palabras para sus adentros, y se incorpora al acompañamiento. Tras una pugna, que hace sonreír a los espectadores de la taberna, consigue ocupar un puesto junto a don Onofre, don Ceferino, don Eloy y don Fernando, sin cuidarse de que le eluden con despectivo enfado. Camina junto a ellos, apoyándose en el bastón y con el sombrero en la mano. De su boca, de su cuerpo entero, brota un tufo a aguardiente que acentúa la hostilidad de quienes marchan junto a él.

XLVIII

LA HAN DEJADO SOLA en el campamento. Todos, ellos y ellas, se han marchado a presenciar el entierro. Como se aburre y se siente descansada, pues ha dormido toda la noche y parte de la mañana, decide irse al río para lavarse las piernas.

Con las faldas remangadas hasta los muslos se mete en el agua, que en esta orilla es de escasa profundidad. Los pies se le hunden en un limo blando, suave, agradable de pisar. A poca distancia, sentado sobre un muro de defensa medio derruido, hay un pescador que sostiene la caña con ambas manos; es un hombre joven, y está mirándola. Ella se detiene un momento, da la vuelta y camina unos pasos en dirección opuesta. Por la carretera bordeada de chopos avanza el entierro que acaba de desembocar de la última calle del pueblo. Cuando lo ve se sobresalta y vuelve otra vez en dirección al pescador; camina por cerca de la orilla, donde la profundida es poca. Afloja la presión de los dedos, y las faldas descienden hasta cubrirle las rodillas.

Se oye el canto latino de los sacerdotes; la comitiva se alarga levantando un leve polvo que brilla atravesado por el sol. El pescador ha dejado de mirarla para fijar la vista en el entierro. El pescador es un muchacho de la misma edad que ella. Tiene un timbre de voz varonil y amable, ligeramente zumbón.

—¿No has ido a presenciar el espectáculo? Hasta las lavanderas han dejado plantada la faena y están a la puerta del cementerio.

—No me gustan los difuntos; prefiero estar aquí refrescándome los pies.

—Haces bien; a mí tampoco me interesa ese difunto. He venido a pescar, mejor dicho, a pasar el rato, porque picar no pican por ahora.

—Dicen que era muy rico...

—Sí, lo era...

—También que era muy malo...

—Si lo dicen, será cierto...

Sale de la corriente y se sube a una de las piedras que forman la base del muro de contención. Los pies se le han quedado fríos y la piedra está soleada y caliente.

—Tienes unos pies muy bonitos.

—Usted bromea...

—¿Por qué iba a bromear? ¿No te das cuenta de que son bonitos? También lo son tus piernas; las he visto de lejos.

—Sólo de lejos...

Se miran y se echan a reír. Ella vuelve el rostro hacia el lugar donde pasa el entierro. Son muchos los hombres que siguen tras el coche fúnebre; las mujeres del Arrabal se agrupan a ambos lados de la carretera. Bastantes de las que presenciaron el paso por las calles, van ahora detrás de los hombres, manteniendo cierta distancia.

—¿Cómo te llamas? Imagino para ti un nombre raro, distinto...

—Me llamo Perla.

—Algo así pensaba yo. Ninguna chica, ninguna mujer de este pueblo se llama como tú. Perla es un nombre bonito como tus pies, como... tus piernas... como tus dientes cuando sonríes.

—¿Y usted cómo se llama?

—Mi nombre es feo: Indalecio.

—¿Indalecio? ¡Qué raro, nunca lo había oído!

—Se llama así mi padre; aquí a nadie le parece raro.

—Pues lo es. In-da-le-cio... pero no es del todo feo.

El clero, cuyas vestiduras relumbran al sol, inicia la curva para tomar por el camino que conduce hasta la puerta del cementerio. Gira la carroza fúnebre y como el camino es angosto, los pobres, cuyos hachones están aún encendidos, aunque a pleno sol apenas se percibe su lumbre, se ven obligados a andar salteando entre los matojos y pedruscos, o dar rodeos para sortearlos.

—No me gustan nada los entierros. Traen mala pata. Además, por su culpa no podemos trabajar.

—¿Tú qué haces, bailas?

—Sí, también bailo.

—Me hubiera gustado verte; estoy convencido de que lo haces bien.

—Mejor es el número de los perros amaestrados. Pero bailar también bailo. Ignoro si seguiremos camino o habrá mañana función; nunca me cuentan lo que piensan hacer.

—Si hay función vendré a aplaudirte.

—No sé, con esto del entierro... ¡Qué mala ventura la nuestra! De saberlo, hubiéramos pasado de largo.

—En un entierro la parte peor le corresponde al muerto.

—¡Y tan rico que dicen que era! De sobra se advierte por la gente que le acompaña.

—Yo no voy; querían obligarme a ir, pero me he negado.

—¿Era enemigo suyo el difunto?

—Psé... No le quería nada.

—¿Se ha alegrado de que...?

—No, tampoco; ni lo he sentido. Allá cada cual.

La muchacha vuelve a meter los pies en el agua y se apoya en el muro. En la postura en que él se halla no puede alcanzar a verla. Avanza hacia el agua remangándose las faldas; a cada paso es más profunda. Como está atenta vigilándole, le descubre tan pronto asoma la cabeza para mirarla.

—¡Eh! No mire, que me voy a enfadar...

—Perla, sube a hacerme compañía.

—No, estoy bien aquí, y mejor estaría si usted no me mirara con esos ojos.

—Es que ahora te veo las piernas de cerca, y me gustan todavía más.

—Si no coge la caña y sigue pescando, me enfado con usted.

—Ven a hacerme compañía. Todos se fueron, nos hemos quedado solos.

—No, no voy; ya sé lo que pretende de mí.

—De verdad que no quiero nada malo; estar cerca, verte de cerca los dientes, y los ojos, que todavía no sé de qué color son.

—Yo no me muevo del agua; aquí no hay peligro.

—Bajaré a buscarte...

—Se mojaría los pantalones y lleva usted un traje muy majo y nuevo.

—Me los remangaré...

—El agua es profunda, mire hasta dónde me alcanza.

—Pues me los quitaré...

—Si se atreve, saldré corriendo, gritaré y escandalizaré a todos los del entierro.

—No seas maliciosa; lo decía por no mojarme el traje.

El muchacho deja la caña trabada entre unas piedras. Se descalza y se remanga los pantalones hasta la rodilla. Desciende del muro de un salto y se mete en el agua.

—Hasta aquí no llegará usted.

—Me mojaré si hace falta.

Bascula el cuerpo sobre una pierna, alarga el brazo y tira de Perla hacia la orilla.

—¡Oh, no vale! Eso es jugar con trampa...

—No hagas tanta fuerza, Perlita; es que quiero verte de cerca.

—¿Usted le llama ver a esto? Me supongo que es algo miope...

El muchacho la sujeta por la cintura y ella, como está sosteniéndose las faldas, no puede defenderse. Aunque hace algunos movimientos para esquivarle, él la besa en el cuello y en el rostro; Perla se ríe y él termina por reírse también.

—¿Qué pensarán si nos ven los del entierro?

—No nos ven; caminan de espaldas y estamos protegidos por las ramas. Y además. ¡Déjalos! Ellos a lo suyo y nosotros a lo nuestro...

—Yo a nada...

—Perlita...

—Usted es simpático, pero demasiado atrevido. ¿Adónde se ha visto?

Salen del agua y caminan sobre las hierbas de la orilla. Ella abandona cualquier intento de resistencia, se deja abrazar por la cintura y le sigue entre los árboles.

—¡Perlita, qué suerte la mía de haber desobedecido a mis padres! Ahora estaría en el cementerio como un tonto, en lugar de tenerte aquí abrazada, tan bonita como eres, que te voy a comer a besos...

—¿Cómo me has dicho que te llamabas?

—Indalecio...

—In-da-le-cio... una se imaginaría a un señor gordo y seriote, y no a un chico tan majo como tú. Pero me figuro que eres demasiado fresco para lo joven que pareces.

XLIX

LOS POBRES SE HAN IDO SENTANDO encima de las tumbas, y sostienen desmayadamente los cirios apagados, algunos de los cuales, reblandecidos por el calor, se han doblado, mientras que otros se han partido. Varios de los pobres discuten en voz baja. Puestos de acuerdo, el tío Mamerto pasa por detrás de los sacerdotes, que forman un semicírculo frente a la entrada del panteón, y se acerca a Saturio, que descansa apoyado en el astil de la Cruz.

—Señor Saturio, páguenos usted los tres reales a cada uno, que nosotros nos vamos. Estamos muy cansados y ya no hacemos aquí más falta.

Saturio mira alrededor y le contesta al oído, con discreción pero con energía:

—Mañana, después de la misa, pasáis por la sacristía y se os pagará. Tenéis que devolverme la cera; a quien no me restituya el cirio tal como está en este momento, no le pago. Puedes advertírselo a todos.

—Señor Saturio, es un derecho de los pobres vender la cera sobrante; nadie puede discutírnoslo, es un derecho antiguo. El cobro de los tres reales es caso aparte.

—Lo hablaré con don Humberto, pero me temo que no accederá a vuestras exigencias.

—No le quedará otro remedio; la cera queda para nosotros, siempre se hizo así. Y usted, señor Saturio, lo sabe y lo mismo le ocurre a don Humberto. Queremos que se nos respete nuestro derecho.

—Bueno, no discutamos en plena ceremonia. Mañana hablaremos...

—Es que necesitaríamos cobrar ahora mismo para ir a festejarlo a la cantina.

—Toma un duro y os arregláis. Mañana le descontaré un real a cada uno. Y no me arméis más enredos.

—Los tratos son los tratos. Un duro suma veinte reales; pues mañana se los descuenta a razón de uno por cabeza, porque es lo justo y nosotros no vamos contra la ley.

En el interior del panteón el sepulturero, ayudado por los peones y por un forastero que voluntariamente se ha ofrecido, consigue con algún esfuerzo bajar el féretro al fondo de la fosa. Sólo están presentes los dos hijos del difunto, don Onofre y Daniel; don Humberto ha entrado un instante, pero ha vuelto a salir para reunirse con los otros sacerdotes. El Gobernador, el Magistral y las demás autoridades y representaciones se han quedado fuera. Disimuladamente buscan la manera de protegerse del calor al amparo de la sombra del panteón o de los cipreses más próximos.

Los demás se han desparramado entre las tumbas; se van formando grupos y se inician conversaciones. Cuando los clérigos cantan, las conversaciones se apagan y todos fingen devoción, respeto o recogimiento, aunque los más siguen charlando solapadamente. Las mujeres se han quedado en las inmediaciones de la puerta, a cierta distancia de los hombres, o se han desplazado hacia el lugar que ocupa la fosa común. Varias de ellas se desentienden de la ceremonia y buscan los nichos donde yacen parientes o conocidos. Otras mujeres, por el contrario, están pendientes del enterramiento y lloran compungidas.

Tartufo está colorado y sudoroso; dos grandes manchas húmedas le han aparecido alrededor de los sobacos. El único botón de la chaqueta ha terminado por saltar, y ahora se siente más cómodo. Con el barbero se hallan reunidos Gumersindo el del estanco y el empleado de Correos.

Don Froilán se ha retirado a la sombra de la capilla; permanece serio y callado. A su alrededor han ido agrupándose don Ceferino, el Juez, don Simeón, Balbino Horcajuelos, Zabala, el Veterinario, Palomares, el tío Vivo, Serafín de la Monja, el tío Hisopo, el Maestro, Agripino, el Soldado y Paulino, que se protege del sol con su jipijapa exótico. No lejos está el secretario del Gobernador de la provincia y bastantes de los labradores más fuertes, don Paciano, López, Lorente, Rufino el pastor y algunos otros.

El tío Raposo ha estado asomándose, aprovechando los espacios libres que dejaban los cuerpos de las autoridades, hasta que ha visto desaparecer el féretro en el fondo de la tumba; después ha ido a refugiarse a la sombra de los cipreses que bordean la fosa común; allá se ha juntado con el Voluntario, con Verdera y con Maciste, el atleta del circo ambulante que a todos llama la atención porque bajo su chaqueta se descubre una malla rosa tachonada de lentejuelas.

Don Fernando y don Eloy, que al principio formaban parte del grupo de don Froilán, pasean con talante preocupado, hablando en voz baja.

Entre dos sepulturas, con las manos a la espalda,

don Indalecio mira fijamente hacia la puerta del panteón, a los curas, a las autoridades; no parece ver nada ni advertir a nadie. Menea la cabeza como si platicara consigo mismo. Se diría que en una noche ha envejecido.

El alcalde se halla reunido con sus colegas de los pueblos vecinos. Desde donde están no alcanzan a ver lo que ocurre en el interior del panteón, y disimulan mal su aburrimiento. El alcalde de Santa Marta, que suda, embutido en su traje de lana negro, se aparta de los otros y se encamina hacia la capilla, bien para arrimarse a don Froilán, bien a repararse a la sombra del edificio.

Celso, que también sudaba, se despoja de la chaqueta de pana y se abanica con el pañuelo. Le acompaña el tío Mecachis, al cual le aprieta el cuello postizo y presenta el rostro congestionado.

Los que trabajan en el interior del panteón han comenzado a colocar la losa sobre la tumba, sirviéndose de dos rodillos y una palanca. A don Cristóbal le caen gruesas lágrimas que se enjuga con el pañuelo. Daniel se aproxima a él y le pasa la mano por la espalda, apretándosela cariñosamente; también tiene lágrimas en los ojos. Don Pablito se sujeta el mentón con los dedos para disimular la congoja. Don Onofre observa a los tres, hace una mueca y baja los párpados arrugando la frente.

En una tumba, situada frente al panteón, que corona un ángel del tamaño de un niño, se ha sentado el viejo empleado del almacén de granos. A su derecha está el clero; a su izquierda, las autoridades. No presta atención a nadie ni cuida de las conveniencias; sigue atentamente cuanto ocurre alrededor de la sepultura que están cerrando. Ha dejado el sombrero en el suelo y con el puño de plata del bastón se rasca el cogote y el nacimiento de la espalda. La otra mano le cuelga hasta rozar el suelo. Entre los labios se le aguanta un cigarrillo apagado a medio consumir.

Cuando la losa queda encajada, el forastero que ha cooperado con los enterradores profesionales se dirige a los familiares con tono cortés:

—Señores, nuestra triste misión está cumplida; les acompaño en el sentimiento.

Los deudos salen del interior y se quedan a la puerta. Aquilino recoge su sombrero gris, que había dejado en un extremo del altar, y abandona el panteón seguido del sepulturero y de los dos peones.

Don Humberto avanza con el hisopo y asperja el interior en dirección a ambas losas gemelas.

—*Requiescat in pace.*

Y los que están más próximos contestan:

—Amén.

Entonces el Gobernador se encara con los presentes. Las conversaciones se interrumpen; algunos se acercan para oír mejor. Don Fernando y don Eloy suspenden su paseo. Don Pablito se cubre el rostro para disimular los sollozos. Don Cristóbal ya se ha tranquilizado. En todo el cementerio se hace el silencio.

—Hoy es un día doloroso para nosotros, para este pueblo, para la provincia y aun para España entera. Ha muerto un hombre cabal, uno de esos próceres cuyo nombre los siglos repiten con respeto. Mi palabra es demasiado modesta para entonar sus alabanzas. Todos ustedes le conocían, todos le son deudores de beneficios; por eso estamos aquí reunidos para honrar su memoria y tributarle el postrer homenaje. Nada más: que la tierra le sea leve.

Los grupos comienzan a disolverse. Los sacerdotes se retiran y al pasar ante el Magistral inclinan la cabeza. Los hijos del difunto y don Onofre siguen mirando hacia el interior del panteón. El forastero les habla otra vez en tono suave:

—Por favor, señores...

Cierra despacio la puerta de madera y después la verja. Acciona la llave, retira el llavero y se lo entrega a Saturio. El sacristán apoya la cruz en el hombro, alza las vestiduras y se guarda las llaves en el bolsillo del pantalón. Luego emprende una carrerilla para alcanzar a los sacerdotes.

Después de pronunciadas las palabras, el Gobernador ha hecho una breve reverencia a los hijos del finado, y, sorteando las tumbas, avanza en dirección a don Froilán. Al llegar frente a él le sonríe y le tiende la mano. Todos contemplan la escena. El Alcalde, con sus colegas, se aproximan también a don Froilán. Muchos de los presentes le rodean, pugnan por estrecharle la mano o por hablarle; él se mantiene grave, atento pero distante.

Cuando arranca a andar al lado del Gobernador, le sigue un improvisado séquito. Incluso don Fernando y don Eloy, Tartufo y el estanquero, Celso y el tío Hisopo van incorporándose al grupo.

Don Pablito y don Cristóbal, don Onofre y Daniel, que se han quedado solos, distribuyen monedas de plata entre los sepultureros. Como don Onofre pretende darle dos pesetas a Aquilino, éste responde con amabilidad:

—Muy agradecido, señor, pero he ayudado únicamente con el deseo de cumplir con las Obras de Misericordia.

Al salir del cementerio, el Magistral se sitúa a la izquierda de don Froilán, y todos juntos emprenden el camino de regreso.

L

Aunque el sol comienza a descender hacia el horizonte, todavía aprieta el calor. Cuando la Gregoria ha llegado trayendo en un cesto la merienda, Zacarías ha terminado el surco que tenía comenzado, y tras de abandonar la yunta junto al camino, se ha ido a refugiar a la sombra de la higuera. Se ha sentado en tierra, apoyando la espalda en el tronco del árbol, y ha sonreído a su mujer. La Gregoria ha sacado del cesto el pan y una calabaza de vino, y mientras adereza unos tomates, ha entregado al marido un pedazo de queso. Zacarías abre la navaja, parte el pan y se pone a comer. Sólo le faltan ocho o diez pasadas a todo lo largo del haza; cuestión de un par de horas. Antes de que cierre la noche, el Haza de la Higuera estará labrada, y de nuevo se incorporará a su propiedad personal; nadie podrá discutírsela: la razón del trabajo es poderosa, única. Que unos cuantos chopos la invadan es harina de otro costal; puede que un día se decida a cortarlos, y una vez talados, que vengan a reclamarle la madera.

La Gregoria se ha protegido la cabeza y parte del rostro con un pañuelo claro para evitar que el sol le queme la piel. Está sentada en el suelo, cerca de su marido, dándole cara al cementerio.

—Hubieras visto, Gregoria, cómo miraban al pasar por aquí delante... Yo fingía no advertirlos, pero los observaba de reojo.

—Don Eloy te habrá visto...

—No sabría decirte. ¡Iban tantos!

—Se ha juntado mucho personal. Casi todas las mujeres salieron a la calle. También yo he visto el sepelio, pero de pasada, fingiendo que iba a un recado. El que marchaba delante, bien plantado pero más bien viejo, dicen que es el señor Gobernador...

—No conozco a esas gentes.

—¡Toma, ni yo tampoco! Pero lo decían. Y el cura alto y grueso era de la Catedral. Iba el brigada de la Guardia Civil, y muchos alcaldes, y...

—Mira; se acabó la función. Ya salen.

—Los curas tomaron el portante antes que nadie. Pasaron derecho por el ejido.

Van saliendo en grupos por la puerta del camposanto, rematada por una cruz de hierro. Se oye el murmullo de las conversaciones, si bien no se perciben las palabras. Don Froilán se ha calado el sombrero hasta las cejas; es aventajado de estatura, torpe de ademanes, y de mirada rapaz y aguda. Por un momento observa en dirección al haza, descubre al matrimonio a la sombra de la higuera y examina las mulas de la yunta que descansan al borde del camino. El Gobernador va bien trajeado. Las botas se le han cubierto de un polvo blanquecino; de cuando en cuando las echa una ojeada con pueril desconsuelo. El Magistral, también alto y corpulento, lleva terciado el manteo, y al hablar menea la mano derecha con afectada elegancia. El brigada de la Guardia Civil se quita el tricornio y se enjuga el sudor de la frente; marcha cabizbajo, preocupado;

antes de guardarse el pañuelo, se lo pasa entre el pescuezo y la tirilla que protege el cuello de la guerrera.

Los demás caminan a los flancos o detrás de este pequeño grupo. Hay quienes, por mantenerse cerca y resultando el camino estrecho, se salen de él y marchan por los campos estirando la cabeza para ver, para ser vistos, o para escuchar la conversación que sostienen el Gobernador y don Froilán.

Las mujeres que acudieron al cementerio se dispersan; toman por veredas para atajar a las personas importantes antes de que alcancen el puente, o bien se rezagan charlando. Ninguna acompaña a su marido, aunque esté entre los hombres que caminan unos pasos delante.

—¡Míralos, Zacarías, míralos bien!

—¿A quién?

—¿No los ves, estás ciego? ¡Habría para matarlos! ¡No distingues a Eloy, el muy sinvergüenza, platicando con don Ceferino, como si fueran grandes amigos!

—Y don Ceferino le pone buena cara...

—¡Fíjate cómo miran hacia aquí! Estoy segura de que hablan de ti, de nosotros, de que estás arando el campo...

—Disimula, Gregoria, no los mires ahora.

—¿De qué hablarán ese par de mochuelos? ¿No tratarán de jugarte una mala pasada?

—No, mujer. Estando el otro sepultado no han de darle más gusto; ya no le arrancarán dinero para torcer voluntades.

—¿Y los lobeznos?

—Otros trabajos los ocupan; lucir en Madrid y gastarse lo que les haya dejado el difunto.

—No me gusta nada verlos tan compinches.

—Los señores no obran como nosotros, sobre todo los de ciudad. Ellos se sonríen, se estrechan la mano; son cumplidos. Cuando conviene, se insultan, se despellejan, se apuñalan por la espalda; son así...

Los que regresan hacia el pueblo levantan polvo a lo largo de la carretera. Parece que el grupo de cabeza tirara de los demás, como si un fuerte imán los mantuviera en movimiento.

Zacarías corta con la navaja pedazos de pan, y otros, más menudos, de queso; se los mete en la boca y los mastica distraídamente.

—¿Te has fijado cómo le dan coba a don Froilán?

—Ya veremos qué tal resulta...

—A nosotros no nos preocupa, no le necesitamos. Que se guarde de meterse en nuestras cosas.

—No se meterá, Gregoria. Quienes le necesitan son los labradores ricos, los que buscan beneficios torcidos, los usureros, quienes pretenden algo que no es de ley, los débiles que solicitan amparo, los envidiosos, y aquellos que respetan por el placer de respetar. Nosotros vivimos del trabajo; ¡que nos dejen tranquilos!

—Sí... pero repara en cuántos le siguen y adulan.

—¡Qué nos importa! ¡Allá ellos!

—Le rondan hasta los que estaban reñidos con él, y los amigos del difunto que le sacaban el jugo a su amistad y se envanecían de su protección.

—El Tartajoso ha estado a punto de pagar el pato; los demás, que no eran mucho mejores, tan campantes. ¡Hasta don Eloy!

—¡Déjalos! ¿Qué quieres? Son así...

Don Indalecio sale del cementerio con el sombrero en la mano. Camina despacio, abstraído, apesadumbrado. Algunas mujeres que pasan junto a él le saludan; no advierte su presencia.

—Tampoco a ése le comprendo. Les deja en herencia la mitad de la fábrica de electricidad.

—A algún precio la habrá pagado...

—Y parece triste; más que nadie...

—¡A saber...!

—No los entiendo a los señores; ya sabes lo que se murmuraba de doña Florita, y hay quien supone que su hijo, el señorito Indalecio...

—¡Qué sabemos nosotros! Por el río le vi pescando; ni se preocupaba del entierro.

—¡Qué cosas! ¡Cualquiera los comprende!

Los hijos del difunto, enlutados, aparecen seguidos de don Onofre. El automóvil de la Casa ha venido a esperarlos. Suben a él, y el coche arranca con ruido y polvareda. Como el camino está ocupado por quienes regresan, el auto tuerce por el Arrabal, para rodear el caserío y meterse por la plazuela de Abajo.

A la puerta del camposanto charlan los tres forasteros del circo; se les juntan dos mujeres: una de ellas gruesa, vestida de colores chillones y con uno de los antebrazos cubierto de pulseras metálicas; la otra es morena y de buena planta.

—Mira, los saltimbanquis que están acampados.

—Mal día eligieron.

—Pues parecían divertidos: los encontrabas en todas partes.

—Es guapa ésa; no me refiero a la gorda, sino a la otra.

—¡Zacarías, que me enfado!

Pasa la mano alrededor de la cintura de Gregoria y la aprieta contra su cuerpo.

—¡Anda, que bien sabes...!

—¡Eh! Quieto, quieto...

—Esta noche, por mi gusto, volvería a empezar.

—Esta noche a dormir. Tenemos mucho trabajo; un campo más para trabajar.

—Oye, ¿tú te has alegrado de que haya muerto?

—Sí. Ya lo sabes, mi padre le detestaba, y a nosotros nos enojó con el pleito.

—Ahora que no puede hacernos daño, se me ha ido toda la rabia.

LI

HAN REGRESADO al campamento paseando por la orilla del río. La tarde está apacible, y al ceder el sol, la temperatura resulta agradable. Maciste, que aventaja un palmo de estatura a los demás, retiene a los dos hombres.

—Vosotras, a vuestro trabajo. Ya sabéis que esta noche tenemos un invitado de compromiso. Cocinadme esas liebres antes de que apesten. Y si están algo pasadillas no escatiméis el pimentón; y el ajo que tampoco falte.

Los tres permanecen en pie a escasa distancia del campamento. Los caballos pastan, la cabra *Angelina* trisca algo más allá, los perros de colores dormitan junto a la carreta y los monos-filósofos, con una cadena fijada al cinturón mordisquean unas bayas encaramados sobre el techo.

—¿Estamos de acuerdo? Lo mejor es que ésas lo ignoren, no vayan a espantarse y lo echen todo a rodar. Tú, Colibrí, te quedarás a la puerta a vigilar.

—Para lo otro no valgo... lo confieso.

Aquilino se ha quitado el sombrero gris; entra en el carromato y lo cuelga de un clavo. Se pone la gorra de cuadros y regresa junto a Maciste y Colibrí.

—La idea de mover la losa por medio de rodillos, que no son otra cosa que unas ramas cilíndricas, fue de menda. Uno de los peones ya se había medio chafado un dedo. Los rodillos han quedado preparaditos, y el hierro que sirve de palanca lo he dejado donde hacen las autopsias.

—Aquilino, no eres tonto; tienes menos musculatura que yo, pero más cacumen. Decidamos quién va a encargarse del Sacristán.

Colibrí replica rápidamente:

—Eso no admite discusión: Perla, que es la más joven y la que mejor sabrá engatusarle.

—Mi mujer, la pobre, ya veis que tras la disputa de anoche ha quedado un poco malparada; la ocuparemos como cocinera.

—Tú, Colibrí —interviene Aquilino—, hablas muy aprisa. Perla es joven, pero Saturio, según yo le tengo tanteado sobre gustos, sospecho que se nos dará mejor si le echamos a Emperadora. No vamos por cuestión de escrúpulos...

—A eso sí que me opongo. Yo levanté la pista. No consiento que Emperadora intervenga. Que cene con nosotros bien está, que se arme un poco de chicoleo, aceptado; pero nada más. Esta tarea le corresponde a Perla.

Maciste apoya su manaza sobre el hombro de Colibrí.

—Tranquilízate, amigo. Todo se hará como mejor convenga. Los tres vamos a partir ¿no es eso? Que nadie levante el gallo. A ti no te agrada la faena del panteón, pues te quedas de centinela; pero tampoco vengas con demasiados impedimentos.

—A Emperadora la dejáis; Perla es más gatuna.

—Sea; te complaceremos en la medida de lo posible.

El atleta se separa de los otros dos, hace bocina con las manos, y llama:

—¡Perla! ¡Ven acá en seguida!

De debajo de la lona sale la Bella Emperadora; se estaba peinando y la cabellera negra le cuelga hasta la cintura.

—La Perla no está acá; no sé dónde para.

—¿No os dijo adónde iba?

—Antes dijo que se quedaba en la tienda, que le daban miedo los entierros.

—Ya la apañaré cuando vuelva. He de cantarle las cuarenta, pero en bastos. Andará por ahí zorreando...

—Se habrá llegado a curiosear al pueblo.

—No quiero que andéis solas por los pueblos; os lo tengo advertido a las tres. Las mujeres no sabéis haceros respetar.

Vuelve a reunirse con Aquilino y Colibrí; abre los brazos y agacha la cabeza.

—Se ha dado el piro.

—Regresará al olor de la cena.

—¿Y si no viniera?

—Colibrí, te repito que a Saturio quien le caerá en gracia es Emperadora. No hagas más dengues; a fin de cuentas no es nada horrible lo que proponemos. Camelarle un poco; lo importante es que beba, que se emborrache. Al Sacristán le gusta darle al vaso y esta noche vendrá contento. ¿Os habéis fijado lo tieso y cinchado que andaba en el entierro? Emperadora que se siente a su lado mostrándose complaciente si hace el caso, porque, Colibrí, no hay que exagerar, porque la toqueteen un poco no va a perder nada... digo yo... vamos... Y que le fuerce a beber; ocupémonos de que el vaso del Sacristán esté siempre a rebosar. Y echarle juerga... Lo que nos interesa es que se quite la chaqueta.

—¿Ves tú? Ya empezamos. Se comienza por la chaqueta y se acaba en cueros.

—No, Colibrí, no seas obstinado; con que se despoje de la chaqueta creo que habrá bastante. Yo me encargaré de las llaves en un santiamén; casi estoy seguro de que las guarda en el bolsillo de la chaqueta.

—¿Y si por mostrarse complaciente, en cuanto se queden solos, el tipo se abalanza?

—Mi mujer estará al quite... Y ten en cuenta que un borracho no es un hombre. Emperadora no tiene más que entretenerle cuestión de media hora.

—¡Media hora!

—El Sacristán es un vejestorio... Colibrí, amigo, ¿vas a tener celos de un sacristán?

—No deja de ser un hombre.

—Y los duros que vamos a embolsarnos ¿no son nada? ¿Te gustará oírlos tintinear?

—En todo caso seré yo mismo quien aleccione a Emperadora.

—A eso tienes derecho; a ti te corresponde hacerlo. Pero sin exagerar. Lo principal es que el Sacristán no se entere de que le hemos sustraído las llaves; podría estropearlo todo. Por una cuestión de amor propio no merecería la pena; sé buen compañero como lo somos nosotros.

—¡Siempre he de llevar las de perder!

—¡No se discuta más! Lo dicho, y deja de pensar en esa media hora. Te garantizo que si le echamos un par de botellas se dormirá como un tronco, y Emperadora oficiará de niñera. Recuerda, y eso te dará fuerzas para soportar la contrariedad, que tocaremos a una buena participación por barba. Ahí está el quid.

Maciste saca del bolsillo una tagarnina, muerde el

extremo y lo escupe. Enciende el fósforo frotándolo contra el trasero del pantalón, da una chupada bizcando, arroja el humo y vuelve a escupir.

—Vamos a ver qué hacen ésas... Tienen que lucirse como cocineras y no regatear los picantes. Y del vino dices que se ocupará nuestro galancete...

—Sí, él mismo lo comprará. Pero no va a presentarse aquí hasta entrada la noche. No quiere que le vean con nosotros; en este pueblo hay demasiados charlatanes y melindrosos.

—Mejor que mejor, si nadie le ve nos libramos de testigos, que, según tengo experimentado, siempre resultan engorrosos. Y a vosotros os voy a advertir algo; que no bebáis demasiado. Servidle al Sacristán vino en abundancia, y aunque no hemos de privarnos, usemos la jarra con tiento; necesitamos tener los músculos listos y la cabeza despejada.

—No nos suceda como en Galicia, cuando quisimos liar a aquel paisano de la ternera; acabamos como cubas y él más entero que nunca.

—Vigílate tú, Colibrí, que Maciste, como atleta, es de menos beber, y por mi parte pondré la debida atención. Aquel gallego era muy cazurro y nos vio venir. Saturio, con el cual tengo hechas mis experiencias, es nervioso, confiado, y se anima muy presto. Caerá, os lo garantizo. Por si fuera poco, la Emperadora le pone negro, y ahí tenemos nuestra mejor palanca.

—¿Qué dices, Aquilino, la conoce, pues?

—Colibrí, no te encabrones. Vinimos los dos paseando por aquí y de casualidad Emperadora andaba recogiendo la ropa tendida. Que es tirando a coqueta lo sabemos todos... Al cachondillo un ojo se le iba y otro se le venía.

—Que se encargue Perla...

—Aquilino, no debiste decir lo que acabas. Y tú, Colibrí, termina de una puñetera vez con tus remilgos. Se hará lo convenido, y basta.

—Si yo se lo contaba por encarecer la facilidad que tendrá Emperadora para obligarle a beber. Bastará que diga que a ella le gustan los bebedores, que un hombre que no bebe no vale un pito... Bueno, ella misma sabrá camelarle según conviene. Por eso lo decía, no por malicia. Emperadora, con el respeto que le debemos aquí al amigo Colibrí, nos gusta a todos. Y es natural, para algo somos hombres, yo me imagino, y para algo ella es como es; pero no significa nada de particular.

—Si es así, pase. Acepto a condición de que os deis prisa en la faena y que regresemos cuanto antes.

—Oído al parche; a las mujeres pocas explicaciones, incluso tú, a la Emperadora, no le cuentes de qué se trata. Terminado el negocio levantamos el campamento y ponemos tierra por medio. Hay que mirar de escapar pronto de la provincia.

—¿Sabéis que hay una pareja de civiles en el pueblo?

—Vinieron a traer al pájaro que voló con el parné del difunto. No han de ocuparse de nada más.

—Sólo nos detendremos lo justo para dormir. Podemos hacer seis leguas y hasta siete por día. En algo más de una semana hemos cruzado la raya de Portugal. Allá, que nos busquen.

—Maciste, yo que soy quien lo ideó todo, estoy convencido de que si obramos con diligencia y sigilo, no hemos de temer tropiezos. Ni aquí ni en Portugal nadie ha de buscarnos. Aunque no será malo hacer lo que propones; cualquier frontera es un escudo. La prudencia es la madre de la sabiduría y los pobres no podemos permitirnos el lujo de ser tontos.

LII

La taberna está atestada de hombres que hablan animadamente y gesticulan para acentuar las palabras. Con dos jarras de vino en una mano y cuatro vasos en la otra, Sancho circula sorteando las mesas y los bebedores.

—¿Quién era el cura alto y elegantón?

—Uno de la Catedral.

—Canónigo sería, pues.

—Don Froilán andaba como un pavo; como si fuera el amo del pueblo.

—Lo será, Miguelito, lo será.

—Por mí, que le den morcilla.

—Visteis a todos detrás de él, como perritos.

Sancho se aproxima a los contertulios, recoge los vasos vacíos, y restriega el tablero de la mesa con un trapo que lleva al hombro.

—¿Observasteis al asqueroso del tío Vivo cómo forcejeaba por arrimarse, o porque el otro advirtiera que lo intentaba?

—La cáfila de adulones no le dejaba pasar; se mantenían junto a los pájaros gordos, buscaban su calorcillo.

—Voy a deciros lo que he pensado hacer esta misma noche. De madrugada cargo una cuba en el carro y me voy a Santa Marta a comprar vino. Y que no se meta conmigo el tío Vivo, porque le agarro y le sacudo el polvo.

—Yo te acompaño, Sancho, seremos dos, a condición de que luego nos vendas el vino más barato.

—No hables demasiado, Braulio. Yo me entiendo con mis cosas. El vaso no puedo rebajarlo. Lo que aseguro es que si puedo surtirme en Santa Marta en lugar de comprarle a ese hipócrita, rebajo cinco céntimos el cuartillo... Aunque primero he de echar cuentas no me pille los dedos... Diez céntimos por azumbre sí los he de rebajar, ya veis.

—Pues lo dicho, yo te acompaño.

—Y cuando traigan otro guarda jurado, o a los civiles, como dicen, y te quieran buscar las cosquillas, no te acompañará Braulio sólo, seremos muchos a escoltarte; y veremos si se atreven con tantos.

Quiñones, que estaba sentado a una de las mesas, se levanta, se arregla la corbata, se estira de la chaqueta y se dispone a salir.

—Me voy para allá. Terminada la ceremonia, don Simeón abrirá, y a mí, tocante al deber, me gusta cumplir como los buenos.

—Tu patrón también le hacía la corte a don Froilán...

—Los intereses mandan; tienen miedo...

—De ser nosotros ricos haríamos lo propio.

—Los más sí lo harían. El dinero, las tierras todo lo que vale, les dan fuerza contra quienes ellos creen que son inferiores. Por eso se tornan autoritarios y desdeñosos; se creen con derecho a atropellarlos. Pero ese mismo dinero los vuelve terriblemente cobardes frente a los más fuertes, los más ricos o poderosos que ellos, y pierden el culo y se dejan humillar, avasallar, y les ofrecen la mujer en bandeja, o la hija o la hermana, y les están continuamente implorando una sonrisa.

—Quiñones, ¿vio usted a Zabala?

—No le vi, pero me figuro que ya anda cortejando a don Froilán.

—¡Menudo enjuague hay en el contrato de la carretera!

—Y como el amo la ha diñado, no tendrá que darles su participación en la rapiña.

—Son muchos los que tienen que entrar en la repartija...

—La parte del difunto la reclamará don Froilán. ¡No va a dejársela escapar! ¡Con lo avaricioso que es!

—¡Dímelo a mí! Dos por ciento al mes. Tres cosechas seguidas que se pierdan, y las tierras te vuelan.

—Y a usted, Quiñones, ¿no le preguntará don Simeón por qué no figuraba en el acompañamiento?

—No me pregunta nada. Yo no le falto, cumplo con mi trabajo en proporción a lo que me paga y más aún. Pero no tolero intromisiones. Y espero, porque no hay mal que cien años dure...

Cuando Quiñones sale de la taberna está poniéndose el sol, y la temperatura se mantiene benigna. El polvo que levantaron tantas pisadas por el camino del cementerio ha vuelto a posarse sobre las mismas huellas que lo levantaron.

Alrededor de otra mesa están el Mamporrero y el Ceniciento. Terminado el acto del entierro, Tartufo, con la americana abierta, ha entrado en la taberna y se ha sentado con ellos.

—Según acaban de contarme, al Lebrel se lo han

llevado ya; rodearon por la parte de afuera para que no los vieran.

—Lo que yo os decía. El lío del Tartajoso lo callarán; hoy por hoy no tienen ganas de maraña.

—Os advertí que no había por qué espantarse —dice Sancho desde detrás del mostrador.

—López, que suele estar enterado, le ha dicho a mi hermano, que le van a caer varios años de presidio, que es delito con muchas agravantes. En el Juzgado le han empapelado bien.

—Los del Juzgado para todo lo que sea hacerle daño a alguien, están dispuestos en cualquier momento.

—Pues a mí quisieron obligarme a declarar una cosa, y yo me emperré en que nones; hasta don Eloy vino a verme, y yo, que nones...

—Si llega a mandártelo el difunto, ya hubiéramos visto si firmas o no en el Juzgado.

—No quiero alardear de valiente. El difunto era el difunto; ante él, muchos, por no decir todos, agachábamos la cabeza. A fin de cuentas, yo trabajo en Los Corrales.

—Por cierto, bonito trabajo el tuyo, Mamporrero.

—Calla, que también cuidas de que se apareen tus ovejas.

—Sí, pero tú ayudas a los garañones de más cerca...

—Fuera bromas, lo que yo quería decir es que ni jueces ni nadie me harán declarar lo que no quiera, ni firmar lo que no haya declarado.

—¿Y si don Froilán te llama y te lo manda?

—Como si me lo pide el Gobernador; me encierro en que nones y no son capaces de obligarme a la fuerza.

—Así es como debiera ser...

Marcelino el Peatón, que acaba de entrar, se queda junto al mostrador y pide un vaso de blanco.

—Te has perdido el espectáculo. Por aquí pasó toda la comitiva. De regreso venía uno menos, ¿adivinas quién?

—No me perdí la procesión; la vi desde las eras. Conté muchas ovejas... y algún cabrito.

—Más de la mitad de los hombres; y a las mujeres no sé lo que se les había perdido.

—Ésas con tal de tener pretexto para salir de casa y hablar por los codos, cualquier ocasión les es buena.

—¡Lo que son las cosas! Acaban de dejarle al otro en lo hondo y ya se esfuerzan en hacerle la pelotilla a don Froilán.

—¿Por qué a don Froilán?

—Ya sabes... Necesitan alguien que les proteja, que les riña, que les preste dinero, que les despoje de las tierras, que les acometa a las mujeres, que les meta miedo, que les libre del miedo...

—Peatón, hubieras visto cómo se acercaban a don Froilán el tío Hisopo, Nicasio Zabala, don Eloy el picapleitos...

—¡Arrea!

—...el tío Vivo ¡fíjate qué desvergüenza! Balbino Horcajuelos, en fin, toda la patulea.

—No me diréis que también se le arrimaba Telesforo el de la Claustra.

—Exageras... Telesforo anda en otras diligencias; le han visto rondando el campamento de los titiriteros.

—Alguna mujer habrá...

—Su hermano lo ha contado: una jamona metida en carnes... Telesforo insiste en que no, y Pedro en que sí y que sí.

—También yo he de contaros algo sabroso. ¿Sabéis quién subió en el tren de la mañana con una maleta grande y un bulto? Hice como si no la veía; de madrugada ya les adelanté por la carretera.

—¿Quién fue?

—La Basilia. El tío Deogracias la acompañaba.

—¡Pobre moza!

—A mí me dieron lástima; el tío Deogracias es bueno, tirando a holgazán, pero no de mala ralea.

—La condenada estaba guapetona porque sí. ¡Lástima que no haya seguido en el pueblo, porque una moza, una vez que empieza con uno...!

—Se dice que ha quedado más pobre que las ratas.

—Podría haberle regalado algo. Era muy joven la Basilia, y un viejo verde que anda tonteando con una zagala es justo que la pague.

—El difunto hacía lo que le daba la gana.

—A la Basilia le habrá entrado miedo; las mujeres no la saludaban...

—Y los hombres, mientras vivía el viejo, la respetaban por miedo; ella habrá pensado con fundamento que después de enterrado y al quedar sin amparo, se la echarían todos encima.

—Y así habría ocurrido, ¿no es cierto?

—Sí, porque estaba como para arremeterla.

—Y aún traigo otra noticia mejor. Os vais a reír. La Faustina, que sirve en casa de la Viuda, anda pregonando por la plaza a quien quiera oírla, que si Daniel pretende casarse con la señorita Isabel, cuando les echen las amonestaciones ella protestará, porque primero tiene obligación de casarse con ella, y que en mitad de la iglesia explicará en voz alta el porqué...

—¡Anda, la que va a armarse!

El hijo del Veterinario, que en un rincón jugaba al mus, se pone en pie y les hace señas a los demás para que le escuchen.

—Os diré lo que va a suceder. Si Daniel quiere evitar el escándalo y taparle la boca a la Faustina, que es de las bravías y no callará por poco dinero, no le queda otro remedio que recurrir a don Froilán. Don Froilán hablará con don Humberto, con el juez, intrigará con quien sea, y acabarán agarrando a la pobre Faustina y mandándola lejos, o la amenazarán con la cárcel... ¡Ya veis si tiene guasa! El único capaz de sacarle del aprieto a Daniel va a ser don Froilán.

Se ríen a carcajadas celebrando las frases del hijo del Veterinario. Mientras sirve unos vasos a los que están en el mostrador, Sancho dice en voz alta:

—Estoy de acuerdo, pero si Daniel no hubiera molestado a la Faustina, que no es de su clase, y no pretendiera ahora casarse con Isabel, que tampoco le corresponde, no necesitaría caer bajo la protección de don Froilán. ¿Acierto o no acierto?

La puerta se abre con violencia. Simón, completamente borracho, avanza a tientas hacia el mostrador.

—Invitad a un vasito de vino a este desdichado que lo gusta pero que no lo ve. ¡Qué calamidad, hermanos, no poderlo ver nunca, con lo bonito que debe ser!

Alguien le pone en la mano un vaso lleno. Simón lo alza hasta más arriba de su cabeza.

—Bebamos, hermanos, por que Dios dé larga vida a nuestro querido don Froilán...

Apura el vaso y se pasa el dorso de la mano por las barbas. A continuación deja escapar un fuerte y prolongado eructo.

—¡A la salud de don Froilán, hermanos...!

LIII

AVANZAN DE PRISA por la carretera; las casas del pueblo se confunden en una masa oscura. Sólo destaca la silueta del campanario. Algunas bombillas eléctricas salpican el caserío de pequeñas motas de luz.

Subido en el pescante, Colibrí empuña las riendas y las sacude sobre los lomos de los caballos para obligarlos a avivar el paso. La bella Emperadora se recuesta sobre su hombro y le rodea la cintura con el brazo. Las otras dos mujeres ocupan el interior del carromato. A la trasera van atados los perros teñidos de colores, y con una cuerda más larga, la cabra equilibrista. Cerrando la marcha, Maciste, arropado en su abrigo corto, y Aquilino, con las manos en los bolsillos y tocado con su gorra de cuadros, caminan aprisa para no distanciarse de la carreta.

—¿No agarrará una pulmonía el Sacristán?

—Si arrecia el frío ya se despertará. No ha de ocurrirle nada malo, y será el primer interesado en cerrar el pico. Un sacristán necesariamente ha de ser hipócrita.

—Oye, Aquilino, diría que Colibrí parece cabreado. La Emperadora se portó mejor de lo que esperábamos; no escatimó arrumacos. Cuando nos fuimos, cualquiera sabe lo que pasó allá.

—Dormido no estaba aún, que trabajo me costó sacar las llaves de los pantalones sin que lo advirtiera.

—La Emperadora lo entretenía con garbo y malicia... Al pobre Colibrí le dolían los cuernos...

—También me fastidiaba a mí, te lo confieso. ¡Qué le vamos a hacer, nada se da de balde!

—A esa arrastrada de Perla le he sentado la mano. ¡Presentarse tan tarde! ¿Dónde andaría la muy putaña? Es de mala raza... Se ha cerrado de banda y ni a tortas he conseguido arancarle una palabra.

—¡Déjala, Maciste, es joven!

Quedan a la izquierda las cercas de Los Corrales; más allá de los prados, corre rumoroso el río. Delante aparece la mole redondeada del Cabezo. La carretera pasa junto a los prados y se encara hacia los montes tajados por la garganta.

—¿Tú crees que Colibrí se dio cuenta de que la llave estaba, no en la chaqueta sino en el pantalón? Yo se lo advertí a Emperadora, y ella se encogió de hombros. El negocio merecía la pena.

—No sé qué decirte. Colibrí no ha visto que el Sacristán dormía en calzoncillos.

—Ahora va morrudo, pero en cuanto ella le haga cuatro carantoñas se consolará en seguida.

—Maciste, ¿qué hago con el dedo? Me da grima llevarlo en el bolsillo. Si por casualidad nos pescan, es la peor prueba que podrían encontrarnos.

—No podemos dejarlo tirado de cualquier manera; si aparece levantaría sospechas. De momento creerían que le habíamos dado mulé a alguien.

—¿Y si lo enterramos?

—Perderemos tiempo y tampoco es demasiado seguro. Hay que prevenir cualquier casualidad.

—Calla, lo echo al río, y ya está.
—Despacio, andan por ahí los pescadores. El agua puede arrojarlo a la orilla y descubrirlo las lavanderas.
—Lo meto en un calcetín y le añado un canto del tamaño del puño para que vaya al fondo.
—Me parece acertado.
—Aquí, en el bolsillo, me da grima. Esperemos que una curva de la carretera nos acerque al cauce. No quiero perder tiempo, tengo ansia de que nos alejemos de este pueblo.
—Tiraremos lo más recto que podamos, y nos metemos en Portugal; es lo más seguro.
—Nadie tendría que advertirlo; todo ha quedado conforme y las llaves restituidas a su sitio.
—¿Y el cabroncete del Sacristán qué pensará?
—Recomendé a Emperadora que le metiera miedo amenazándole con que a Colibrí le cogería un ataque de cuernos. Pensará que nos las piramos por ese motivo. Si no, ¡que piense lo que quiera!
—¿Sobró vino?
—Ahí va en la garrafa...
—En cuanto paremos nos atizamos un trago. Estas maniobras dan un poco de dentera.
—¿Habrá quedado todo tal cual?
—Sí, me he fijado mucho. Menos mal que por la parte de los nichos se hacía fácil saltar.
—¿Por qué crees tú que separaría del llavero la llave de la verja?
—Es demasiado grande y pesada para trajinarla en el bolsillo. Debió añadirla para el entierro, pero seguramente la guarda aparte.
—Si llega a dejar todas las llaves en casa nos zurce.
—Hasta que no le palpé los calzones no las tenía

todas conmigo. Saltar ha sido fácil; las otras paredes hubieran costado más trabajo, no tenían puntos de apoyo.

—¿Y si fuera falso?

—No temas. Colibrí se informó; esta clase de tipos no usan nada falso.

El Cabezo parece un enorme fantasma con las piernas enterradas en el suelo y los brazos cortados. Cuando lo alcanzan, todavía se asoma el campanario del pueblo, que en seguida pierden de vista.

—¿Qué clase de tipo sería? Vosotros que anduvisteis charlando lo sabréis...

—¡Qué nos importa! Casi todos le ponían verde, pero a otros ayudó e hizo favores. Pocos, salvo en la taberna, hablaban mal de él en voz alta. Hizo caminos, reconstruyó el puente, trajo la electricidad... Escuchas a unos y a otros y nunca averiguas cuál es la verdad. Eso sí, los tenía metidos en un puño.

—Yo no entiendo a éstos de los pueblos.

—Nosotros, a nuestro avío.

Antes de entrar en el pinar, el camino da una pequeña curva. Los prados se estrechan y se descubren álamos y juncos; el rumor del río crece y se aproxima.

—Éste va a ser el sitio apropiado.

De una carrerilla, Aquilino alcanza el carromato. Abre la portezuela trasera y se encarama en el estribo.

—¡Eh, tú! Dame un calcetín...

—¿Un calcetín? ¿Para qué?

—No repliques y dámelo en seguida. Busca por ahí, cualquiera, el primero que encuentres. O una media... Sobre todo que no estén rotos.

La mujer, que dormitaba, se ha sobresaltado y empieza a revolver un fardo colocado junto a la colchoneta. El interior del carromato está desordenado; se amontonan los petates enrollados y sujetos con cuerdas, hay un tambor, pesas de hierro, diversos artefactos circenses, instrumentos de viento, dos panderos con sonajas, alfombras, un cajón repleto de objetos extravagantes, un zorro disecado, dos sombreros de copa. En un rincón, apelotonada, duerme Perla, y junto al techo los dos micos.

Aquilino se impacienta.

—¡Venga, avívate!

La mujer, que lleva un ojo amoratado y el cabello en desorden, oculta una caja atada con una cinta donde guarda un par de medias nuevas, y le alarga un calcetín de color violeta, de los que Maciste se calza para dar mayor realce a sus ejercicios acrobáticos.

—No lo estropees; está casi nuevo.

Aquilino se lo arrebata de un tirón que hace tintinear las pulseras a todo lo largo del antebrazo de la mujer. Desciende del estribo, cierra la puerta de golpe, y se pone a caminar junto a Maciste.

—Irá al pelo; es fuerte y sin agujeros. ¿Tienes una guita? Más seguro estará atándolo.

—¿Mando parar a Colibrí?

—Seguid andando, ya os alcanzaré. No conviene tardar.

Salta la cuneta y atraviesa el prado. Al llegar junto al río coge un canto y lo embute en el calcetín empujándolo hasta el fondo. Después se mete la mano en el bolsillo, agarra algo con el pulgar y el índice y lo introduce en el calcetín. Anuda la parte elástica correspondiente a la canilla y la asegura con varias vueltas de cordel.

Se aproxima a la orilla; hacia el centro del río la

corriente es más rápida. Coge el calcetín por la punta y lo lanza con fuerza. Al caer hace un ligero ruido y el agua salta y salpica. Aquilino cruza el prado en cuatro zancadas, y corre tras el carromato, que empieza a subir la cuesta.

NOVELAS GALARDONADAS CON EL
PREMIO EDITORIAL PLANETA

1952. EN LA NOCHE NO HAY CAMINOS. *Juan José Mira*
1953. UNA CASA CON GOTERAS. *Santiago Lorén*
1954. PEQUEÑO TEATRO. *Ana María Matute*
1955. TRES PISADAS DE HOMBRE. *Antonio Prieto*
1956. EL DESCONOCIDO. *Carmen Kurtz*
1957. LA PAZ EMPIEZA NUNCA. *Emilio Romero*
1958. PASOS SIN HUELLAS. *F. Bermúdez de Castro*
1959. LA NOCHE. *Andrés Bosch*
1960. EL ATENTADO. *Tomás Salvador*
1961. LA MUJER DE OTRO. *Torcuato Luca de Tena*
1962. SE ENCIENDE Y SE APAGA UNA LUZ. *Ángel Vázquez*
1963. EL CACIQUE. *Luis Romero*
1964. LAS HOGUERAS. *Concha Alós*
1965. EQUIPAJE DE AMOR PARA LA TIERRA. *Rodrigo Rubio*
1966. A TIENTAS Y A CIEGAS. *Marta Portal Nicolás*
1967. LAS ÚLTIMAS BANDERAS. *Ángel María de Lera*
1968. CON LA NOCHE A CUESTAS. *Manuel Ferrand*
1969. EN LA VIDA DE IGNACIO MOREL. *Ramón J. Sender*
1970. LA CRUZ INVERTIDA. *Marcos Aguinis*
1971. CONDENADOS A VIVIR. *José María Gironella*
1972. LA CÁRCEL. *Jesús Zárate*
1973. AZAÑA. *Carlos Rojas*
1974. ICARIA, ICARIA... *Xavier Benguerel*
1975. LA GANGRENA. *Mercedes Salisachs*
1976. EN EL DÍA DE HOY. *Jesús Torbado*
1977. AUTOBIOGRAFÍA DE FEDERICO SÁNCHEZ. *Jorge Semprún*
1978. LA MUCHACHA DE LAS BRAGAS DE ORO. *Juan Marsé*
1979. LOS MARES DEL SUR. *Manuel Vázquez Montalbán*
1980. VOLAVÉRUNT. *Antonio Larreta*